**Handreichungen**

FÜR DEN UNTERRICHT

A2

Deutsch als Zweitsprache

# Pluspunkt Deutsch

→ NEUE AUSGABE

Cornelsen

**Pluspunkt Deutsch A2**

Neue Ausgabe
Deutsch als Zweitsprache
**Handreichung für den Unterricht**

Im Auftrag des Verlages erarbeitet von Joachim Schote und Friederike Jin (Phonetik)
Redaktion: Dieter Maenner

Illustrationen: Matthias Pflügner
Technische Umsetzung: MatMil Translations & Desktop Publishing
Umschlaggestaltung: SOFAROBOTNIK, Augsburg und München

**www.cornelsen.de**



1. Auflage, 2. Druck 2013



Druck: H. Heenemann, Berlin

ISBN 978-3-06-024290-0

Inhalt gedruckt auf säurefreiem Papier aus nachhaltiger Forstwirtschaft.

# Inhalt

## Vorwort

Vor Ihnen liegen die *Handreichungen für den Unterricht* zur Neubearbeitung des A2-Bandes von *Pluspunkt Deutsch.* In diesen *Handreichungen* wird das methodisch-didaktische Vorgehen bei der Arbeit mit *Pluspunkt Deutsch* beschrieben. Sie finden hier Tipps für den Unterricht, Vorschläge für die Binnendifferenzierung und dafür, wie Sie die Aufgaben und Übungen im Kursbuch variieren können, Ideen für zusätzliche Aktivitäten außerhalb des Kursraums und Ideen, um die Kursteilnehmer (KT) zum eigenständigen Lernen zu motivieren. Die Anregungen aus den *Handreichungen* haben Vorschlagscharakter, sie sind ein Angebot, aus dem Sie eine Auswahl treffen können, die der jeweiligen Kurssituation angepasst ist. Ergänzende landeskundliche Informationen ersparen Ihnen umständliches Suchen und können direkt an die KT weitergegeben werden.

In den *Handreichungen für den Unterricht* finden Sie

- ein didaktisiertes Inhaltsverzeichnis für jede Lektion, in dem das Training der vier Fertigkeiten, der Wortschatz, die Grammatik und die Phonetik übersichtlich zusammengefasst sind,
- methodische Hinweise und Tipps zum Training der vier Fertigkeiten (Sprechen, Schreiben, Lesen und Hören),
- Vorschläge für Tafelbilder,
- Vorschläge für die zu wählenden Arbeitsformen,
- konkrete Hinweise zur Binnendifferenzierung.

Die *Handreichungen* enthalten zahlreiche Zusatzaktivitäten, auch mit Kopiervorlagen, die Sie im Unterricht einsetzen können:

- Aktivitäten zur Förderung der Kommunikation (gelenkte und freie Rollenspiele, Kopiervorlagen für Wechselspiele),
- zur spielerischen Einübung des Wortschatzes (z.B. Kopiervorlagen für Memoryspiele),
- zur spielerischen Einübung der Grammatik (auch mit zahlreichen Kopiervorlagen),
- Diktate und Zwischentest zu den einzelnen Lektionen sowie weiteres Material finden Sie auf der CD-Rom *Unterrichtshilfe Interaktiv* zum A2-Band und im Internet unter www.cornelsen.de/daf.

Die Kopiervorlagen sind oft in Kärtchenform gestaltet, die Sie ausschneiden können und am besten auf Karton kleben oder laminieren, um sie besser haltbar zu machen.

Erläuterungen zur Vorbereitung und zum Einsatz der Kopiervorlagen sind an der jeweiligen Stelle im Kommentar zu den Lektionen integriert.

Ausführliche Hinweise zur Konzeption der Neubearbeitung sowie den methodisch-didaktischen Überlegungen von *Pluspunkt Deutsch neue Ausgabe* finden Sie in den *Handreichungen* zum A1-Band. Im Folgenden wird die Konzeption des A2-Bandes kurz beschrieben.

### Das Lehrwerk und das Rahmencurriculum

Die Handlungsfelder des Rahmencurriculums sind im A2-Band wie folgt berücksichtigt:

- Umgang mit der Migrationssituation: Lektion 12
- Gestaltung sozialer Kontakte: Lektion 7
- Arbeit und Arbeitssuche: Lektion 5, Lektion 10
- Aus- und Weiterbildung: Lektion 8
- Betreuung und Ausbildung der Kinder: Lektion 4
- Banken und Versicherungen: Lektion 13
- Einkaufen: Lektion 13
- Gesundheit: Lektion 9
- Mediennutzung: Lektion 2
- Mobilität: Lektion 11
- Unterricht: Lektion 1
- Wohnen: Lektion 6

Im Inhaltsverzeichnis des Kursbuches (KB) sowie in den vorliegenden *Handreichungen* sind die einzelnen Lernziele bzw. Kannbeschreibungen aus dem Rahmencurriculum, die in *Pluspunkt Deutsch* aufgegriffen werden, genannt.

## Das Kursbuch

Die Kursbücher und Arbeitsbücher des A2-Bandes sind wie der A1-Band jeweils auch in Teilbänden mit den Lektionen 1-7 bzw. 8-14 erhältlich.

Das KB der Neubearbeitung des A2-Bandes enthält wie der A1-Band 14 Lektionen mit jeweils zehn Seiten. Auf der Auftaktseite jeder Lektion wird der für die Lektion zentrale Wortschatz eingeführt und das Thema der Lektion vorbereitet. Es folgen jeweils sechs Seiten, die in übersichtliche, mit Buchstaben versehene Blöcke aufgeteilt sind.

Die orangefarbenen Kästen mit enthalten die wichtigsten Regeln und Übersichten zur jeweils neu eingeführten Grammatik, die orangefarbenen Kästen mit bieten wichtige Redemittel, die blauen Kästen mit weitergehende Informationen zum Sprachgebrauch und zur Landeskunde.

Die beiden Seiten *Alles klar!* enthalten zusammenfassende Übungen zu jeder Lektion, aufgeteilt in die Segmente Kommunikation, Wortschatz und Grammatik. Die Phonetikübungen mit dem Titel *Flüssig sprechen,* die die *Alles klar*-Seiten abschließen, enthalten wichtige Sätze und Redewendungen aus den Lektionen zum Hören und Nachsprechen. Auf der *Gewusst wie*-Seite sind die wichtigsten Redemittel der Lektion und die neu eingeführte Grammatik zusammenfassend dargestellt.

Diese abschließenden Seiten sind flexibel einsetzbar. Die *Alles klar*-Seiten können als nachträgliche Lernkontrolle dienen oder auch als Ergänzung zu den Übungen auf den vorhergehenden Seiten, die *Gewusst wie*-Seiten dienen zum Nachschlagen und als Hilfe bei der Erläuterung der Grammatik. Entsprechende Hinweise finden Sie in den nachfolgenden Kommentaren zu den einzelnen Lektionen.

Der Anhang umfasst Phonetikübungen, eine systematische Grammatik, die Hörtexte, die nicht oder nicht vollständig in den Lektionen abgedruckt sind und eine alphabetische Liste mit dem Lernwortschatz inkl. Fundstelle im Buch.

Die letzten Seiten enthalten Bildkarten mit Zuordnungsübungen, in denen der wichtigste Wortschatz des Lehrwerks in Form von Illustrationen, Fotos und Piktogrammen dargestellt ist. Diese bieten zum einen Gelegenheit, den Wortschatz weiter zu festigen, zum anderen eignen sie sich zum Nachschlagen.

## Das Arbeitsbuch

Das Arbeitsbuch (AB) enthält ein vielfältiges Aufgaben- und Übungsangebot zu den Lektionen des KB. Die KB-Übungen enthalten Verweise auf die zugehörigen Übungen im AB, so dass sich die Arbeit mit beiden Büchern abstimmen lässt.

Das AB umfasst wie im A1-Band für jede Lektion zehn Seiten. Die ersten sieben Seiten enthalten Wiederholungs- und Vertiefungsübungen zum Lernstoff im KB, die letzte Übung mit dem Titel *Flüssig sprechen. Hören Sie zu und sprechen Sie nach* ist immer eine Übung zur Sprechflüssigkeit. Die achte Seite, *Deutsch Plus,* bietet weitere, mit dem Thema der Lektion verbundene Aufgaben, in denen vor allem Techniken und Strategien des Hör- und Leseverstehens geübt werden. Die *Deutsch plus*-Seiten eignen sich auch als Erweiterungsübungen für lerngeübte KT, wenn diese z.B. während des Unterrichts mit einer Übung schneller fertig sind als andere KT.

Einige Übungen sind wie folgt gekennzeichnet: oder . Das Symbol zeigt an, dass die entsprechende Übung eine Vertiefungsübung für lernungeübte KT ist, das Symbol kennzeichnet Übungen für lerngeübte KT.

Wenn es in den KB-Lektionen verstärkt um Dialogsituationen ging, finden sich im AB zahlreiche Parallelübungen, u.a. Textkaraoke. Die KT hören nur einen Dialogteil, den anderen sprechen sie selbst.

Auf den beiden letzten Seiten ist der Lernwortschatz einer jeden Lektion in chronologischer Folge abgedruckt. Hier können die KT die Übersetzung in ihrer Muttersprache hinzufügen. Zusätzlich finden sich weitere Übungen für das Vokabeltraining und Phonetikübungen zu schwierigen Wörtern.

Im Anhang des AB sind Grammatikkarten, die eine visuell unterstützte Darstellung wichtiger Grammatikthemen mit spielerischen Übungen enthalten. Außerdem finden Sie die Hörtexte, die in den Übungen nicht oder nicht vollständig abgedruckt sind. Die Lösungen der AB-Übungen befinden sich in einem Einleger, den die KT getrennt vom AB aufbewahren sollten. Weisen Sie die KT darauf hin, dass er ausschließlich zur nachträglichen Kontrolle dient.

Das AB ist so gestaltet, dass die KT die Übungen auch alleine zu Hause z.B. als Hausaufgabe machen können. Eine CD mit den Hörtexten liegt bei.

## Die Stationen

Neben den 14 Lektionen enthält der A2-Band ebenso wie der A1-Band vier Stationen, die allerdings gegenüber dem A1-Band erweitert wurden. Die Stationen 1-3 umfassen nicht mehr zwei, sondern vier Seiten, die sich wie folgt aufteilen:

- Erste Seite: Spielerische Wiederholung
- Zweite und dritte Seite: Berufsporträts (Station 1 Berufe im Hotel und in der Gastronomie, Station 2 Handwerksberufe, Station 3 Pflegeberufe)
- Vierte Seite: Prüfungsvorbereitung DTZ, abgestimmt auf die Niveaustufe A2.

Station 4 enthält einen auf die Niveaustufe A 2 abgestimmten Vorbereitungstest für den DTZ.

Auch die Stationen im AB wurden erweitert und enthalten zusätzlich zu den beiden Seiten für die Selbstevaluation, die es auch im A1-Band gibt, zwei weitere Seiten mit einer Prüfungsvorbereitung für den DTZ, die auf die Niveaustufe A2 abgestimmt ist. Im KB gibt es dazu auch Tipps für die Bearbeitung der Aufgaben.

Die DTZ-Vorbereitung ist in den Stationen 1-3 wie folgt aufgeteilt:

Station 1
KB: Hören 3
AB: Hören 1-3

Station 2
KB: Lesen 1
AB: Lesen 2 und 3

Station 3
KB: Sprechen 1-2
AB: Lesen 5, Schreiben

Außerdem
Station 4 AB: Sprechen 1-3

## Die Phonetik

*Aussprache und Flüssigkeit*

Eine gute Aussprache gibt Selbstvertrauen. Mit einer guten Aussprache werden die Lernenden besser verstanden und können auch ihre Gesprächspartner besser verstehen, denn die Aussprache und das Hörverstehen sind eng miteinander verbunden. Das trägt zum Gelingen der Kommunikation bei, denn damit ein Wort in der Kommunikation erfolgreich verwendet werden kann, muss es phonetisch erkennbar sein. Ganz wichtig ist aber auch die Tatsache, dass Muttersprachler leicht die Geduld und das Interesse verlieren, wenn die Fremdsprachler phonetisch und intonatorisch so sprechen, dass man nur mühsam folgen kann. Kontakte, die nicht unbedingt notwendig sind, die aber das Sprachenlernen fördern und zum sozialen Wohlbefinden beitragen wie z.B. Kontakte zu Nachbarn, Arbeitskollegen oder Miteltern in Schule und Kita, werden durch eine schlechte Aussprache erschwert oder sogar verhindert.

Wie können wir unseren KT helfen, zu einer guten, verständlichen und angenehmen Aussprache zu gelangen (wohlgemerkt: nicht die 100% muttersprachlich-deutsche Aussprache ist das Ziel). *Pluspunkt Deutsch* bietet Übungen in zwei Bereichen an:

*Phonetik*

Im Anhang finden Sie systematisch aufeinander aufgebaute Übungen zur Phonetik/Aussprache von Lauten und Wörtern. Die Übungen sind den Lektionen zugeordnet und arbeiten so weit wie möglich mit dem Wortschatz der jeweiligen Lektion. Dadurch kommt ein doppelter Übungseffekt zustande: die KT wiederholen „nebenbei" den Wortschatz der Lektion und wenden bei der weiteren Arbeit an der Lektion die neu gelernten phonetischen Phänomene verstärkt an.

Das phonetische Programm im Anhang ist fakultativ. Sie können, je nach Zusammensetzung der Gruppe die relevanten Übungen auswählen. Die rhythmische Grundstruktur, der Wortakzent und die meisten Vokale sind jedoch gerade für Teilnehmer, die aus nichteuropäischen Sprachen kommen von großer Bedeutung. Ein sorgfältiges Erarbeiten zu Beginn des Kurses erspart Umwege und Probleme auf höherem Sprachniveau.

Hinweise zum Phonetikanhang finden Sie in den *Handreichungen* ab Seite 124.

*Flüssigkeitstraining*

Die genaue Aussprache einzelner Laute ist wichtig. Für ein Gelingen der Kommunikation sind jedoch die größeren Strukturen, der Rhythmus, die Sprachmelodie und die Flüssigkeit nicht nur von Wörtern, sondern von ganzen Äußerungen von mindestens ebenso großer Bedeutung. In *Pluspunkt Deutsch* finden Sie in jeder Lektion Übungen, die die Sprechflüssigkeit von wichtigen Redemitteln und Wörtern trainieren: *Flüssig sprechen*, im Kursbuch und *Flüssig sprechen* und *Wichtige Wörter* im Arbeitsbuch.

Die Übungen veranschaulichen (eigentlich ver"klang"lichen) typische Intonationsmuster der deutschen Sprache. Sie können sie deshalb für eine explizite Arbeit an der Intonation des Deutschen nutzen (Hinweise finden Sie in den *Handreichungen* immer am Ende der Kommentare zu den einzelnen Lektionen). Sie können aber auch den Lernern durch das Nachsprechen einen mehr intuitiven Zugang zum Sprachklang des Deutschen ermöglichen. Das kommt insbesondere dem weniger kognitiv und mehr auditiv ausgerichteten Lernertyp entgegen.

Im A1-Band von *Pluspunkt Deutsch* ging es in den Flüssig-sprechen-Übungen um Fragen und Sätze. Im A2-Band sind es häufiger auch kleine Texte, die die KT zunächst Satz für Satz nachsprechen und dann in einem zweiten Schritt als Modell für einen eigenen kleinen Text nehmen können, den sie mündlich vortragen. Viele Lerner sind es gewohnt, kurze Antworten zu geben. Hier können sie üben, mehrere Sätze zusammenhängend hintereinander zu sprechen.

## Auftaktseite

### Lernziele und Lerninhalte:

| | |
|---|---|
| Sprechen: | Interviews – den Lernpartner vorstellen |
| Wortschatz: | Redemittel, um eine Person vorzustellen |

*Arbeitsbuch:* Ü 1-5

Vertiefungsübung Ü 2: Herkunft und Staatsbürgerschaft

Portfolioübungen Ü 2: Herkunft und Staatsbürgerschaft, Ü 3 Anmeldeformular

## A Die eigene Geschichte erzählen

### Lernziele und Lerninhalte:

| | |
|---|---|
| Sprechen: | Lebensgeschichten erzählen |
| Lesen: | Biographie von Gerald Asamoah |
| Grammatik: | Perfekt |

*Arbeitsbuch:* Ü 6-11

Vertiefungsübungen Ü 6: Sätze im Perfekt schreiben, Ü 9: Infinitive notieren

## B Wie haben Sie das geschafft?

### Lernziele und Lerninhalte:

| | |
|---|---|
| Sprechen: | über die Kinder einer Familie sprechen,<br>über die eigenen Erfahrungen in Deutschland sprechen |
| Hören: | eine Familie berichtet über ihre Gründe für die Migration nach Deutschland und ihr Leben in Deutschland |
| Grammatik: | Possessivartikel im Plural |

Kannbeschreibungen GER/Rahmencurriculum:

Kann einfach und kurz über seine/ihre Gründe für die Migration sprechen.

Kann einfach und kurz von seinen/ihren Erfahrungen berichten

*Arbeitsbuch:* Ü 12-18

Vertiefungsübung Ü 15: Possessivartikel ergänzen

Erweiterungsübungen Ü 12 c: Die Geschichte eines Migranten schreiben, Ü 17: Possessivartikel im Nominativ, Akkusativ und Dativ ergänzen

## C Sprachen lernen

### Lernziele und Lerninhalte:

| | |
|---|---|
| Sprechen: | erzählen, wofür man Deutsch braucht,<br>über Lerntypen und Lerntipps sprechen<br>Tipps für das Deutschlernen geben |
| Hören: | Tipps von Deutschlernen |
| Lesen: | Lerntypen |
| Wortschatz: | Sprachen lernen |

Kannbeschreibungen GER/Rahmencurriculum:

Kann individuelle Sprachlernbedürfnisse und Ziele äußern.

Kann sich über die Bedeutung des Erlernens der Zielsprache für die eigene Zukunft äußern.

*Arbeitsbuch:* Ü 19-22, Ü 23: Flüssig sprechen

Vertiefungsübung Ü 21: das Verb *sprechen*

*Arbeitsbuch – Deutsch plus* Ü 24: Lesetext Kursangebote einer Volkshochschule

*Arbeitsbuch – Wörter lernen:* Ü 25-27

**Phonetik:** Wortakzent bei Partizipien

**Kopiervorlagen in den Handreichungen:**

KV 1: Deutschlandkarte

KV 2: Perfekt-Memory

In Lektion 1 geht es um die Zuwanderung bzw. um Erfahrungen in Deutschland. Beispielhaft wird das Leben des in Ghana geborenen Fußball-Nationalspielers Gerald Asamoah dargestellt, dazu kommen Interviews mit einer ukrainisch-afghanischen Familie. Die KT sollen angeregt werden, über ihre eigenen Erfahrungen in Deutschland zu sprechen. Am Ende steht das Thema Sprachen lernen im Zentrum. Außerdem werden das Perfekt, das im A1-Band, Lektion 10 eingeführt wurde, sowie die Präposition *seit* plus Dativ (ebenfalls im A1-Band, Lektion 10 eingeführt) wiederholt und vertieft. Neu eingeführt werden die Possessivartikel im Plural, im Singular kennen die KT sie bereits aus Lektion 4 des A1-Bandes.

## Auftaktseite

**Lernziele und Lerninhalte:**

| | |
|---|---|
| Sprechen: | Interviews – den Lernpartner vorstellen |
| Wortschatz: | Redemittel, um eine Person vorzustellen |

Möglicherweise werden mit dem Beginn der Niveaustufe A2 neue Kurse gebildet oder neue KT kommen in fortlaufende Kurse. So dient die Auftaktseite auch dem ersten Kennenlernen.

**1**

Bringen Sie Papier im A3-Format in den Unterricht mit, auf dem die KT nach dem Beispiel auf dem linken Foto eine Skizze von Deutschland anfertigen, oder nutzen Sie **Kopiervorlage 1**. Bringen Sie auch eine große Deutschlandkarte in den Unterricht mit und hängen Sie diese vorne an die Wand. Geben Sie den KT zunächst einige Minuten für die Fragen und Antworten in 1a Zeit und leisten Sie ggf. Unterstützung, wenn die KT die Orte, in denen sie schon in Deutschland waren, nicht gleich auf der Karte eintragen oder markieren können. Um die Suche nicht unnötig kompliziert zu machen, sollten sich die KT auf größere Städte beschränken oder im Falle kleinerer Orte, die sie kennen, sagen, welche größeren Städte in der Nähe sind.

Der Redemittelkasten hilft den KT, ihre Lernpartner vorzustellen. Machen Sie auf die Adjektive aufmerksam, mit denen die KT sagen sollen, wie sie die Orte finden und erweitern Sie evtl. die Liste.

Die Präposition *seit*, die im Redemittelkasten auftaucht, kennen die KT bereits aus dem A1-Band, Lektion 10, allerdings nur in Verbindung mit Jahreszahlen. Erläutern Sie, dass die Präposition mit dem Dativ steht und geben Sie Beispiele: *seit einer Woche, einem Monat* etc. Lassen Sie die KT dazu auch AB-Übung 4 machen.

Notieren Sie Stichwörter zu den KT an der Tafel, wenn diese über die Lernpartner berichten, damit sich alle einen Überblick über die Klasse verschaffen können. Nutzen Sie die Stichwörter, um die Präposition *seit* zu festigen: *Amar ist seit einem Jahr in Deutschland*, *Carlos wohnt seit einem Monat hier* etc.

An dieser Stelle geht es noch nicht darum, dass die KT ausführlich über ihre Erfahrungen in Deutschland berichten, sondern lediglich um eine Vorstellungsrunde, die dem/der KL im Falle von neuen KT auch Gelegenheit geben soll, sich ein erstes Bild zu machen.

**Kopiervorlage 1** ist eine Deutschlandkarte, auf der die Hauptstädte der Bundesländer sowie weitere wichtige Städte eingetragen sind. Dazu kommen Landschaften und Flüsse. Machen Sie für je ein Lernpaar eine Kopie sowie eine Folie für den OHP. Die KT können die Städte, die sie kennen, auf der Kopie bzw. auf der OHP-Folie mit einem wasserlöslichen Stift markieren.

*Arbeitsbuch:* Ü 1-5

Vertiefungsübung Ü 2: Herkunft und Staatsbürgerschaft

Portfolioübungen Ü 2: Herkunft und Staatsbürgerschaft, Ü 3: Anmeldeformular

## A Die eigene Geschichte erzählen

**Lernziele und Lerninhalte:**

| | |
|---|---|
| Sprechen: | Lebensgeschichten erzählen |
| Lesen: | Biographie von Gerald Asamoah |
| Grammatik: | Perfekt |

Mit der Kurzbiographie von Gerald Asamoah soll den KT ein erstes Beispiel für erfolgreiche Integration präsentiert werden, ein weiteres folgt in Block B. Außerdem wird in diesem Block das Perfekt nach Lektion 10, A1-Band erneut aufgegriffen.

**1**

Geben Sie den KT für eine erste Lektüre ein Zeitlimit, z.B. drei Minuten, damit sie sich nicht bei Details, die sie nicht verstehen, aufhalten. Die Bilderzuordnung (Lösung: 3-1-2) erfolgt im Plenum. Bringen Sie eine Weltkarte in den Unterricht mit, um zu zeigen, wo Ghana liegt.

1b in Gruppenarbeit. Die Information für die erste Jahreszahl 1976 sollten sie beispielhaft im Plenum erarbeiten, indem Sie die KT zunächst auffordern, die wichtigen Informationen, d.h. die ersten Wörter des Textes zu unterstreichen.

Schreiben Sie dann einen geeigneten Satz an die Tafel, z.B.:

| |
|---|
| *1976 - Gerald Asamoah ist 1976 in Ghana geboren.* |

oder:

| |
|---|
| *Ich bin 1976 in Ghana geboren.* |

Lernungeübte KT sollten bei der Ich-Form bleiben und die Sätze aus dem Text inkl. Jahreszahl abschreiben, lerngeübte KT können die Sätze in der 3. Person und ohne Jahreszahlen schreiben. Beachten Sie, dass bei den Jahreszahlen 2001/2002 und 2007 mehrere Sätze möglich sind. Die KT sollten jeweils nur einen Satz schreiben.

Auswertung der Ergebnisse der Gruppenarbeit im Plenum, KL schreibt den Zeitstrahl (OHP-Folie oder Kursraumplakat) evtl. in Stichwörtern:

| |
|---|
| *1976 - geb. in Ghana* |
| *1990 - nach Deutschland gekommen* |
| *1998 - Ärzte haben Herzkrankheit festgestellt* |
| *1999 - nach Gelsenkirchen umgezogen (Schalke 04)* |
| *2001/2002 - Nationalmannschaft/ Nationalspieler, Vizeweltmeister* |
| *2007 - Stiftung für herzkranke Kinder - Vater von Zwillingen* |

Die OHP-Folie kann dann in Aufgabe 4 zum Einsatz kommen, wo die KT die Lebensgeschichte von Asamoah nacherzählen sollen.

Die Smileys für die negativen bzw. positiven Erfahrungen (1c) werden ebenfalls im Plenum diskutiert und an der Tafel ergänzt.

**2**

Übergang zur Grammatikarbeit. Bereits aus dem A1-Band, Lektion 10 kennen die KT das Perfekt: Das Partizip der regelmäßigen und unregelmäßigen Verben, der trennbaren Verben und das Perfekt mit *haben* oder *sein*. Hier lernen die KT weitere Perfektformen bzw. Partizipien kennen, insbesondere das Partizip II ohne *ge-*.

Zunächst unterstreichen die KT alle Perfektformen im Text von 1. Sammeln Sie die Infinitive und Partizipien an der Tafel.

Perfekt mit *sein*

| |
|---|
| *gehen - ich bin gegangen* |
| *bleiben - ich bin geblieben* |
| *kommen - ich bin gekommen* |
| *werden - ich bin geworden* |
| *umziehen - ich bin umgezogen* |

Perfekt mit *haben*

| |
|---|
| *verlassen - sie haben verlassen* |
| *wohnen - wir haben gewohnt* |
| *spielen - ich habe gespielt* |
| *feststellen - sie haben festgestellt* |
| *helfen - er hat geholfen* |
| *beantragen - ich habe beantragt* |
| *gewinnen - ich habe gewonnen* |
| *anfangen - ich habe angefangen* |
| *gründen - ich habe gegründet* |
| *verdienen - ich habe verdient* |

Erläutern Sie noch einmal die Regeln für das Perfekt mit *sein* inkl. der Verben *sein, bleiben* und *passieren* und für das Perfekt mit *haben*. Heben Sie das wichtige Verb *werden – geworden* besonders hervor und geben Sie Beispiele: *Morgen wird sie 18. Er ist gestern 21 geworden* o.ä.

Erläutern Sie anhand der Verben *verlassen, beantragen, gewinnen* und *verdienen*, dass Verben mit untrennbarer Vorsilbe beim Partizip kein *ge-* haben. Erläutern Sie dies auch für die Verben auf *–ieren*, (*notieren, studieren* etc.), die im Text nicht vorkommen, aber im nachfolgenden Block (B1 c) und in AB-Übung 18 (*studieren*).

Wiederholen Sie die Regeln für die Satzstellung in Perfektsätzen:

| Position 1 | Position 2 (konjugiertes Verb) | Satzmitte | Satzende (Partizip II) |
|---|---|---|---|
| 1999 | bin | ich nach Gelsen-kirchen | umgezogen. |

Aktivität für lernungeübte KT: Schreiben Sie die Satzteile von Perfektsätzen auf Karton, die KT stellen sich in der richtigen Reihenfolge auf (s. Kommentare in den *Handreichungen* zum A1-Band, S. 46).

## 3

Das anschließende Memoryspiel können die KT auch mit Hilfe von Kopiervorlage 2 spielen. Beachten Sie: Anders als in der vorgeschlagenen Aktivität (Aufgabe 3) fehlen in der KV die Hilfsverben.

**Kopiervorlage 2** enthält alle Verben, die in Lektion 1 bislang im Perfekt vorgekommen sind, dazu einige weitere bekannte Verben. Schneiden Sie die Infinitiv- und die Partizipkarten aus (die Infinitivkarten auf weiße Kärtchen, die Partizipkarten auf Kärtchen in einer anderen Farbe geklebt). Danach werden die Kärtchen verdeckt auf den Tisch gelegt. Jede/r KT deckt zuerst ein weißes und dann ein andersfarbiges Kärtchen auf. Wer zusammengehörende Formen gefunden hat, darf beide Kärtchen behalten. Sieger ist, wer die meisten Kärtchenpaare hat.

Variante: Die KT dürfen das Kärtchen nur behalten, wenn sie mit den Verben einen Perfektsatz gebildet haben oder wenigstens das korrekte Hilfsverb genannt haben.

## 4

**Varianten**

- Für lerngeübte KT: Die KT schließen das Buch und geben anhand der Stichwörter auf der OHP-Folie aus 1a die Lebensgeschichte von Asamoah in eigenen Worten wieder.
- Für lernungeübte KT: Verteilen Sie Zettel mit je einer Jahreszahl. Jede/r KT mit einem Zettel liest die entsprechende Information zu der Jahreszahl aus dem Zeitstrahl von 1b laut vor.
- Fragen Sie die KT, ob sie andere Migranten oder Personen mit Migrationshintergrund kennen, die in Deutschland Erfolg haben. Neben zahlreichen Fußballprofis könnte man z.B. auch den Politiker Cem Özdemir oder die Turnerin Oksana Chusovitina nennen.

Cem Özdemir (geb. 1965) kommt aus einer türkischen Gastarbeiterfamilie und ist heute einer der führenden Politiker von Bündnis 90/Die Grünen.

Oksana Chusovitina (geb. 1975 in Buchara/Usbekistan) war schon in der ehemaligen Sowjetunion und später für Usbekistan eine erfolgreiche Turnerin. Im Jahr 2002 erkrankte ihr Sohn an Leukämie, weshalb sie mit ihm nach Deutschland kam, um ihn in Köln behandeln zu lassen. Nach der Heilung ihres Sohnes blieb sie in Deutschland. 2006 erhielt sie die deutsche Staatsbürgerschaft und gewann 2008 bei den Olympischen Sommerspielen in Peking die Silbermedaille am Sprung.

## 5

Einzelarbeit. Geben Sie den KT zunächst ca. zehn Minuten Zeit, wichtige Stationen aus ihrem eigenen Leben auszuwählen. Sie sollten für den Zeitstrahl maximal fünf wichtige Stationen aus ihrem Leben notieren, um dann über sich selbst zu berichten. Als Vorentlastung bietet sich AB-Übung 11 als Muster an.

**Varianten**

- Die KT schreiben mit Hilfe des Zeitstrahls einen Text über ihr eigenes Leben.
- Der Zeitstrahl und/oder die Texte werden, gerne mit Foto, im Kursraum aufgehängt.
- Für lerngeübte KT: Die KT berichten, was in den Jahren in ihrem Leben passiert ist und welche wichtigen Ereignisse es in der Welt gab.

*Arbeitsbuch:* Ü 6-11

Vertiefungsübungen Ü 6: Sätze im Perfekt schreiben, Ü 9: Infinitive notieren

Grammatikkarten im Arbeitsbuch/Anhang: Perfekt

## B Wie haben Sie das geschafft?

**Lernziele und Lerninhalte:**

| | |
|---|---|
| Sprechen: | über die Kinder einer Familie sprechen – über die eigenen Erfahrungen in Deutschland sprechen |
| Hören: | eine Familie berichtet über ihre Gründe für die Migration nach Deutschland und ihr Leben in Deutschland. |
| Grammatik: | Possessivartikel im Plural |

Mit den Taskins lernen die KT eine Migrantenfamilie kennen, die in Deutschland integriert ist. Die Interviews mit Herrn und Frau Taskin sollen die KT anregen, über ihre eigenen Erfahrungen zu berichten. Das Grammatikthema sind die Possessivartikel im Plural.

**1a**

Die KT decken zunächst die Sätze 1-5 ab und stellen Vermutungen an: *Wo sind die Personen? Was machen sie? In welcher Situation sind sie?* Notieren Sie geeignete Redemittel an der Tafel:

> *Die Frau ist vielleicht ...*
> *Die Leute auf Foto c studieren.*
> *Möglicherweise ist die Frau auf Bild D traurig.*

Anschließend ordnen sie Sätze und Fotos zu ohne den Text zu hören.

**1b**

Danach hören sie Herrn und Frau Taskin (Track 2) und markieren, welche Fotos zu dem, was Herr Taskin sagt, passen. Die KT hören an dieser Stelle auch Frau Taskin, damit auch 1d schon vorentlastet ist.

**1c/1d**

Lösung 1c: 1. Herr Taskin kommt aus Afghanistan, Frau Taskin kommt aus der Ukraine. – 2. Sie haben in der Ukraine studiert. – 3. Herr Taskin hat in Afghanistan gearbeitet. – 4. Sie sind nach Deutschland gekommen, weil die Situation in Afghanistan schwierig war. – 5. Verwandte haben ihnen geholfen.

Lösung 1d: 1/B, 2/B, 3/C.

**2**

Einführung der Possessivartikel im Plural. Die Possessivartikel im Singular kennen die KT bereits aus dem A1-Band, Lektion 4. Fordern Sie die KT zunächst auf, den Hörtext im Anhang nachzulesen und alle Varianten von *mein-, unser-*, *Ihr-* und *ihr-* zu unterstreichen. Sammeln Sie dann diese Possessivartikel an der Tafel und machen Sie eine Liste. Die KT ergänzen alle Formen, die sie bereits kennen und die im Hörtext vorkommen. *Eure* muss KL ergänzen, da es im Hörtext nicht vorkommt.

| | |
|---|---|
| *ich - mein/meine* | *wir - unser/unsere* |
| *du - dein/deine* | *ihr - euer/eure* |
| *er - sein/seine* | *sie - ihr/ihre* |
| *sie - ihr/ihre* | *Sie - Ihr/Ihre* |
| *es - sein/seine* | |

Lassen Sie die KT noch einmal die bekannten Possessivartikel in einem kurzen Frage- und Antwortspiel in Dreier- oder Vierergruppen wiederholen: *Ist das dein/Ihr Buch – Ja, das ist mein Buch* etc. (s. dazu A1-Band, Lektion 4, S. 41, A5) Anschließend ergänzen die KT die Sätze in 2a, in 2b formen sie sie in die dritte Person um.

**Varianten**

- 2b auch als schriftliche Übung
- Das *Mein-dein* Spiel mit den Possessivartikeln im Plural. Vierergruppen, je zwei KT fragen die anderen beiden KT: *Sind das eure/Ihre Bücher?* etc.

**3**

Zum Abschluss dieses Blocks berichten die KT über ihre eigenen Erfahrungen in Deutschland. Als Vorentlastung sollten sie dafür den Hörtext aus 1 im Anhang nachlesen und positive und negative Erfahrungen der Familie Taskin in Deutschland markieren. Der Paralleltext in AB-Übung 12 (die Geschichte von Herrn Sorokin) ist als weitere Vorentlastung geeignet. Schreiben Sie geeignete Redemittel an die Tafel, z.B.:

*Am Anfang habe ich/haben wir ...*
*Die erste Zeit in Deutschland war ...*
*Mir hat/haben ... gefallen/nicht gefallen/Mir gefällt (nicht) ...*
*Ich hatte viele/wenig Probleme mit ...*
*Heute bin ich zufrieden/weniger zufrieden.*

Geben Sie den KT wie bei auf der Auftaktseite einige Minuten Zeit, um sich Notizen zu machen. Die KT sollten zunächst in Partnerarbeit berichten, wobei es von Vorteil sein kann, wenn KT, die schon länger in Deutschland sind, mit solchen zusammenarbeiten, die noch nicht lange hier sind. Anschließend Plenumsarbeit.

Möglicherweise gibt es KT, die nicht vor anderen über ihre (schlechten) Erfahrungen sprechen möchten. Respektieren Sie dies, sie können über ihre Erfahrungen evtl. schriftlich berichten. Andere KT berichten möglicherweise gerne über ihre Erfahrungen. Ermuntern sie diese, im Plenum zu berichten, damit es zu einem Meinungs- und Erfahrungsaustausch kommt, an dem sich alle KT beteiligen können.

Um die Diskussion zu steuern, sollten Sie evtl. Themenkreise vorgeben: Erfahrungen beim Einkaufen, öffentliche Verkehrsmittel, Arbeit und Ausbildung etc.

Regen Sie die KT an, Vergleiche mit dem Heimatland anzustellen: Was ist anders und evtl. besser oder schlechter?

Nach der Plenumsdiskussion einigen sich die KT in Dreier- oder Vierergruppen auf drei Punkte für ihr Lernplakat. Die Plakate werden im Kursraum aufgehängt. Die KT gehen dann von Plakat zu Plakat und lesen, was die anderen Gruppen geschrieben haben. So bietet sich Gelegenheit, dass sich vor den Plakaten neue Gruppen bilden, um die Diskussion fortzusetzen und zu vertiefen.

*Arbeitsbuch:* Ü 12-18

Vertiefungsübung Ü 15: Possessivartikel ergänzen

Erweiterungsübungen Ü 12c: Die Geschichte eines Migranten schreiben,

Ü 17: Possessivartikel im Nominativ, Akkusativ und Dativ ergänzen

## C Sprachen lernen

**Lernziele und Lerninhalte:**

| | |
|---|---|
| Sprechen: | erzählen, wofür man Deutsch braucht - über Lerntypen und Lerntipps sprechen |
| | Tipps für das Deutschlernen geben |
| Hören: | Tipps von Deutschlernen |
| Lesen: | Lerntypen |
| Wortschatz: | Sprachen lernen |

In diesem Block stehen die Themen Unterricht, Lerntypen und Lerntechniken im Vordergrund.

### 1

Der Einstieg ist ein Erfahrungsaustausch im Plenum über die persönlichen Lernziele. Geben Sie den KT wieder einige Minuten Zeit, um sich Notizen zu machen und sammeln Sie ihre Antworten an der Tafel.

Wahrscheinlich kommen sehr unterschiedliche Antworten, die sich von privaten/familiären Lernzielen (z.B. mit Lehrern in der Schule sprechen) über berufliche Lernziele (einen Ausbildungsplatz/eine Arbeit finden) bis zu allgemeinen Zielen wie Verbesserung der Grammatik oder sehr konkreten (die Prüfung bestehen) erstrecken können. Notieren Sie die Antworten auf einer OHP-Folie, auf die Sie am Ende dieses Blocks für eine abschließende Diskussion über Lernziele und Lerntechniken zurückgreifen können.

### 2-3

Diese Aufgaben sollen die KT anregen, darüber nachzudenken und sich bewusst zu machen, wie sie selbst am besten lernen bzw. zu welchem Lerntyp sie gehören. Fragen Sie die KT, in welchem der Texte sie sich am stärksten wiederfinden, nachdem sie Aufgabe 2 gelöst haben.

So erhalten Sie auch wichtige Informationen über die KT bzw. die gesamte Lerngruppe, was es Ihnen erleichtert, die Unterrichtsplanung auf den Kurs abzustimmen. Wenn die KT in 3 über ihre Lernpartner berichten, sollten Sie sich Notizen machen, damit sie die einzelnen KT individuell besser fördern können.

**Variante**

1. Lesen Sie den KT zehn bis zwölf Wörter eines bekannten Wortfeldes vor. Geben Sie den KT dann eine Minute Zeit, um so viele der gehörten Wörter wie möglich zu notieren.

2. Legen Sie jedem KT eine Kopie mit zehn bis zwölf Wörtern eines bekannten Wortfeldes auf den Tisch. Wenn alle KT eine Kopie haben, bekommen sie zehn Sekunden Zeit, um die Wörter zu lesen. Dann drehen sie die Kopie um und schreiben innerhalb einer Minute die Wörter auf, die sie behalten haben.

3. Bringen Sie zehn bis zwölf Gegenstände in den Unterricht mit, decken Sie diese Gegenstände dann mit einem Tuch ab. Geben Sie den KT ein bis zwei Minuten Zeit, um die Gegenstände unter dem Tuch zu berühren. Anschließend schreiben die KT wieder innerhalb von einer Minute die Gegenstände auf, die sie erkannt bzw. behalten haben.

Abschließend vergleichen die KT: Wie fiel es ihnen am leichtesten, sich die Wörter zum merken: beim Hören (auditiver Lerntyp), beim Lesen (visueller Lerntyp) oder beim Berühren (motorischer Lerntyp)?

Diese Übung bietet den KT zusätzlich zu den Texten in Aufgabe 2 und dem Gedankenaustausch in Aufgabe 3 eine kleine Selbsterfahrung, um sich über den eigenen Lerntyp bewusst zu werden.

**4a**

Hier werden zwei zentrale Probleme von Deutschlernern aufgegriffen, die diese oft wichtiger nehmen als sie für Kommunikation eigentlich sind: Die Angst vor Fehlern ist für viele KT ein großes Hindernis, Deutsch zu sprechen und viele messen korrekter Grammatik einen zu hohen Stellenwert bei, was in der Alltagskommunikation ebenfalls oft hinderlich ist (Lösung: 1/B, 2/A).

**4b**

Zunächst Gruppenarbeit (drei bis vier KT), die Gruppen erarbeiten eine gemeinsame Stellungnahme und präsentieren diese im Plenum. Regen Sie die KT an zu überlegen, wann/in welchen Situationen/bei welchen Gesprächspartnern sie wegen Fehlern tatsächlich nicht verstanden wurden und wie oft sie trotz Fehlern verstanden wurden. Weisen Sie darauf hin, dass sie diese Situationen als Erfolge betrachten sollen, die Lernfortschritte dokumentieren, und dass Fehler ein ganz natürlicher Teil des Lernprozesses sind und sogar produktiv sein können, wenn man aus ihnen lernt.

Wahrscheinlich machen auch Sie als KL Unterschiede bei der Fehlerkorrektur. Bei Plenumsdiskussionen z.B. wird evtl. seltener korrigiert als bei Grammatikübungen, um den Redefluss nicht zu unterbrechen. Machen Sie die KT darauf aufmerksam.

**5**

Indem die KT Lerntipps austauschen, üben sie sich zugleich in Zusammenarbeit und gegenseitiger Unterstützung, was sich auch auf den weiteren Kursverlauf positiv auswirken sollte. Außerdem bietet sich so Gelegenheit, dass sie sich besser kennenlernen. Darüber hinaus üben sie Redemittel, um Ratschläge zu geben bzw. Vorschläge zu machen. Verweisen Sie auf den Redemittelkasten.

Bilden Sie möglichst heterogene Gruppen, wo also lerngeübte und lernungeübte KT, solche die viel bzw. wenig Kontakt zu deutschen Muttersprachlern haben, und solche, die schon länger oder erst seit kurzem in Deutschland sind, bunt gemischt sind. Geben Sie den KT vor der Diskussion einige Minuten Zeit, ein Problem, das ihnen wichtig scheint, zu notieren. Abschließend einigt sich jede Gruppe auf ein Problem, das ihr besonders wichtig erscheint, und auf einen Tipp, den alle für den geeignetsten halten, und stellen dieses Ergebnis im Plenum vor.

Greifen Sie zum Abschluss noch einmal die Einstiegsfrage dieses Blocks auf: *Wofür brauchen Sie Deutsch?* Zeigen Sie die OHP-Folie aus 1 und lassen Sie KT überlegen:

Welche Rollen spielen Grammatik, Wortschatzübungen, das Einüben von Redemitteln etc. für die übergeordneten Ziele (Ausbildung, Beruf, Verständigung im sozialen Umfeld etc.), also für die Alltagskommunikation? Fordern Sie die KT auf, ihre ganz individuellen Kommunikationsbedürfnisse zu überprüfen und zu notieren: *Was will ich? In welchen Situationen ist es wichtig, dass ich gut spreche oder gut schreibe und verstehe? Was brauche ich dafür?* So haben sie die Grundlage für eine Standortbestimmung, in die einfließen kann, was sie bereits erreicht haben und was noch vor ihnen liegt.

*Arbeitsbuch:* Ü 19-22, Ü 23: Flüssig sprechen

Vertiefungsübung Ü 21: das Verb *sprechen*

*Arbeitsbuch – Deutsch plus:* Ü 24: Lesetext, Kursangebote einer Volkshochschule

*Arbeitsbuch – Wörter lernen:* Ü 25-27

**Phonetik:** Wortakzent bei Partizipien, siehe Seite 124 in den *Handreichungen*.

**Flüssig sprechen**

*Alles klar* Ü 8

Die *Alles-klar*-Nachsprechübungen haben einen speziellen, vielleicht zunächst etwas ungewöhnlichen Charakter, der den Hörsinn stark anspricht: Die Texte sind nicht abgedruckt (Sie finden sie allerdings im Anhang) und sie werden mit leichter, entspannender Gitarrenmusik eingeleitet und begleitet. Die KT sollen sich bequem hinsetzen, vielleicht auch die Augen schließen und sich ganz auf das Hören und Sprechen konzentrieren.

Die *Alles-klar*-Nachsprechübungen sind immer zweiteilig aufgebaut. Die Lerner hören zunächst alle Fragen oder Sätze einmal ohne Pause. Im zweiten Teil ist nach jeder Frage eine Pause zum Nachsprechen. Lassen Sie die Lerner, jede/n für sich, hören und (halb)laut sprechen, ein exaktes Chorsprechen mit gleichzeitigem Einsatz und Tempo ist in dieser Übung nicht erwünscht.

In dieser ersten Lektion geht es um Sprachenlernen. In *Flüssig sprechen* hören die Lerner Lerntipps, die mit den Modalverben *können* und *dürfen* formuliert sind. Sie sprechen diese Sätze zunächst nach und trainieren dabei gleichzeitig die Struktur der Sätze mit Modalverben. In einem zweiten Schritt können Sie die Übung umfunktionieren und die Lerner, jede/n für sich, antworten lassen. Mögliche Antworten können Sie zunächst an der Tafel sammeln, die Lerner sollten dann aber nicht im Chor, sondern jede/r für sich, die eigene Antwort auf den Lerntipp sprechen. Mögliche Antworten können z.B. sein:

> *Ja, danke für den Tipp, das probiere ich einmal.*
>
> *Ja, das macht mir Spaß.*
>
> *Ach nein, ich tanze nicht gerne.*
>
> *Das ist eine gute Idee.*
>
> *Dazu habe ich keine Lust.*
>
> *Nein, ich habe nicht so viel Zeit.*
>
> *Das hilft mir nicht.*

Wichtig ist, dass die Lerner diese Antworten nicht einfach von der Tafel ablesen, sondern mit dem passenden Ausdruck sprechen. Das macht mehr Spaß und trägt dazu bei, dass die Strukturen gut memoriert werden.

Das *Flüssig sprechen* im Arbeitsbuch (Ü 23) trainiert Sätze, die man braucht, um über die eigene Geschichte zu sprechen.

## Auftaktseite

**Lernziele und Lerninhalte:**

| | |
|---|---|
| Sprechen: | ein Foto beschreiben, über die eigene Mediennutzung sprechen |
| Wortschatz: | Medien, Zeitadverbien |

*Arbeitsbuch:* Ü 1-3

Vertiefungsübung Ü 2c: Zeitadverbien zuordnen

Portfolioübung Ü 3: die eigene Mediennutzung beschreiben

## A Rund ums Internet

**Lernziele und Lerninhalte:**

| | |
|---|---|
| Sprechen: | diskutieren, was man im Internet machen kann und wie wichtig das Internet ist |
| Hören: | vier Personen berichten über ihre Internetnutzung |
| Schreiben: | Sätze mit *weil* |
| Wortschatz: | Internet |
| Grammatik: | Nebensätze mit *weil* |

*Arbeitsbuch:* Ü 4-9

Vertiefungsübung Ü 7a: Sätze mit *weil*

Erweiterungsübung Ü 7b: Sätze mit *denn*

## B Fernsehen und Radio

**Lernziele und Lerninhalte:**

| | |
|---|---|
| Sprechen: | einen Fernsehabend planen, die eigene Meinung über das Fernsehprogramm sagen |
| Hören: | Werbespots im Radio, Diskussion über das Fernsehprogramm |
| Lesen: | Fernsehprogramm, Text über Mediennutzung |
| Schreiben: | Sätze mit *dass* |
| Wortschatz: | Radio und Fernsehen |
| Grammatik: | Nebensätze mit *dass* |

Kannbeschreibungen GER/Rahmencurriculum:

Kann Fernseh- und Radiowerbung für vertraute Produkte wichtige Informationen entnehmen.

*Arbeitsbuch:* Ü 10-19

Vertiefungsübungen Ü 15: Wiederholung W-Fragen, Ü 18: Redemittel für Meinungsäußerungen

Erweiterungsübung Ü 14: Dialog über das Fernsehprogramm

Portfolioübung Ü 19: die eigene Meinung sagen

## C E-Mail und Co

**Lernziele und Lerninhalte:**

| | |
|---|---|
| Sprechen: | beschreiben, wie man eine E-Mail schreibt und abschickt |
| Wortschatz: | E-Mail |
| Projekt: | Internetanbieter |

Kannbeschreibungen GER/Rahmencurriculum:

Kann geläufige Befehle in deutschsprachigen Versionen von Office-Programmen verstehen.

*Arbeitsbuch:* Ü 20, Ü 21: Flüssig sprechen

*Arbeitsbuch – Deutsch plus* Ü 22: Zeitungsartikel

Kannbeschreibungen GER/Rahmencurriculum:

Kann in Zeitungen und Zeitschriften, auch online, thematische Schwerpunkte und Rubriken verstehen und das Gewünschte auswählen.

Kann kurzen Berichten in Zeitungen oder im Internet wichtige Informationen entnehmen.

*Arbeitsbuch – Wörter lernen:* Ü 23-25

**Bildkarten im Anhang** 1 Medien

**Phonetik:** das *w*

**Kopiervorlagen in den Handreichungen:**

KV 3: Satzpuzzle Haupt- und Nebensatzgefüge mit *weil* und *dass*

KV 4A/B: Wechselspiel: Fragen und Antworten mit *weil* und *dass*

Thema dieser Lektion sind neben Wortschatz zu Medien Informationen über Radio und Fernsehen. Die KT lernen Redemittel, um etwas zu begründen und ihre Meinung zu sagen. Die Grammatik behandelt Nebensätze mit *weil* und *dass*, womit die KT die ersten Nebensätze kennenlernen.

## Auftaktseite

### Lernziele und Lerninhalte:

| | |
|---|---|
| Sprechen: | ein Foto beschreiben – über die eigene Mediennutzung sprechen |
| Wortschatz: | Medien, Zeitadverbien |

**1**

Lassen Sie die KT zunächst den Medienwortschatz aus dem Schüttelkasten den Personen zuordnen: *Wer hat was?* Anschließend beschreiben sie, was die Personen mit den Geräten machen. Erweitern Sie anhand eines Wörternetzes den Medienwortschatz:

*IPod, DVD-Player, MP3-Player* z.B. unter dem Oberbegriff *elektronische Medien,*

*Buch, Zeitung, Zeitschrift, Magazin, Fachzeitung* etc. unter dem Oberbegriff *gedruckte Medien.*

**Variante**

Diskutieren Sie zunächst mit den KT, wo die Personen sind (*an einer S-Bahnstation*). Bilden Sie dann Gruppen. Jede Gruppe wählt eine Person aus und erfindet eine kleine Geschichte: *Warum wartet die Person auf die S-Bahn? Woher kommt sie? Wohin will sie fahren? Was macht der Man mit dem Laptop?* etc. Anschließend berichten die Gruppen im Kurs.

**2**

Hier können Sie auch mit den Bildkarten im Anhang (1. Medien) arbeiten.

Die KT berichten über ihre eigenen Mediengewohnheiten. Hierzu finden sich im Kasten Adjektive, mit denen die KT ihre Mediennutzung näher erklären können. Erklären Sie auch die Zeitadverbien *morgens*, *mittags*, *nachmittags*, *abends,* indem Sie einige Beispiele geben:

> *Ich höre morgens gerne Radio.*
> *Abends sehe ich fern.*
> *...*

Wiederholen Sie hier die Tageszeiten *am Morgen, am Vormittag* etc, die die KT aus Lektion 5, A1-Band, Block C kennen. Anschließend Partnerinterviews, für die Sie geeignete Fragen vorgeben sollten:

*Wie oft benutzt du/benutzen Sie ...? Wann ...? Warum ...?*

Anschließend berichten die KT über ihre Lernpartner im Kurs.

**Variante**

Erstellen Sie aus den Berichten eine Kursstatistik: *Wer benutzt welche Medien?* bzw. *Wie oft benutzen die KT die Medien?* So können Sie die Häufigkeitsadverbien wiederholen.

*Arbeitsbuch:* Ü 1-3

Vertiefungsübung Ü2c: Zeitadverbien zuordnen

Portfolioübung Ü3: die eigene Mediennutzung beschreiben

## A Rund ums Internet

### Lernziele und Lerninhalte:

| | |
|---|---|
| Sprechen: | diskutieren, was man im Internet machen kann und wie wichtig das Internet ist |
| Hören: | vier Personen berichten über ihre Internetnutzung |
| Schreiben: | Sätze mit *weil* |
| Wortschatz: | Internet |
| Grammatik: | Nebensätze mit *weil* |

In diesem Block lernen die KT Wortschatz zum Internet kennen sowie Redemittel, um etwas zu begründen. Das Grammatikthema sind Nebensätze mit *weil.*

**1**

Klären Sie zunächst, ob alle KT zu Hause einen Internetzugang haben. Sollte dies bei einem größeren Teil nicht der Fall sein, teilen Sie den Kurs in zwei Gruppen: Die „Expertengruppe" informiert die anderen KT über die Möglichkeiten (und Gefahren) des Internets.

Besprechen Sie mit den KT, welche Internet-seiten im Kursbuch abgedruckt sind: ebay, Deutsche Welle, google Earth und eine Downloadseite von iTunes. Was kann man auf den Seiten machen? Gibt es KT, die diese Seiten schon einmal besucht haben?

Sammeln Sie die Antworten der KT auf die Frage in der Arbeitsanweisung an der Tafel und erläutern Sie Internetwortschatz, z.B.:

*Seiten besuchen, sich ein-/ausloggen, sich an-/abmelden, anklicken, Link, Suchmaschine, googeln, online/offline.*

Weisen Sie darauf hin, dass es im Internet viele Übungen und Kursangebote für Deutsch gibt, z.B. von der Deutschen Welle unter www.deutsche-welle.de. Sollte Ihre Institution über einen Computerraum verfügen, empfiehlt sich eine Unterrichtsstunde, in der die KT die Möglichkeiten, im Internet Deutsch zu lernen, ausprobieren.

Diskutieren Sie mit den KT auch über mögliche Gefahren im Internet.

**2**

Bilden Sie zunächst wieder Gruppen, jede Gruppe beschäftigt sich mit einer Person und schreibt zwei bis drei Vermutungen, warum sie das Internet benutzt bzw. wie wichtig es für sie ist. Die Ergebnisse werden im Plenum vorgestellt. Fordern Sie die KT auf, die in den Sprechblasen angegebenen Redemittel für Vermutungen zu benutzen (evtl. auch: *ich glaube, ich meine)*, womit sie auch eine Vorentlastung für Nebensätze mit *dass* im nachfolgenden Block haben. Sammeln Sie die Ergebnisse an der Tafel oder auf einer OHP-Folie, damit die KT später ihre Vermutungen mit den Hörtexten vergleichen können.

Anschließend hören die KT die Texte und vergleichen ihre Ergebnisse.

(Lösungen: Julian: wichtig; Grund: Online-Spiele, Schule, Hausaufgaben;
Heinrich: unwichtig; Grund: hat es auch früher nicht gebraucht, findet Bücher besser;
Eleni Kostas: wichtig; Grund: E-Mail, Wörterbücher;
Lin Yan: wichtig; Grund: mit Freunden in China chatten, Deutschübungen, Studium)

Spielen Sie evtl. noch einmal den Text von Herrn Merz vor und lassen Sie die KT notieren, was er über seine Frau sagt: *Sie findet das Internet gut. Sie hat einen Internetkurs besucht, schreibt E-Mails und surft oft im Internet.*

**Variante**

Die Gruppen erhalten den Auftrag, bei „ihrer" Person genauer hinzuhören und Notizen zu machen. Es folgt eine Diskussion in der Gruppe: *Waren die Vermutungen richtig? – Wo gab es Irrtümer?* Anschließend schreiben die Gruppen einen kleinen Text, für den KL geeignete Redemittel vorgibt, z.B.:

*Wir haben geglaubt, Julian ..., aber das ist nicht richtig. Er ...*

*Julian macht gerne Online-Spiele. Das haben wir auch vermutet. Aber er benutzt das Internet ... Das haben wir nicht gedacht.*

Mit 2c beginnt die Einführung der Nebensätze mit *weil.* Schreiben Sie die Sätze mit der korrekten Zuordnung an die Tafel, nachdem die KT die Aufgabe gelöst haben, und erläutern Sie zunächst die Bedeutung von *weil* als mögliche Antwort auf Fragen mit *Warum?* und anschließend die Verbindung von Haupt- und Nebensätzen mit Hilfe des Grammatikkastens. Schreiben Sie die dortigen Sätze und evtl. einen weiteren aus 2c ebenfalls an die Tafel und lassen Sie einen KT das Verb im Hauptsatz und im Nebensatz farbig unterstreichen. Heben Sie die Endstellung des Verbs besonders hervor und erläutern Sie, dass die KT mit *weil* den ersten einer ganzen Reihe von Konnektoren kennen lernen, die Nebensätze einleiten, in denen das Verb am Ende steht. Markieren Sie über die Sätze, welcher Satz Hauptsatz und welcher Satz Nebensatz ist.

| **Hauptsatz 1** | **Hauptsatz 2** |
|---|---|
| *Lin Yan findet das Internet wichtig.* | *Es <u>gibt</u> dort Deutschübungen.* |
| **Hauptsatz** | **Nebensatz** |
| *Lin Yan findet das Internet wichtig,* | *weil es dort Deutschübungen <u>gibt</u>.* |

Die KT schreiben diese Sätze ins Heft und markieren *weil* und das Verb im Nebensatz.

(Lösung 2c: 1/D, 2/A, 3/C, 4/B)

3

Anschließend schreiben sie die Sätze.

**Varianten**

- Lerngeübte KT: Gehen Sie auf den Unterschied von *weil* und *denn* ein. Lassen Sie die KT die Sätze in Aufgabe 3 auch mit *denn* verbinden. Ziehen Sie dafür AB-Übung 7b heran und machen Sie den KT den Unterschied zwischen Haupt- und Nebensatzkonnektoren bewusst. Sammeln Sie die anderen bereits bekannten Hauptsatzkonnektoren (*und, oder, aber*) und lassen Sie die KT Beispielsätze bilden.
- Lernungeübte KT: Schreiben Sie die einzelnen Wörter einer Haupt- und Nebensatzverbindung aus 2 auf Karton. Je zwei KT enthalten den Satz in dieser Form und bringen ihn an einer Pinwand in die richtige Reihenfolge, oder: In einer größeren Gruppe erhält jede/r KT ein Wort, die KT heften die Wörter in der richtigen Reihenfolge an die Tafel.
- Zwei KT verlassen den Raum. Die zurückgebliebenen KT einigen sich auf eine Satzverbindung mit Haupt- und Nebensatz, jedem/jeder KT wird ein Wort zugeteilt. Die beiden KT kommen wieder in den Raum, aus der Gruppe sagt jede/r KT das ihm/ihr zugeteilte Wort, die beiden KT stellen die Gruppe entsprechend der Reihenfolge von Haupt- und Nebensatz auf.

**Kopiervorlage 3** enthält ein Satzpuzzle (Haupt- und Nebensatzgefüge mit *weil*- und *dass*-Sätzen) zum Ausschneiden, das Sie auch für die vorgeschlagenen Varianten verwenden können (zu den *dass*-Sätzen siehe Block B, Aufgabe 6-7 dieser Lektion).

4

Die KT wenden Haupt- und Nebensätze mit *weil* für ihre eigene Situation an. Zunächst Einzelarbeit, anschließend berichten die KT im Plenum. KL gibt lernungeübten KT besondere Unterstützung. Geben Sie den KT weitere Fragen als Leitfaden für ausführlichere Stellungnahmen, z.B.:

*Wie oft nutzen Sie/Ihr Ehepartner/Ihre Kinder das Internet?*

*Wofür brauchen Sie das Internet?*

*Arbeitsbuch:* Ü 4-9

Vertiefungsübung Ü 7a: Sätze mit *weil*

Erweiterungsübung Ü 7b: Sätze mit *denn*

Grammatikkarten im Arbeitsbuch/Anhang: Nebensätze mit *weil*

## B Fernsehen und Radio

**Lernziele und Lerninhalte:**

| | |
|---|---|
| Sprechen: | einen Fernsehabend planen – die eigene Meinung über das Fernsehprogramm sagen |
| Hören: | Werbespots im Radio, Diskussion über das Fernsehprogramm |
| Lesen: | Fernsehprogramm, Text über Mediennutzung |
| Schreiben: | Sätze mit *dass* |
| Wortschatz: | Radio und Fernsehen |
| Grammatik: | Nebensätze mit *dass* |

Neben Informationen über Fernsehen und Radio in Deutschland werden in diesem Block Nebensätze mit *dass* eingeführt. Nutzen Sie die Gelegenheit, über die deutsche Fernsehlandschaft zu informieren.

1

Fragen Sie die KT einleitend, ob sie deutsches Fernsehen sehen und welche deutschen Fernsehsendungen sie kennen bzw. ob sie deutsches Radio hören. Fordern Sie die KT ggf. auf, kurz und in einfachen Sätzen ihre Meinung über die Sendungen zu sagen, was als Vorentlastung für die *dass*-Sätze dienen kann.

Anschließend lösen die KT 1a, wo sie verschiedene Arten von Fernsehsendungen kennenlernen, und 1b. Die Minidialoge sollen auch zur Wiederholung der Uhrzeiten dienen. In der Hörcollage von 1c hören die KT Auszüge aus Fernsehsendungen.

(Lösung: 1 Krimi, 2 Tierfilm, 3 Nachrichten, 4 Sportsendung, 5 Kindersendung)

**Variante**

Für lerngeübte KT: Nehmen Sie im Radio eine fünfminütige Nachrichtensendung auf oder laden Sie eine aus dem Internet herunter (z.B. beim Deutschlandfunk unter www.dradio.de/nachrichten/) und spielen Sie diese im Unterricht vor. Auf der Niveaustufe A2 kann es noch nicht darum gehen, dass die KT Details aus den Nachrichtensendungen verstehen, aber sie können in jedem Fall z.B. Personen-, Städte- und Ländernamen heraushören. Geben Sie den KT als Vorentlastung am Tag zuvor die Aufgabe, sich in den Medien (auch denen in ihrer Muttersprache) zu informieren, welche Themen in Politik, Wirtschaft, Gesellschaft, Sport etc. gerade aktuell sind, damit sie ein Vorwissen haben, was sie in der Radiosendung evtl. erwartet.

**2**

Die KT einigen sich z.B. mit Hilfe von mitgebrachten Fernsehzeitschriften auf ein Fernsehprogramm. Der Schwerpunkt liegt auf den Redemitteln für Vorschläge, Zustimmung und Ablehnung. Notieren Sie diese in einer Tabelle an der Tafel und fordern Sie die KT auf, mindestens einen Minidialog, mit je einer Zustimmung und einer Ablehnung zu machen. Als Vorentlastung bieten sich die Übungen klar.2a sowie die AB-Übungen 12-14 an.

Verweisen Sie auf den Infokasten über die GEZ und geben Sie weitere Informationen. Bringen Sie evtl. ein Formular der GEZ mit, um noch einmal das Ausfüllen von Formularen zu üben.

**Informationen zur Landeskunde**

Die Gebühreneinzugszentrale (GEZ) ist Teil der öffentlich-rechtlichen Rundfunkanstalten und für den Einzug der Rundfunkgebühren zuständig. Personen mit niedrigem Einkommen, Bezieher von Sozialhilfe oder Arbeitslosengeld II, Behinderte und andere Gruppen können bei der GEZ einen Antrag auf Befreiung von den Gebühren stellen.

Die GEZ ist in der Öffentlichkeit nicht unumstritten, u.a. haben Datenschutzbeauftragte den Umgang der GEZ mit Kundendaten bemängelt.

**3**

Hier erhalten die KT weitere Informationen über die deutsche Medienlandschaft. In 3a ordnen sie zunächst die Medien der Nutzungsdauer zu und berichten. Lassen Sie die KT mit den Redemitteln, die sie schon in A2 verwendet haben (Vermutungen über Internetnutzung) Vermutungen anstellen. Lernungeübte KT beschränken sich auf einfachere Sätze:

*Vielleicht ist das Fernsehen auf Platz 1.* o.ä.

Lerngeübte KT argumentieren komplexer:

*Ich denke/glaube, das Fernsehen ist auf Platz 1, weil es sehr entspannend ist.*

*Vielleicht lesen die Menschen nur wenig Tageszeitung, weil man alle Informationen auch im Internet bekommen kann.*

Anschließend vergleichen sie ihre Vermutungen mit den Lösungen, die in der Grafik auf dem Kopf stehend angegeben sind.

3b dient neben der Information der Einübung von Lesestrategien mit Hilfe von *W*-Fragen. Die KT bearbeiten den Text in Gruppen. Jede/r KT formuliert mit Hilfe des Kastens eine Frage, die anderen KT antworten. Lernungeübte KT lösen zur Vorbereitung AB-Übung 15.

**Varianten**

- Die KT fassen den Text auf Basis ihrer Antworten in eigenen Worten zusammen.
- Für lernungeübte KT: Kopieren Sie den Text und schneiden Sie ihn auseinander, z.B.:

- Alle sprechen vom Internet und vom Fernsehen, das Radio ist nur selten Gesprächsthema. Aber: Das Radio ist nach dem Fernsehen immer noch
- das Medium Nummer 2! Die Menschen hören pro Tag im Durchschnitt 186 Minuten Radio. Am
- Morgen hören sie Radio beim Frühstück, sie schalten das Autoradio ein,
- weil es Verkehrsmeldungen gibt. Auch bei der Arbeit läuft
- das Radio. Es bietet Informationen aus der ganzen Welt, den Wetterbericht und Musik und man hört immer die Uhrzeit.

Die KT fügen den kompletten Text zusammen. So üben sie, Sinnzusammenhänge zu erkennen. Je nach Lesefertigkeit können die Einzelteile länger oder kürzer sein.

**4**

Hier üben die KT, Informationen aus dem Radio zu verstehen. 4a übt das Globalverstehen, 4b das Detailverstehen.

(Lösung: 4 a: Abendtee – Text 2, Elektro Hanser – Text 1;

4 b: Abendtee 2,99 €, Fernseher 179.- €)

**Variante**

Bei der Werbung für Elektro Hanser nennen die KT zusätzlich die Öffnungszeiten.

**5**

Gruppenarbeit. Die KT erarbeiten gemeinsam einen Text, der im Kurs vorgetragen wird. Hier dürfen gerne KT mit schauspielerischem Talent zu Wort kommen. Lernungeübte KT beschränken sich auf die Vorgaben im Buch, lernungeübte KT erweitern den Wortschatz und/oder schreiben z.B. mit Hilfe von Prospekten Werbespots für andere Produkte.

**Variante**

Die Gruppen schreiben zu denselben Produkten Werbespots und tragen diese im Plenum vor. Die KT vergeben Punkte für den sprachlich besten oder auch für den Werbespot, der am besten vorgetragen wurde. Die Gruppe mit den meisten Punkten hat gewonnen.

**Informationen zur Landeskunde**

Die deutsche Fernsehlandschaft teilt sich in den öffentlich-rechtlichen und den privaten Sektor. Die öffentlich-rechtlichen Sender ARD und ZDF betreiben neben dem ersten und dem zweiten Programm weitere Programme (regionale Programme z.B. vom WDR und vom Bayrischen Rundfunk, Kinderkanal, Phoenix, Arte, 3Sat).

Von den zahlreichen privaten Fernsehsendern sind RTL, SAT 1 und Pro 7 die größten. Viele kleinere Sender sind Spartenkanäle wie z.B. n-tv und N24 für Nachrichten oder Sport1 für Sport.

Der Sender Sky ist ein Pay-TV-Sender, für den man extra Gebühren zahlen muss.

Neben zahlreichen privaten und den öffentlich-rechtlichen Rundfunkanstalten gibt es den deutschlandweiten Radiosender Deutschlandradio (Deutschlandfunk, Deutschlandradio Kultur) sowie die Deutsche Welle, die Auslandsprogramme in 30 Sprachen anbietet.

**6**

Einführung von Nebensätzen mit *dass*. In 6a geht es zunächst darum, dass die KT positive und negative Meinungen erkennen. Auswertung von 6a und b im Plenum.

(Lösung: 6a: Frau Hegel: positiv, Herr Friedrichsen: negativ, Frau Wissman: negativ, Herr Gottfried: positiv; 6 b: 2B, 3A, 4D)

Erläutern Sie die Nebensätze mit *dass* anschließend mit Hilfe des Grammatikkastens ähnlich, wie schon die *weil*-Sätze erläutert wurden: Schreiben Sie die Sätze an die Tafel und lassen Sie eine/n KT das Verb in beiden Sätzen markieren, die KT schreiben die Sätze mit den Markierungen ins Heft. Anschließend schreiben sie die Sätze in 6c und markieren ebenfalls die Verben.

| | |
|---|---|
| *Hauptsatz* | |
| *Das Fernsehen* ***bietet*** *gute Informationen.* | |
| *Hauptsatz* | ***Nebensatz*** |
| *Ich finde,* | ***dass*** *das Fernsehen gute Informationen* ***bietet****.* |

**Varianten**

s. Kommentare zu Lektion 2, S. 19, Varianten, in diesen *Handreichungen*, dazu **Kopiervorlage 3** Hauptsätze und Nebensätze mit *dass*.

**Kopiervorlage 4A/B** zu den Nebensätzen mit *weil* und *dass*, Wechselspiel für lerngeübte KT. Es sollen Fragen mit diesen Nebensätzen beantwortet werden. Die Antwortmöglichkeiten sind vorgegeben. Beachten Sie, dass in den Antworten mit *dass* auch die Redewiedergabe geübt wird.

7

Die KT äußern ihre eigene Meinung. Partnerarbeit, lernungeübte KT beschränken sich auf die Vorgaben im Buch, individuelle Unterstützung durch KL. Verweisen Sie auf den Redemittelkasten und fordern Sie die KT auf, zu jeder Frage mindestens eine Meinung mit verschiedenen Einleitungssätzen zu sagen. Lerngeübte KT diskutieren weitere Fragen, z.B.: *Wie wichtig sind heute Zeitungen? Welche Vor- oder Nachteile hat das Fernsehen/das Internet? Sitzen wir zu lange vor dem Computer?* etc.

*Arbeitsbuch:* Ü 10-19

Vertiefungsübungen Ü 15: Wiederholung W-Fragen, Ü 18 Redemittel für Meinungsäußerungen

Erweiterungsübung Ü 14: Dialog über das Fernsehprogramm

Portfolioübung Ü 19: die eigene Meinung sagen

## C E-Mail und Co

**Lernziele und Lerninhalte:**

| | |
|---|---|
| Sprechen: | beschreiben, wie man eine E-Mail schreibt und abschickt |
| Wortschatz: | E-Mail |
| Projekt: | Internetanbieter |

In diesem Block lernen die KT Computerwortschatz kennen.

1

Fragen Sie die KT einleitend, ob sie selbst einen Computer haben oder oft am Computer sind. Vielleicht kennen sich einige KT mit Computern gut aus. Lassen Sie diese berichten.

Dann betrachten die KT den Screenshot des E-Mailprogramms und sammeln Wörter, die sie nicht kennen, KL notiert die Wörter an der Tafel und erläutert sie oder lässt eine/n KT, der/die ein Wort kennt, erläutern. Anschießend lösen die KT 1a und b. 1b ist auch zur Wiederholung der Adverbien *zuerst, dann* und *danach* geeignet, die Sie durch andere Adverbien ergänzen können: *zunächst, schließlich zuletzt.* Die Reihenfolge der einzelnen Schritte ist nicht vorgegeben. Für lernungeübte KT empfiehlt es sich, die Punkte an der Tafel in einer Reihenfolge aufzulisten.

1. das E-Mail Programm öffnen
2. dann - den Empfänger auswählen
3. ...

1b ist auch als schriftliche Übung möglich. Lassen Sie die KT die Anleitung auch mit Hilfe von *man* beschreiben. AB-Übung 20 enthält eine Variante für einen Text mit dem Schreibprogramm Word.

Sammeln Sie weiteren Wortschatz zum Thema Computer mit Hilfe eines Wörternetzes, z.B.: *USB-Stick, Laufwerk, Maus, Tastatur, Monitor* etc. Bringen Sie für die Wortschatzarbeit evtl. den Prospekt eines Elektronikmarktes mit, oder fordern Sie die KT auf, welche mitzubringen.

**Variante**

Bereiten Sie den Text im KB und/oder im AB in verschiedenen Varianten als Lückentext vor. KT A erhält einen Schüttelkasten mit den fehlenden Wörtern, KT B liest den Text vor. Bei den Lücken nennt KT A das passende Wort aus dem Schüttelkasten.

2

Fordern Sie die KT am Tag vor der Übung auf, sich über ihren eigenen oder den Internetzugang eines Bekannten zu informieren und evtl. geeignete Prospekte aus Telefonläden mitzubringen.

*Arbeitsbuch:* Ü 20, Ü 21: Flüssig sprechen

*Arbeitsbuch – Deutsch plus:* Ü 22: Zeitungsartikel

*Arbeitsbuch – Wörter lernen:* Ü 23-25

**Bildkarten im Anhang** 1 Medien

**Phonetik:** das *w,* siehe Seite 124 in den *Handreichungen*

**Flüssig sprechen**

*Alles klar* Ü 6

Das *Flüssig-Sprechen* präsentiert einen kurzen zusammenhängenden Text über Herrn Schmidt, seine Mediennutzung und seine Einstellung gegenüber Medien. Die Sätze im Text wiederholen die neu eingeführte Struktur der Nebensätze mit *weil* und *dass*. Die Lerner sprechen diesen Text nach und üben dabei auch die intonatorische Struktur von Haupt- und Nebensatz. Wenn Sie explizites Intonationstraining machen möchten, können Sie an dieser Stelle darauf hinweisen, dass die Melodie vor einem Nebensatz „in der Schwebe“ bleibt, sie fällt nicht wie am Satzende tief ab, sondern bleibt in der Mitte und weist damit darauf hin, dass der Satz noch nicht zu Ende ist. Sie können die Melodie gut mit Pfeilen markieren:

*Sein Handy benutzt er täglich, → weil er viel unterwegs ist. ↘*

*Er surft im Internet, → weil er Informationen braucht. ↘*

*Er liest Zeitschriften, → weil es entspannend ist. ↘*

*Er ist dagegen, → dass Kinder viel fernsehen. ↘*

Sie können im Anschluss an die Nachsprechübung den Text über Herrn Schmidt als Modelltext für eigene Textproduktionen nutzen und die Lerner auffordern, drei bis fünf zusammenhängende Sätze über die eigene Mediennutzung und Einstellung zu Medien zu sagen (nicht ablesen!).

Das *Flüssig sprechen* im Arbeitsbuch (Ü 21) trainiert die Meinungsäußerung mit dass-Sätzen.

## Auftaktseite

**Lernziele und Lerninhalte:**

| | |
|---|---|
| Sprechen: | Fotos beschreiben, über das eigene Wochenende berichten |
| Wortschatz: | Freizeitaktivitäten, Zeitadverbien |

*Arbeitsbuch:* Ü 1-3

Vertiefungsübung Ü 1: Freizeitaktivitäten

## A Wohin gehen wir?

**Lernziele und Lerninhalte:**

| | |
|---|---|
| Sprechen: | Bilder beschreiben: *wo* und *wohin*, über das vergangene Wochenende berichten |
| Lesen: | Wochenendpläne |
| Schreiben: | Wochenendpläne, Bilder beschreiben: *wo* und *wohin* |
| Grammatik: | Wechselpräpositionen mit Akkusativ und Dativ |

*Arbeitsbuch:* Ü 4-9

Vertiefungsübung Ü 7: Wechselpräpositionen mit Akkusativ und Dativ

Erweiterungsübung Ü 8: Textkorrektur

Portfolioübung Ü 9: Wo waren Sie gestern, wohin gehen Sie morgen?

## B Bis Sonntag!

**Lernziele und Lerninhalte:**

| | |
|---|---|
| Sprechen: | Fragen und Antworten mit *ja*, *nein* und *doch*, Dialoge im Restaurant |
| Hören: | Dialog über Zusagen und Absagen zu einer Einladung, Restaurantdialoge: reservieren, bestellen, bezahlen |
| Wortschatz: | Restaurant, Speisekarte |

Kannbeschreibungen GER/Rahmencurriculum:

Kann, auch telefonisch, mit einfachen Mitteln eine Reservierung tätigen.

Kann in einer Gaststätte gewünschte Speisen und Getränke bestellen.

*Arbeitsbuch:* Ü 10-17

Vertiefungsübung Ü14: reservieren, bestellen, bezahlen

## C Was machen wir am Sonntag?

**Lernziele und Lerninhalte:**

| | |
|---|---|
| Sprechen: | Vergleich: Was hat man am Wochenende in der Heimat gemacht, was macht man in Deutschland? |
| Lesen: | Berichte über Sonntagsaktivitäten |

*Arbeitsbuch:* Ü 18, Ü 19: Flüssig sprechen

*Arbeitsbuch – Deutsch plus* Ü 20-21:
Lesen und Schreiben – Düsseldorf am Sonntag

*Arbeitsbuch – Wörter lernen:* Ü 22-25

**Bildkarten im Anhang** 4 und 5

**Phonetik:** Das *s, sch, sp* und *st*

**Kopiervorlagen in den Handreichungen:**

KV 5A/B: Aktivitäten am Wochenende

KV 6A/B: Präpositionen-Schlange (Wechselpräpositionen)

In dieser Lektion geht es um Freizeitbeschäftigungen am Wochenende, den Sonntag in Deutschland, Einladungen und Restaurantbesuche. Die KT lernen den Gebrauch von *ja*, *nein* und *doch* kennen und die Wechselpräpositionen mit Akkusativ werden eingeführt.

## Auftaktseite

### Lernziele und Lerninhalte:

| | |
|---|---|
| Sprechen: | Fotos beschreiben, über das eigene Wochenende berichten |
| Wortschatz: | Freizeitaktivitäten, Zeitadverbien |

**1**

Zunächst diskutieren die KT, auf welchem Foto Aktivitäten am Samstag dargestellt sein könnten, und auf welchem Aktivitäten am Sonntag. Dann beschreiben sie die Aktivitäten zunächst in Partnerarbeit, anschließend im Plenum. Da die Beschreibung in einfachen Sätzen wie in den Beispielen angegeben erfolgen kann und der Wortschatz (*einkaufen, Picknick machen, Kaffee trinken* etc.) weitgehend bekannt ist, sollten hier insbesondere lernungeübte KT oder solche, die sich nur selten melden, zu Wort kommen. Notieren Sie die Aktivitäten, die die KT nennen, an der Tafel, damit alle KT den Wortschatz wiederholen können.

**2**

Jetzt beschreiben die KT mit Hilfe des Schüttelkastens ihre eigenen Wochenendaktivitäten. Machen Sie die KT auf die Zeitadverbien im Infokasten aufmerksam. In Lektion 2 haben sie die entsprechenden Adverbien für die Tageszeiten kennen gelernt. Zunächst Partnerarbeit, anschließend berichten die KT über ihre Lernpartner im Plenum.

Erweitern Sie die Zeitadverbien durch die anderen Wochentage und lassen Sie die KT ihre Woche mit Hilfe dieser Adverbien beschreiben. Auch dies ist eine Gelegenheit, bereits bekannten Wortschatz (vor allem aus Lektion 5, A1-Band) zu wiederholen. Ebenso kann *gern* wiederholt werden: *Am Sonntag schlafe ich gern lange* o.ä.

Lassen Sie die KT einen Wochenplan in Stichwörtern anfertigen, über den sie dann in zusammenhängenden Sätzen berichten.

Eine solche Übung ist auch geeignet, die Verbstellung im Hauptsatz noch einmal zu üben, in dem der Wochentag anstelle des Nominativs auf Position 1 steht. Schreiben Sie dafür einen Beispielssatz an die Tafel:

| | | |
|---|---|---|
| | *Position 2 - Verb* | |
| *Sonntags* | *spiele* | *ich oft Fußball.* |

**Varianten**

- Kettenübung. Je sieben KT arbeiten zusammen. KT A beginnt: *Sonntags schlafe ich gerne lange*, KT B wiederholt den Satz und ergänzt: *Sonntags schlafe ich gerne lange und montags stehe ich um sieben Uhr auf* usw., bis alle Wochentage genannt sind.
- Ratespiel. Jede/r KT notiert auf einem Kärtchen zwei bis drei Aktivitäten am Wochenende. KL sammelt die Kärtchen ein und verteilt sie neu. Jede/r KT liest die Sätze, die auf dem erhaltenen Kärtchen stehen, vor. Die anderen raten, wer den Zettel geschrieben hat.

**Kopiervorlage 5A/B** enthält Bildkarten mit Aktivitäten am Wochenende. Kopieren Sie diese und schneiden Sie sie aus. Es bieten sich vielfältige Einsatzmöglichkeiten: Sie können als visueller Stimulus für Aufgabe 2 dienen oder jede/r KT erhält in der vorgeschlagenen Kettenübung eine Karte mit der Aufgabe, damit einen Satz zu bilden.

*Arbeitsbuch*: Ü 1-3

Vertiefungsübung Ü 1: Freizeitaktivitäten

## A Wohin gehen wir?

### Lernziele und Lerninhalte:

| | |
|---|---|
| Sprechen: | Bilder beschreiben: *wo* und *wohin*, über das vergangene Wochenende berichten |
| Lesen: | Wochenendpläne |
| Schreiben: | Wochenendpläne, Bilder beschreiben: *wo* und *wohin* |
| Grammatik: | Wechselpräpositionen mit Akkusativ und Dativ |

Schwerpunkt dieses Blocks sind die Wechselpräpositionen mit Akkusativ. Die Wechselpräpositionen mit Dativ haben die KT in Lektion 9, A1-Band kennengelernt. Im

A1-Band sind die Wechselpräpositionen mit Akkusativ den KT schon häufig begegnet (z.B. *in die Disko gegangen,* Lektion 10, B6, *Einige Nachbarn stellen den Müll neben die Tonnen,* Lektion 14, B3a). Die KT haben also bereits ein passives Verständnis, nun wird der Unterschied bewusst gemacht.

**1-2**

Die erste Übung soll noch einmal die Wechselpräpositionen mit Dativ bewusst machen. Verzichten Sie an dieser Stelle noch auf eine umfangreichere Wiederholung. Lassen Sie die KT *in das neue Fußballstadion* und *in die Disko* in 2 mit den parallelen Wörtern in 1 vergleichen und stellen Sie die Sätze mit den zugehörigen Fragen an der Tafel einander gegenüber, nachdem die KT 2a gelöst haben.

| | |
|---|---|
| *Wo ist er?* | *Wohin geht er?* |
| *Er ist im Fußballstadion.* | *Er geht in das neue Fußballstadion.* |
| *Er ist in der Disko.* | *Er geht in die Disko.* |

Heben Sie die Fragepronomen und die Artikel im Dativ und Akkusativ mit farbiger Kreide hervor. Formulieren Sie weitere Beispiele, wie etwa *Wo steht er?/Wohin fährt er?*

Anschließend ergänzen die KT den Grammatikkasten in 2b und schreiben den Text in 2c in Einzelarbeit. Individuelle Kontrolle durch KL.

Verweisen Sie auf die Zusammenziehungen *ans* und *ins,* auf die im Grammatikkasten hingewiesen wird. *Im* und *am* kennen die KT bereits aus dem A1-Band, Lektion 9, Block B. Die Zusammenziehung bereitet vielen KT Schwierigkeiten. Dies gilt insbesondere für KT mit slawischen Muttersprachen, in denen es keine Artikel gibt. Sie erkennen oft nicht, dass z.B. *am* Haus/*ins* Haus bereits den bestimmten Artikel einschließt, so dass Formulierungen wie *am dem Haus* keine Seltenheit sind.

**3**

Einführung weiterer Wechselpräpositionen. Zunächst beschränken sich die KT darauf, die Situation auf dem linken Bild zu beschreiben. Partnerarbeit, die KT fragen und antworten: *Wo sind/sitzen die Freunde?* (*am Tisch*) - *Wo ist/steht der Kellner?* (*an der Tür*) - *Wo ist/sitzt die Katze?* (*unter dem Stuhl*) etc. Lernungeübte KT beschränken sich auf das Verb *sein,* ansonsten sollten die KT auch *liegen, sitzen und stehen* verwenden. Die Ergebnisse werden im Plenum gesammelt, KL notiert sie an der Tafel.

In dieser Übung wird neuer Wortschatz eingeführt: *Teller, Gabel, Messer Löffel.* Die KT üben diesen Wortschatz, indem sie beschreiben, wo diese Dinge sind: *Der Teller steht auf dem Tisch. - Die Speisekarte ist neben dem Teller. - Die Speisekarte ist zwischen der Gabel und dem Teller. – Der Schirm steht hinter dem Tisch.*

**Variante**

Lassen Sie die KT evtl. eine kleine Geschichte schreiben. Lernungeübte KT erhalten Unterstützung, indem KL die Satzanfänge vorgibt, z.B.:

*Es ist Samstag.*
*Niklas und Mark sind ...*
*Sie sitzen ... und ...*
*Die Katze ist ...*

Anschließend betrachten die KT das rechte Bild und diskutieren zunächst: *Was ist passiert? Warum laufen plötzlich alle weg? Warum ist alles in Bewegung?* Anschließend beschreiben sie wiederum in Partnerarbeit und mit Fragen und Antworten, was die Personen machen/wohin die Dinge fallen etc.

Lernungeübte KT sollten Vorgaben bekommen, z.B.:

*Die Katze läuft (unter den Tisch)*
*Der Löffel fällt (auf den Boden)*

Weitere Hilfe bietet die Präpositionen-Schlange in **Kopiervorlage 6**.

**Kopiervorlage 6A/B** ist eine Ergänzungsübung in Kombination mit einem Puzzle für lernungeübte KT. Die KT erhalten acht Sätze in acht Feldern zusammenhängend auf einem Blatt Papier, bei denen jeweils die Präposition fehlt. Zusätzlich bekommen sie acht Karten mit den zu ergänzenden Präpositionen. Sie sollen die

Karten mit den Präpositionen auf die passenden Felder legen. Wenn die Aufgabe korrekt gelöst ist, ergibt die Abfolge der Karten das zusammenhängende Bild einer Schlange. Um die Aufgabe zu lösen, betrachten die KT sich die Illustrationen in Übung 3a. Die Sätze auf der Kopiervorlage beschreiben diese Zeichnungen.

**4**

Die abschließende Übung ist als Partnerinterview möglich. Die KT sollten sich in jedem Fall auf *Ich* war ... und *Ich bin ... gegangen* beschränken, damit es keine weiteren Probleme mit dem Perfekt gibt. KT A formuliert zwei bis drei Fragen und stellt sie KT B. Anschließend berichten die KT über ihre Lernpartner im Plenum. Hier hilft ein Merkzettel auf OHP-Folie oder an der Tafel:

| Nominativ | Dativ<br>WO? | Akkusativ<br>WOHIN? |
|---|---|---|
| der | dem | den |
| die | der | die |
| das | dem | das |
| Plural<br>die | den | die |

**Variante**

Aktivitäten in Kursraum zur Einübung der Wechselpräpositionen:

Bringen Sie einen kleinen Ball mit. Stellen Sie zwei Stühle in die Mitte des Raumes. Dann werfen Sie oder ein/e KT den Ball neben, zwischen, unter die Stühle etc. und stellen Fragen: *Wohin rollt der Ball? – Wo ist der Ball (jetzt)?* usw. Zeigen Sie bei der Korrektur der KT auf den Grammatikmerkzettel, oder lassen Sie die KT auf dem Merkzettel an der Tafel zeigen, wie sie zu ihrer Form gekommen sind.

Beispiel:

*Der Ball rollt neben den Tisch.*

KL: *Wohin rollt der Ball?*

KT: zeigt (an der Tafel/OHP-Folie) auf

*Wohin → Akkusativ → der Tisch → den Tisch.*

*Arbeitsbuch*: Ü 4-9

Vertiefungsübung Ü 7: Wechselpräpositionen mit Akkusativ und Dativ

Erweiterungsübung Ü 8: Textkorrektur

Portfolioübung Ü 9: Wo waren Sie gestern, wohin gehen Sie morgen?

## B Bis Sonntag!

### Lernziele und Lerninhalte:

| | |
|---|---|
| Sprechen: | Fragen und Antworten mit *ja, nein* und *doch*, Dialoge im Restaurant |
| Hören: | Dialog über Zusagen und Absagen zu einer Einladung, Restaurantdialoge: reservieren, bestellen, bezahlen |
| Wortschatz: | Restaurant, Speisekarte |

In diesem Block lernen die KT den Gebrauch von *ja, nein* und *doch* kennen sowie Redemittel für Restaurantbesuche.

**1-3**

Bei der Auswertung der kurzen SMS-Texte in 1 geht es um Lesestrategien. Die KT ergänzen in Partnerarbeit selbstständig die Fragen und beantworten sie. Lernungeübte KT erarbeiten die Fragen gemeinsam mit KL. Gemeinsame Besprechung der Antworten im Plenum. Lerngeübte KT erarbeiten selbstständig weitere Fragen: *Wer kommt nicht? Warum kommt Marika nicht?*

Fordern Sie die KT auch auf, in Partnerarbeit eigene kurze Texte – Einladungen und Zusagen/Absagen - zu schreiben und eventuelle Absagen zu begründen. So kann noch einmal *weil* geübt werden. AB-Übung 13 bietet dafür Unterstützung.

In 1b wir die Aufmerksamkeit auf *ja, nein* und *doch* gelenkt. Lassen Sie die KT *nein* und *doch* im Dialog unterstreichen und verweisen Sie auf die Negationen. Erläutern Sie den Unterschied mit Hilfe des Grammatikkastens. Schreiben Sie weitere Beispiele an die Tafel und markieren Sie die zentralen Wörter farbig.

+ Kommt Petra **nicht?**
- **Doch** sie kommt. / Nein, sie kommt nicht.
+ Hat er **kein** Auto?
- **Doch**, er hat **ein** Auto./ Nein, er hat **kein** Auto.

Die Minidialoge in 2 dienen zur Festigung, in 3 üben die KT eine freiere Anwendung.

Notieren Sie für lernungeübte KT für die ersten zwei Fragen zur Orientierung Antwortmöglichkeiten:

+ Haben Sie Hausaufgaben gemacht?
- Ja, ich habe sie gemacht. / Nein ich hatte keine Zeit.
+ Haben Sie die Übung nicht verstanden?
- Doch, ich habe sie verstanden. / Nein, leider nicht.

Erarbeiten Sie für Aufgabe 3 mit lernungeübten KT gemeinsam mögliche Fragen als Anregung, z.B.:

Kommst du mit ins Kino? / Kommst du nicht mit ins Kino?
Kaufst du das Kleid ... ?
mögen - keinen Kuchen?

wobei lernungeübte KT sich auf Fragen im Präsens beschränken sollten.

**Variante**

Cocktailparty. Die KT gehen mit den Karten, auf die sie die Fragen geschrieben haben, durch den Raum, dabei läuft Musik. Immer wenn die Musik stoppt, fragen sie eine/n KT in ihrer Nähe. Diese/r antwortet und stellt dann eine Frage.

**4-5**

Thema dieser Übungen sind reservieren, bestellen und bezahlen im Restaurant.

Sprechen Sie einleitend über Restaurants und Essen gehen in Deutschland und fragen sie, ob der Restaurantbesuch im Heimatland üblich ist bzw. wie häufig er stattfindet. Ein solches Gespräch bietet Gelegenheit für einen Blick auf unterschiedliche Traditionen beim Essen und zu einem interkulturellen Vergleich, nicht zuletzt, weil die Restaurantkultur von Land zu Land sehr unterschiedlich ist.

Fragen Sie, ob es am Kurs- oder Wohnort Restaurants mit Spezialitäten aus den Heimatländern der KT gibt und – sofern sie es wissen – ob das dort angebotene Essen tatsächlich der heimatlichen Küche entspricht oder der deutschen Küche angepasst ist. Sofern im Kurs genug Kenntnisse vorhanden sind, können die KT für Restaurants, die am Wohn- oder Kursort die Küche ihrer Heimatländer anbieten, einen kleinen Restaurantführer zusammenstellen: *Wo ist das Essen besonders gut? Welche Restaurants sind teuer/nicht so teuer? Wo ist die Bedienung freundlich?* u.ä.

Anschließend lösen die KT 4a bis c, Auswertung im Plenum.

(Lösungen: 4b: Foto 2; 4c: 21.00 Uhr, Frau Gros, 3 Personen.)

**Variante**

Die KT hören die Texte in Vierergruppen ein weiteres Mal. Jeweils zwei KT notieren weitere Fragen, die die anderen beantworten, z.B.: *Wann wollen die Personen kommen? Warum kommen sie später? Wo wollen sie sitzen?*

Zur Vorbereitung der Dialogarbeit in 5 lesen die KT zunächst die Speisekarte und klären unbekannten Wortschatz. Sofern in Ihrer Institution ein Computerraum vorhanden ist, können die KT Abbildungen der Gerichte dort suchen. Eine Hilfe bieten auch die Bildkarten Nr. 5 im Anhang, wo die Hauptspeisen (außer Schweineschnitzel) abgebildet sind. Lassen Sie die KT die auf der Speisekarte abgedruckten Gerichte laut lesen, damit die Aussprache bei der Dialogarbeit weniger Probleme bereitet. Mit den Bildkarten Nr. 4 im Anhang können Sie Restaurantwortschatz wiederholen.

Für die Dialogarbeit empfiehlt sich für lerngeübte und lernungeübte KT eine getrennte Vorgehensweise. Lerngeübte KT beschränken ihre Dialoge nicht nur auf den Redemittelkasten und erarbeiten ihre Dialoge frei, lernungeübte KT arbeiten mit stärkerer Lenkung, z.B. zunächst mit Lückentexten und vorgegebenen

Gerichten und Getränken. Dies kann für einen Bestelldialog z.B. wie folgt aussehen:

+ *Möchten Sie bestellen?*
- *Ja, ich hätte gern …*
+ *Und was möchten Sie trinken?*
- *Ich nehme …*

Erstellen Sie dazu einen Schüttelkasten mit zwei Hauptspeisen und zwei Getränken.

Im nächsten Schritt sind nur noch Gerichte und Getränke (z.B. jeweils drei oder zusätzlich mit Vorspeise und Nachspeise) vorgegeben und im dritten Schritt formulieren die KT die Dialoge frei. Ziehen Sie bei lernungeübten KT zur Vorentlastung die Übungen klar.3 und 14-16 im Arbeitsbuch heran.

**Varianten**

- KT, die Spaß an schauspielerischer Darstellung haben, spielen die Dialoge als Rollenspiel im Kurs. Stellen Sie zu diesem Zweck einen Tisch und Stühle in die Mitte des Raumes, die als „Bühne“ dienen.
- Interkulturelles: Das Thema Bezahlen bietet die Möglichkeit zu einem interkulturellen Vergleich. In Deutschland gehört die Frage *Zusammen oder getrennt?* zum Standardrepertoire des Bedienungspersonals, während es in anderen Ländern selbstverständlich ist, dass bei Paaren immer der Mann oder bei größeren Gruppen immer nur eine Person für alle bezahlt. Auch beim Trinkgeld gibt es Unterschiede. Fragen Sie die KT und diskutieren Sie: Wo gibt man viel, wenig oder gar kein Trinkgeld, wie wichtig ist das Trinkgeld für den Lebensunterhalt des Bedienpersonals?
- Die KT berichten über ein typisches Gericht ihres Heimatlandes und/oder versuchen, ein typisches Rezept zu schreiben. Sofern möglich, d.h. wenn mehrere KT aus demselben Land kommen, empfiehlt sich dafür Gruppenarbeit, wobei sich die KT zuvor auf ein Gericht einigen. Die sprachliche Korrektheit sollte dabei keine Rolle spielen, entscheidend ist, dass die KT Spaß an der Arbeit haben. KL sollte sich bei der Korrektur darauf beschränken, dass die Rezepte verständlich sind. Dann können Sie die geschriebenen Rezepte kopieren und als kleines Kochbuch verteilen, möglicherweise mit Fotos oder Illustrationen geschmückt. Wenn an Ihrer Institution eine Küche verfügbar ist, könnte gemeinsam gekocht werden.

*Arbeitsbuch:* Ü 10-17

Vertiefungsübung Ü 14: reservieren, bestellen, bezahlen

## C Was machen wir am Sonntag?

### Lernziele und Lerninhalte:

| | |
|---|---|
| Sprechen: | Vergleich: Was hat man am Wochenende in der Heimat gemacht, was macht man in Deutschland? |
| Lesen: | Berichte über Sonntagsaktivitäten |

Der Block eignet sich für das Training von Lesestrategien und für einen interkulturellen Vergleich. Stellen Sie einleitende Fragen:

- *Wie finden Sie den Sonntag in Deutschland?*
- *Was ist Ihnen in Deutschland besonders aufgefallen?*
- *Was ist anders als im Heimatland?*

Sammeln Sie die Antworten an der Tafel, auf die Sie bei dem abschließenden Gespräch in Übung 2 zurückkommen können.

**1**

Teilen Sie den Kurs in Gruppen, die jeweils einen Text bearbeiten. Zunächst liest jede/r KT den Text in den Gruppen allein und unterstreicht die wichtigen Informationen, anschließend vergleichen die KT ihre Ergebnisse und formulieren Fragen dazu, für Text 1 z.B.: *Warum findet Valerij den Sonntag langweilig? Was machen seine Kollegen am Sonntag? Was macht er nach dem Frühstück?* Die Fragen werden an die nächste Gruppe weitergereicht, die sie beantwortet. Abschließende Besprechung im Plenum. Lerngeübte KT fassen die Texte auf Basis der Antworten zusammen.

1b ist eine sehr freie Übung, die zahlreiche Möglichkeiten bietet. Lernungeübte KT oder KT, die langsamer arbeiten, sollten sich auf den ersten Text beschränken, in dem nur eine Person genannt ist. In den beiden anderen Texten kann man nicht nur zu den Familien insgesamt, sondern auch zu jeder einzelnen Person Fragen stellen. Geben Sie für lernungeübte KT einige Fragen vor, für Text 1 z.B.:

*Was ist Valerij vielleicht von Beruf? Warum ist er nach Hamburg gekommen? Wo wohnt seine Freundin/Wo wohnen seine Eltern?*

Die KT beantworten die Fragen in Gruppen und schreiben für die Personen eine kleine Geschichte, die dann im Plenum vorgelesen wird.

**Varianten**

- Zwei bis drei Lernpaare erfinden für dieselbe Person je eine Geschichte. Im Kurs wird abgestimmt, welche Geschichte am besten zu der Person passt.
- Ratespiel. Die Gruppen lesen ihre Geschichten vor, die anderen raten, welche Person beschrieben wird.

**2**

In dem abschließenden Plenumsgespräch können die einleitenden Fragen noch einmal aufgenommen werden. Geben Sie den KT die Aufgabe, einen kleinen Text über ihren Sonntag im Heimatland und in Deutschland zu schreiben. Die Texte werden im Kursraum aufgehängt, die anderen KT lesen sie und vergleichen sie mit ihrer eigenen Situation, so dass gegenseitiges Verständnis und besseres Kennenlernen der KT gefördert werden.

*Arbeitsbuch:* Ü 18, Ü 19: Flüssig sprechen

*Arbeitsbuch – Deutsch plus:* Ü 20-21 Lesen und schreiben: Düsseldorf am Sonntag

*Arbeitsbuch – Wörter lernen:* Ü 22-25

**Phonetik:** Das *s, sch, sp und st,* siehe Seite 124 in den *Handreichungen*

**Flüssig sprechen**

*Alles klar* Ü 7

*Flüssig sprechen* trainiert hier die Redemittel, die man für Dialoge im Restaurant braucht. Diese Redemittel sind überschaubar und es lohnt sich, sie so zu trainieren, dass sie korrekt und flüssig gesprochen werden können. In einem zweiten Schritt können Sie – insbesondere, wenn Sie Teilnehmer im Kurs haben, die im Restaurant arbeiten – die Antworten der Bedienung sammeln und üben lassen. Sinnvoll ist es z.B. häufig, zur Bestätigung die Bestellung zu wiederholen, z.B.:

*Ich hätte gerne ein Steak. – Ein Steak, ja gerne.*

oder:

*Ich nehme auch noch einen Salat. – Einen Salat, ja, und was möchten Sie trinken?*

Damit das Üben und Wiederholen nicht eintönig wird, können Sie die Antworten der Bedienung mit unterschiedlichem Ausdruck (freundlich, in Eile, genervt, unfreundlich, …) sprechen lassen.

*Flüssig sprechen* im Arbeitsbuch (Ü 19) präsentiert Sätze mit Wechselpräpositionen. Weisen Sie die KT darauf hin, dass sie hier die Endungen (*im* vs. *ins*) deutlich sprechen sollen.

## Auftaktseite

### Lernziele und Lerninhalte:

| | |
|---|---|
| Sprechen: | über die Schule und die Schulzeit in der Heimat sprechen |
| Wortschatz: | Schule, Schulfächer |

Kannbeschreibungen GER/Rahmencurriculum:
Kann mit einfachen Worten wesentliche Informationen zum Betreuungs- und Ausbildungssystem im Herkunftsland geben.

*Arbeitsbuch:* Ü 1-2

## A Schulen in Deutschland

### Lernziele und Lerninhalte:

| | |
|---|---|
| Sprechen: | das deutsche Schulsystem beschreiben, Tipps zu Ausbildung und Studium geben, Fragen und Antworten: Was tun Sie, wenn ...? |
| Hören: | Dialoge über Schulnoten |
| Lesen: | zwei Texte über Schule, Ausbildung und Studium |
| Wortschatz: | Schulsystem, Schulformen in Deutschland, Ausbildung, Studium, Schulnoten |
| Grammatik: | Nebensätze mit *wenn* |

*Arbeitsbuch:* Ü 3-12
Vertiefungsübung Ü 6: Sätze mit *wenn*
Erweiterungsübung Ü 10: Was machen Sie, *wenn ...?*

## B Schule früher und heute

### Lernziele und Lerninhalte:

| | |
|---|---|
| Sprechen: | Was durfte, konnte, musste man früher in der Schule, Fragen und Antworten auf einem Elternabend |
| Hören: | ein Elternabend |
| Lesen: | drei Personen berichten über die Schule früher, Briefe von der Schule |
| Schreiben: | die eigene Schulzeit |
| Wortschatz: | Schule |
| Grammatik: | Modalverben im Präteritum |

Kannbeschreibungen GER/Rahmencurriculum:
Kann das Wesentliche von einfachen Informationsschreiben der Schule verstehen.
Kann zurückgehende Abschnitte von Elternmitteilungen ausfüllen.
Kann an einem Elternabend für ihn/sie wichtige Informationen verstehen.

*Arbeitsbuch:* Ü 13-20, Ü 21: Flüssig sprechen
Vertiefungsübung Ü 15: Modalverben im Präteritum
Erweiterungsübung Ü 16: Modalverben im Präteritum
Portfolioübung Ü 18: Was konnte, durfte, musste man früher?

*Arbeitsbuch – Deutsch plus:* Ü 22: drei Lesetexte: Grundschulen in aller Welt
*Arbeitsbuch – Wörter lernen:* Ü 23-25

**Phonetik:** Das *o* und *u*

**Kopiervorlagen in den Handreichungen:**
KV 7: Grafik zum deutschen Schulsystem
KV 8A/B: Würfelspiel zu Modalverben

Lektion 4 ist die Lektion rund um die Schule. Die KT lernen das deutsche Schulsystem kennen, Elternbriefe verstehen und sie lernen, wie man Gespräche mit Lehrern führt. In dieser Lektion sollten insbesondere KT mit schulpflichtigen Kindern zu Wort kommen. Die Grammatikthemen sind Nebensätze mit *wenn* und Modalverben im Präteritum.

## Auftaktseite

### Lernziele und Lerninhalte:

| | |
|---|---|
| Sprechen: | über die Schule und die Schulzeit in der Heimat sprechen |
| Wortschatz: | Schule, Schulfächer |

**1**

Zunächst hören die KT die Hörcollage mit Höreindrücken aus der Schule und sprechen im Plenum über die Fotos. Welche Situationen sind abgebildet? Was machen die Schüler? Sammeln Sie Stichwörter für das Wörternetz, z.B. *Unterricht, Noten, Prüfung, Test, Klassenarbeit.* Das Wörternetz ist in Form einer Mindmap möglich: Unter dem Oberbegriff *Schule* folgen z.B. *Lehrer – Klassenlehrer, Vertrauenslehrer / Klasse – Klassensprecher, Klassenraum / Prüfung – Test, Klassenarbeit* etc.

Besprechen Sie die abgebildeten Schulfächer und erörtern Sie, was die KT dort lernen. Dies ist auch in Partnerarbeit möglich: Je zwei KT beschreiben kurz ein Schulfach und berichten im Kurs. Individuelle Unterstützung durch KL. Geben Sie jedem/jeder KT Gelegenheit zu sagen, was sein/ihr Lieblingsfach war.

Anschließend unterhalten sich die KT in Gruppen über ihre Schulzeit. Hierbei hilft der Redemittelkasten. Lernungeübte KT bzw. KT, die nur wenige Jahre die Schule besucht haben, sollten sich auf zwei bis drei Fragen beschränken. Es geht noch nicht darum, dass die KT eine allgemeine Beschreibung des Schulsystems in ihrem Heimatland geben, sondern nur darum, dass sie sich an den Fragen im Redemittelkasten orientieren, um von sich selbst und den eigenen Schulerfahrungen zu erzählen. Sprechen Sie evtl. das Thema Schuluniformen an, die in vielen Ländern üblich sind.

*Arbeitsbuch:* Ü 1-2

## A Schulen in Deutschland

### Lernziele und Lerninhalte:

| | |
|---|---|
| Sprechen: | das deutsche Schulsystem beschreiben, Tipps zu Ausbildung und Studium geben, Fragen und Antworten: *Was tun Sie, wenn ...?* |
| Hören: | Dialoge über Schulnoten |
| Lesen: | zwei Texte über Schule, Ausbildung und Studium |
| Wortschatz: | Schulsystem, Schulformen in Deutschland, Ausbildung, Studium, Schulnoten |
| Grammatik: | Nebensätze mit *wenn* |

In diesem Block lernen die KT das deutsche Schulsystem kennen. Eingeführt werden Nebensätze mit *wenn* und die Voranstellung des Nebensatzes.

**1**

Geben Sie den KT ausreichend Zeit, sich die Grafik anzusehen. Beantworten Sie Fragen zu den verschiedenen Schultypen zunächst nur kurz. Lassen Sie anfangs KT mit schulpflichtigen Kindern Wort kommen, die kurz berichten, in welcher Schule ihre Kinder sind und was sie dort lernen.

Es folgt eine genauere Beschreibung der Grafik. Verweisen Sie zu diesem Zweck auch noch einmal auf die Ordnungszahlen, die die KT in Lektion 11 des A1-Bandes gelernt haben:

*In Deutschland gehen die Kinder bis zur vierten oder sechsten Klasse in die Grundschule* etc.

Nutzen Sie Kopiervorlage 7 oder stellen Sie auf OHP-Folie oder an der Tafel Informationen und einen Redemittelkasten zur Verfügung:

| | |
|---|---|
| *mit drei Jahren:* | *Kindergarten* |
| *mit sechs Jahren:* | *Grundschule (1. bis 4./6. Klasse):* |
| *mit zehn/zwölf Jahren:* | *Hauptschule (5./7.-9./10. Klasse)*<br>*Realschule (5./7.-10. Klasse)*<br>*Gymnasium (5./7.-12.Klasse)*<br>*Gesamtschule* |
| *mit 14-16 Jahren:* | *Hauptschulabschluss/ Realschulabschluss (Mittlere Reife)* |
| *mit 18/19 Jahren:* | *Abitur* |

*in den Kindergarten / in die Schule / auf das Gymnasium / auf die Universität gehen*

*die Schule wechseln*

*die Schule beenden*

*den Hauptschulabschluss/die Mittlere Reife/den Realschulabschluss/das Abitur machen*

*studieren/einen Beruf lernen*

**Kopiervorlage 7** ist eine vereinfachte Darstellung des deutschen Schulsystems mit Redemitteln. Erstellen Sie eine OHP-Folie, damit den KT ihre Beschreibungen leichter fallen, bzw. damit die KT Ihren Beschreibungen oder den Beschreibungen anderer KT leichter folgen können.

Erklären Sie, dass in Deutschland der Kindergarten nicht Pflicht ist und erläutern Sie, dass Jugendliche, die eine Ausbildung in einem Betrieb machen und einen Beruf lernen, auch Unterricht in der Berufsschule haben, während ein Studium an einer Universität nur mit dem Abitur möglich ist. Sammeln Sie Berufe, für die man ein Studium braucht, und solche, die man z.B. in einer betrieblichen Ausbildung lernt, an der Tafel.

Insbesondere lerngeübte KT können auf dieser Basis das Schulsystem beschreiben, lernungeübte KT erhalten weitere Vorgaben und beschränken sich auf einfache Sätze:

*Mit drei Jahren kommen die Kinder in den ...*
*Mit sechs Jahren gehen sie auf die ...*
*Auf der Hauptschule mache sie den ...*
*Danach können sie einen Beruf lernen.*

Lerngeübte KT beschreiben zusätzlich kurz das Schulsystem ihres Heimatlandes, wofür sich folgende Leitfragen eignen:

*Wann gehen die Kinder in die Schule?*

*Von wann bis wann ist Unterricht?*

*Lernen Jungen und Mädchen zusammen?*

*Wie lange gehen die Kinder meistens in die Schule?*

*Wann wechseln sie von der Grundschule in eine andere Schule?*

*Gibt es eine Abschlussprüfung?*

Auch die Deutsch plus-Übung 22 im AB ist als Vorentlastung geeignet.

Bei zusätzlichen Informationen zum Schulsystem ist zu beachten, dass die Grafik nur die Grundstruktur wiedergibt und die Regeln von Bundesland zu Bundesland sehr unterschiedlich sind. Dazu kommt, dass es mit Fachgymnasien, Fachabitur, zweitem Bildungsweg etc. zahlreiche Differenzierungen gibt.

**Informationen zur Landeskunde**

Die Grundschule dauert in den Bundesländern vier Jahre (in Berlin und Brandenburg sind es sechs Jahre!).

Danach empfehlen die Lehrer aufgrund der Noten, in welche weiterführende Schule die Schüler gehen: Hauptschule, Realschule oder Gymnasium. Je nach Bundesland haben die Eltern unterschiedliches Mitspracherecht.

Die Schullaufbahn ist damit aber nicht endgültig festgelegt.

Gute Schüler können von der Realschule auf das Gymnasium wechseln, oder von der Hauptschule auf die Realschule, manchmal auch von der Hauptschule auf das Gymnasium. Oder schwächere Gymnasiasten wechseln auf eine Realschule.

Nach einem Haupt- oder einem Realschulabschluss gibt es viele Möglichkeiten, weiter auf die Schule zu gehen, und das Abitur zu machen. Diese Möglichkeiten variieren von Bundesland zu Bundesland.

Außerdem gibt es Gesamtschulen. Hier trennt das System die Schüler nach der 4. Klasse nicht in drei verschiedene

Schultypen, sondern alle Schüler besuchen dieselbe Schule.

Die Hauptschule ist in den letzten Jahren immer stärker unter Druck geraten. In einigen Bundesländern, z.B. den neuen Bundesländern gibt es sie nicht als eigenständige Schulform.

**2**

Einführung der Nebensätze (Bedingungssätze) mit *wenn*. Die erste Aufgabe, die Schulwege von Meike und Sina in der Grafik nachzuzeichnen, ist vor allem für lernungeübte KT eine Möglichkeit, ihr Wissen über das deutsche Schulsystem noch einmal zu festigen. Nachdem die Aufgabe gelöst ist, sollten lernungeübte KT zu Wort kommen, um im Plenum über die Schulwege zu berichten.

In Lektion 2 haben die KT Nebensätze mit *weil* und *dass* kennen gelernt. In 2b geht es neben den Nebensätzen mit *wenn* auch um die Voranstellung des Nebensatzes, die in Lektion 2 nicht behandelt wurde. Schreiben Sie einen der beiden Sätze aus dem Grammatikkasten in einem Satzschema an die Tafel, nachdem die KT 2b gelöst haben (Lösung: 2/E, 3/B, 4/D, 5/A):

| Nebensatz | Verb am Ende | Hauptsatz Verb | |
|---|---|---|---|
| **Wenn** Sina einen Studienplatz in Rostock | **bekommt,** | (dann) **lebt** | sie direkt am Meer. |

Schreiben Sie das Satzgefüge danach auch mit nachgestelltem Nebensatz:

| | | |
|---|---|---|
| Sina **lebt** direkt am Meer, | **wenn** sie einen Studienplatz in Rostock | **bekommt.** |

Erklären Sie, dass die Konstruktion *wenn ... dann* sehr häufig – aber nicht obligatorisch – ist, und dass im Hauptsatz lediglich *dann* vor dem Verb stehen darf.

Lassen Sie die KT drei weitere Sätze aus Aufgabe 2 ins Heft schreiben und die Verben markieren.

**Variante**

Hier bietet es sich wieder an, die einzelnen Wörter eines Satzgefüges auf Karton zu schreiben, wonach die KT die Wörter in die richtige Reihenfolge bringen (s. Vorschläge zu Nebensätzen mit *weil*, Lektion 2, B3 in den *Handreichungen*.)

**3**

Diese Übung dient der Festigung der Nebensätze mit *wenn* und der neu gelernten Abfolge von Haupt- und Nebensätzen. Die KT sprechen in Partnerarbeit über Ausbildung und Studium, individuelle Kontrolle durch KL. Lernungeübte KT beschränken sich auf die Vorgaben, lerngeübte KT sprechen auch Sätze mit umgekehrter Satzfolge. Die KT sollten die Sätze mehrfach wiederholen, um die Form zu automatisieren. Lassen Sie die KT die Sätze anschließend schreiben. Lerngeübte KT sammeln weitere Sätze: *Wenn man studiert, kommt man erst spät in den Beruf. Wenn man eine Ausbildung macht, kann man früher Geld verdienen* etc.

**4**

Aufgabe 3 war stärker gelenkt, Aufgabe 4 ist eine freiere Übung zur Einübung der Nebensätze mit *wenn*. Die Übung wieder in Partnerarbeit. Zunächst schreiben die KT die Fragen, anschließend fragen und antworten sie. Lerngeübte KT schreiben weitere Fragen und mögliche Antworten, z.B. *Was machst du, wenn dein Fernseher kaputt ist/du deine Monatskarte verloren hat/jemand dein Fahrrad gestohlen hat?* Individuelle Kontrolle durch KL.

Es empfiehlt sich ein Merkzettel auf OHP-Folie oder an der Tafel, auf der das Satzschema dargestellt ist, z.B.:

| Nebensatz | | Hauptsatz | |
|---|---|---|---|
| Wenn | Verb 1 | Verb 2 | ... . |
| Wenn ich Hunger | habe, | koche | ich etwas. |

**Variante**

Die KT geben sich gegenseitig Tipps nach dem Vorbild von AB-Übung 9, z.B.:

KT 1: *Ich bin müde. Was soll ich tun?*

KT 2: *Gehen Sie früher ins Bett, wenn Sie müde sind.* Oder: *Wenn du müde bist, solltest du früher ins Bett gehen.*

Es liegt nahe, hier auch Tipps mit *sollte* zu geben. KT, die flüssig sprechen, können Sätze mit *sollte* bilden, während sich die anderen auf Imperative beschränken. In Lektion 10 lernen alle KT die Form *sollte* für Ratschläge kennen.

**5**

Dieses Hörverstehen dient dazu, die KT mit dem deutschen Notensystem bekannt zu machen. Schreiben Sie die Noten in Ziffern inklusive Beschreibung an die Tafel und erläutern Sie sie, nachdem die KT die Aufgabe gelöst haben. (Lösung: 1/F – 2/R – 4/F)

**Informationen zur Landeskunde**

* 1 (sehr gut) – wenn die Leistung den Anforderungen in besonderem Maße entspricht.

* 2 (gut) – wenn die Leistung den Anforderungen voll entspricht.

* 3 (befriedigend) – wenn die Leistung im Allgemeinen den Anforderungen entspricht.

* 4 (ausreichend) – wenn die Leistung zwar Mängel aufweist, aber im Ganzen den Anforderungen noch entspricht.

* 5 (mangelhaft) – wenn die Leistung den Anforderungen nicht entspricht, jedoch erkennen lässt, dass die notwendigen Grundkenntnisse vorhanden sind und die Mängel in absehbarer Zeit behoben werden können.

* 6 (ungenügend) – wenn die Leistung den Anforderungen nicht entspricht und selbst die Grundkenntnisse so lückenhaft sind, dass die Mängel in absehbarer Zeit nicht behoben werden können.

(Quelle: http://de.wikipedia.org/wiki/Schulnote)

Lassen Sie die KT das Notensystem in ihrem Heimatland erläutern.

*Arbeitsbuch:* Ü 3-12

Vertiefungsübung Ü 6: Sätze mit *wenn*

Erweiterungs- und Portfolioübung Ü 10: Was machen Sie, *wenn ...?*

Grammatikkarten im Arbeitsbuch/Anhang: Nebensätze mit *wenn*

## B Schule früher und heute

### Lernziele und Lerninhalte:

| | |
|---|---|
| Sprechen: | Was durfte, konnte, musste man früher in der Schule, Fragen und Antworten auf einem Elternabend |
| Hören: | ein Elternabend |
| Lesen: | drei Personen berichten über die Schule früher,<br>Briefe von der Schule |
| Schreiben: | die eigene Schulzeit |
| Wortschatz: | Schule |
| Grammatik: | Modalverben im Präteritum |

In Block B sprechen die KT über ihre Schulzeit, es geht um die Schule in der Vergangenheit sowie um Elternbriefe von der Schule und Elternabende. Außerdem werden die Modalverben im Präteritum eingeführt.

**1**

Bilden Sie Gruppen. Die Gruppen lesen je einen Text und unterstreichen die wichtigen Informationen über früher und heute, die in einer Tabelle gesammelt werden. Tafelanschrieb:

| | früher | heute |
|---|---|---|
| Frau Sikorra | Wir durften keine Fächer wählen.<br>Nicht so viele wollten das Abitur machen.<br>... | Heute dürfen die Kinder mehr Fächer auswählen.<br>... |
| Herr Andres | Man musste manchmal nachsitzen.<br>Man musste weniger lernen. | Die Kinder müssen viel lernen. |
| Herr Pellegrini | In der Schule musste man aufstehen.<br>... | Die Kinder dürfen sitzen bleiben.<br>... |

Lenken Sie dann die Aufmerksamkeit auf den Gegensatz von *früher* und *heute* und die unterschiedliche Form der Modalverben. Erläutern Sie anhand des Grammatikkastens die Präteritumsignale *fehlender Umlaut* und *–t-* in der Endung. Der fehlende Umlaut beim Präteritum der Modalverben verdient besondere Beachtung, denn vielen KT bereitet er Probleme, insbesondere dann, wenn sie später den Konjunktiv II von *können, müssen* und *dürfen* lernen werden (*Pluspunkt Deutsch* B1-Band).

Schreiben Sie die Konjugationsformen von mindestens zwei der Modalverben an die Tafel und lassen sie eine/n oder zwei KT die Präteritumsignale markieren. Die KT schreiben die Verben ins Heft und markieren ebenfalls die Signale.

Lassen Sie die KT die Texte auf Basis der Tabelle, die sie ins Heft geschrieben haben, nacherzählen. Danach ergänzen die KT die Sätze in 1b.

## 2

2a wird als Partnerinterview fortgesetzt, wenn die KT Sätze geschrieben haben. Jede/r KT sollte vier bis fünf Sätze entsprechend dem Schüttelkasten schreiben, lernungeübte KT oder KT, die nur wenige Jahre die Schule besucht haben, maximal drei Sätze. Anschließend Fragen und Antworten:

\+ *Musstest du/Mussten Sie viele Hausaufgaben machen?*
– *Ja, das musste ich.*

Geben Sie im Falle lernungeübter KT für die Schreibarbeit auf einem Arbeitsblatt oder an der Tafel einige Satzanfänge mit verschiedenen Modalverben vor, z.B.:

> *In meiner Schulzeit konnte ich ...*
> *Ich musste immer ...*
> *Manchmal durfte ich ...*

Für KT mit Kindern ist evtl. ein Vergleich interessant: *Was durften Kinder früher (nicht)? Was dürfen sie heute (nicht)?* Eine Diskussion über dieses Thema im Plenum ermöglicht einen interkulturellen Vergleich mit dem Heimatland und Deutschland.

2b in Gruppenarbeit. Zunächst sammeln die KT gemeinsam Sätze und einigen sich dann, welche (vier bis fünf Sätze) auf das Plakat kommen sollen. Das Plakat kann im Kursraum aufgehängt werden. Alle KT lesen die Plakate und vergleichen: Wie war es bei ihnen in der Schule, wie war es bei anderen KT? So bieten sich weitere Gesprächsanlässe und die Gelegenheit zu interkulturellen Vergleichen.

**Variante**

Die KT schreiben nicht nur über ihre Schulzeit, sondern auch über ihre Kindheit. Was durften/konnte/mussten sie mit sechs, zehn, 14, 16, 18?

**Kopiervorlage 8A/B** ist ein Würfelspiel zum Üben der Modalverben (Präteritum und Präsens). Die Regeln sind dort abgedruckt.

Je nach Lernstärke können Sie das Spiel variieren: Lerngeübte KT/Gruppen erhalten ein Zeitlimit, um die Sätze zu bilden, lernungeübte KT/Gruppen erhalten mehr Zeit zum Überlegen und evtl. weniger Spielkärtchen.

## 3-4

In den letzten Aufgaben dieses Blocks geht es um aktuelle Schulfragen. Es ist nicht zuletzt das Ziel, dass KT mit schulpflichtigen Kindern ermutigt werden und Unterstützung bekommen, sich selbst auf Elternabenden zu Wort zu melden bzw. Elternbriefe zu verstehen.

Einleitend sollten KT mit schulpflichtigen Kindern über ihre eigenen Erfahrungen mit Elternabenden berichten. Wie oft gibt es Elternabende? Wie viele Eltern kommen? Was sind die Themen?

Anschließend hören die KT das Gespräch (Lösung: Klassenfahrt – Klassenkasse – Schwimmunterricht – Ausflüge – Schulbücher – Handys).

Stellen Sie für ein zweites Hören zum Detailverstehen weitere Fragen, die auch die Dialogarbeit in Übung 4 erleichtern können:

1. *Wann macht die Klasse die Klassenfahrt?*
2. *Wie oft macht die Klasse Klassenfahrten?*
3. *Wie viel kosten die Klassenfahrten?*
4. *Wie viel bezahlen die Schüler für die Klassenkasse?*
5. *Was müssen die Schüler mit Handys oder MP3-Playern machen?*

Bereiten Sie die Dialogarbeit vor, indem zunächst mögliche Antworten auf die Fragen gesammelt werden. Dies kann in Gruppenarbeit geschehen, jede Gruppe sammelt für eine Frage mögliche Antworten, die an der Tafel notiert werden. Anschließend fragen und antworten die KT in Partnerarbeit. Lerngeübte KT erarbeiten weitere mögliche Elternfragen und Antworten z.B. zu einzelnen Lehrern oder Fächern, eventuellen Problemen in der Klasse oder Schule.

**Variante**

Spielen Sie Elternabend im Kurs. Zunächst übernimmt KL die Rolle des Klassenlehrers, die KT die Rolle der Eltern. Nach der ersten Fragerunde übernimmt ein/e KT die Rolle des Klassenlehrers.

**5**

Die KT lernen Elternbriefe kennen, was insbesondere für KT mit schulpflichtigen Kindern eine Hilfe sein soll. Lassen Sie diese KT zunächst berichten, wie oft bzw. zu welchen Anlässen die Kinder Elternbriefe aus der Schule mitbringen und wie gut sie diese verstehen können.

Bevor die KT die Aufgabe lösen, sollte unbekannter Wortschatz geklärt werden. Geben Sie kurz Erläuterungen zu den im ersten Brief genannten Orten und zu *Krabat* (für Berlin und München, vgl. die landeskundlichen Hinweise in den *Handreichungen* zum A1-Band, L. 4, S. 38.)

**Informationen zur Landeskunde**

- Das Sauerland ist ein Mittelgebirge in Nordrhein-Westfalen. Der Langenberg ist mit 843,2 Metern der höchste Berg. Das Sauerland ist auch eine Tourismusregion mit Wander- und Wintersportmöglichkeiten.
- Krabat ist eine Verfilmung des gleichnamigen Romans von Ottfries Preußler (Buch: 1971, Film: 2008.) Film und Buch basieren auf einer sorbischen Sage. Kernpunkt ist die Geschichte eines Müllerlehrlings in einer Schwarzen Schule (Zauberschule), der sich gegen seinen Meister durchsetzen muss.

*Arbeitsbuch:* Ü 13-20, Ü 21: Flüssig sprechen

Vertiefungsübung Ü 15: Modalverben im Präteritum

Erweiterungsübung Ü 16: Modalverben im Präteritum

Portfolioübung Ü 18: Was konnte, durfte, musste man früher?

*Arbeitsbuch* – Deutsch plus: Ü 22: drei Lesetexte: Grundschulen in aller Welt

*Arbeitsbuch – Wörter lernen:* Ü 23-25

**Phonetik:** Das *o* und *u*, siehe Seite 124 in den *Handreichungen*

**Flüssig sprechen**

*Alles klar* Ü 6

Sie trainieren noch einmal die Struktur der vorangestellten Nebensätze mit *wenn*. Wenn Sie explizit die Intonation trainieren möchten, können Sie hier – wie in Lektion 2 – auf die weiterweisende Melodie hinweisen, z.B. *Wenn er viel lernt, → bekommt er gute Noten.* ↘

Wichtig ist bei dieser Nachsprechübung, dass die KT es lernen, das ganze Satzgefüge in einem Zug zu sprechen. Deshalb sind Neben- und Hauptsatz als eine Einheit vorgesprochen. Wenn das für Ihre Teilnehmer nicht sofort zu bewältigen ist, können Sie als Zwischenübung die Sätze einzeln vorsprechen.

*Flüssig sprechen* im Arbeitsbuch (Ü 21) übt den Kontrast zwischen den Modalverben im Präsens und den Modalverben im Präteritum. Die KT sollten hier – wie auf der CD – den Kontrastakzent auf *früher* bzw. *heute* besonders deutlich sprechen und auch auf die Formen der Modalverben genau achten (*o* vs. *ö*, mit *t* vs. ohne *t*).

## Station 1

### Spiel und Spaß

1

Kooperatives Schreiben. Bilden Sie im Kurs zunächst Vierergruppen und geben Sie jeder Gruppe ein Blatt A3-Papier. Die KT zeichnen ein Rechteck in die Mitte und an den Seiten jeweils ein Viereck wie auf dem Foto abgebildet.

Anschließend einigen sich die Gruppenmitglieder, über welche der vier abgebildeten Personen sie einen Text schreiben wollen. Es folgt eine Phase mit Einzelarbeit. Jede/r KT notiert in seinem/ihrem Viereck Antworten auf die Fragen in 1a.

Dann lesen die KT ihre Antworten gegenseitig vor und einigen sich, welche Antworten am besten passen. Mit diesen Antworten schreiben sie einen gemeinsamen Text in das Rechteck in der Mitte des A3-Blattes.

Anschließend stellt jede Gruppe die Person, die sie ausgewählt hat, im Plenum vor.

**Varianten**

- Damit nicht alle Gruppen dieselbe Person auswählen, einigt man sich vorab im Plenum, welche Gruppe über welche Person schreibt. Die Ergebnisse werden im Kursraum aufgehängt.
- Jede Gruppe erhält die Aufgabe, zwei weitere Fragen zu stellen, z.B.: *Wie gefällt der Person ihr Beruf? Wie alt sind die Kinder?* o.ä. Damit die gemeinsamen Texte nicht zu lang werden, können sich die KT auch darauf einigen, für jede neue Frage eine der abgedruckten Fragen zu streichen.

2

Aufgabe der KT ist es, mit den Anfangsbuchstaben eines Nomens neue Nomen zu schreiben. Als Beispiel ist hier *Radio* abgedruckt, in Beispiel 1 müssen alle Wörter einen Anfangsbuchstaben aus *Radio* haben, in Beispiel 2 müssen sie zum Wortfeld Medien gehören.

Ein weiteres Beispiel mit Schule:

**S**PORT
**C**HEMIE
**H**AUSAUFGABEN
**U**NTERRICHT
**L**EHRER
**E**NTSCHULDIGUNG

**Varianten**

- Wettstreit. Bilden Sie vier Gruppen. Aus jeder Lektion (1-4) wird im Plenum ein wichtiges Nomen ausgewählt, wobei alle Nomen dieselbe Buchstabenzahl haben müssen. Dann suchen die KT in Gruppen für je eines der ausgewählten Nomen weitere Nomen aus der jeweiligen Lektion, die einen passenden Anfangsbuchstaben haben, evtl. auch mehrere. Gewonnen hat die Gruppe, die zuerst fertig ist, oder die meisten Nomen gefunden hat.
- Für lerngeübte KT: Es erhöht den Schwierigkeitsgrad, wenn die KT nicht nur einzelne Wörter, sondern einen kleinen Text schreiben, z.B.:

MIETE:

**M**USS MAN BEZAHLEN.
**I**N EURO.
**E**INMAL IM MONAT
**T**OBIAS ZAHLT NICHT.
**E**R HAT EIN HAUS

### Berufe im Hotel und in der Gastronomie

1

Zunächst betrachten die KT die Fotos und beschreiben mit Hilfe des Redemittelkastens die Tätigkeiten. Machen Sie ein Wörternetz zu den jeweiligen Berufen und ergänzen Sie weitere Aufgaben, im Falle des Kochs z.B. auch: *neue Rezepte erfinden, die Arbeiten in der Küche kontrollieren, die Speisekarte schreiben* oder für die Hotelfachfrau: *Taxis bestellen, mit den Gästen abrechnen, Tipps für Stadtbesichtigungen geben* etc. Ergänzen Sie außerdem weitere Hotel- und Gastronomieberufe (Kellner/in, Küchenhilfe) und lassen Sie die KT die Aufgaben in diesen Berufen beschreiben.

Fragen Sie anschließend, ob es KT mit Berufserfahrung in der Hotel- und Gastronomiebranche gibt. Diese KT berichten von ihren Erfahrungen:

Wo haben sie gearbeitet? (auch: im Heimatland, in Deutschland?) – Was haben sie gemacht? – Wie war die Bezahlung? Sofern KT Erfahrungen aus mehreren Ländern haben, sollten sie vergleichen.

Anschließend hören die KT die Texte in 1b. (Lösung: 1/F – 2/F – 3/F – 4/F – 5/R – 6/F – 7/R – 8/F)

**Variante**

Die KT hören die Texte ein weiteres Mal und machen Notizen. Anschließend berichten sie über die Personen (lerngeübte KT).

Lernungeübte KT lesen die Texte für diese Aufgabe zusätzlich im Anhang nach.

Machen Sie auch auf den Infokasten aufmerksam, der über die Ausbildung in Hotel und Gastronomie informiert. Sofern im Kurs Interesse besteht, bietet sich auch ein Projekt an. Die KT recherchieren, welche Ausbildungsberufe es in der Hotel- und Gastronomiebranche gibt, welche Inhalte die Ausbildungen umfassen und evtl. auch, wie die Verdienst- und Karrieremöglichkeiten sind. Informationen dazu findet man u.a. unter http://ausbildung.hotel-intern.de/ oder http://www.berufenet.arbeitsagentur.de/berufe/index.jsp.

**2-3**

In diesen Übungen lernen die KT Redemittel, die in der Hotelbranche beim Umgang mit Gästen relevant sein können. Der Schwerpunkt liegt auf den Redemitteln für den Hotelmitarbeiter. In 2 geht es um die Ankunft eines Gastes, in 3 um weitere Situationen (Taxi, Verlängerung des Aufenthalts, Öffnungszeiten etc.).

Lernungeübte KT lösen 2a und b entsprechend der Arbeitsanweisung. Lerngeübte KT können den Dialog weiter variieren: Der Rezeptionist informiert über die Frühstückszeiten, der Gast möchte wissen, wo er sein Auto parken kann, o.ä.

In Übung 3 beschränken sich lernungeübte KT auf die Zuordnung in 3a (Lösung: 2/E, 3/A, 4/C, 5/B) und lesen die Minidialoge in Partnerarbeit. Die Dialogvorschläge in 3b sind freier und besonders für lerngeübte KT geeignet. Erarbeiten Sie mit den KT geeignete Redemittel und notieren Sie diese an der Tafel, für Situation 1 z.B.:

+ Entschuldigung, aber der Kaffee ... / Könnte ich bitte eine neue Kanne bekommen?
- Das tut mir leid. Ich hole eine neue. / Leider ist die ... kaputt. Möchten Sie vielleicht ...?
+ Ja, gerne. / Nein danke.

## Prüfungsvorbereitung: DTZ – Hören

Im Kursbuch wird Aufgabe 3 des Prüfungsteils Hören geübt, im Arbeitsbuch, Station 1, die Aufgaben 1-3.

**1**

Machen Sie die KT auf die Tipps zum Hörverstehen aufmerksam. Es geht darum, dass die KT Hörstrategien bzw. Prüfungstechniken kennenlernen, die es leichter machen sollen, die Prüfung abzulegen.

Lassen Sie die KT überlegen, wie oft es im Alltag passiert, dass sie z.B. in Gesprächen ein Wort nicht verstehen und trotzdem den Gesamtsinn erfassen.

Häufig ist den KT nicht bewusst, dass sie mit Sicherheit keine Punkte bekommen, wenn sie nichts markieren, dass sie aber eine Chance auf die richtige Lösung haben, wenn sie eine Lösung markieren, obwohl sie die richtige Antwort nicht wissen.

**2**

Zunächst sollten Sie gemeinsam mit den KT die Tipps unter *Vor dem Hören* aus 1 auf die Aufgabe anwenden. Welche Informationen erhalten die KT aus den Aufgaben über das Gespräch? Was können sie vermuten?

Wenn es gelingt, dass sich die KT mit Hilfe der Aufgabenstellung auf das Gespräch einstellen, fällt das Verständnis erheblich leichter, denn so entwickeln sie bestimmte Erwartungen hinsichtlich des Themas, des Wortschatzes und evtl. auch des Gesprächsverlaufs.

In Aufgabe 3 des DTZ-Prüfungsteils hören gibt es immer zwei Aufgaben:

a) Die KT sollen eine Frage zur Situation beantworten (Wer spricht? Wo findet das Gespräch statt?) Sie antworten mit *richtig* oder *falsch*.

b) Sie sollen unter drei Aussagen die richtige Einzelheit aus dem Gespräch erkennen: was ist richtig, A, B oder C?

In der DTZ hören die KT die Texte nur einmal.

(Lösungen: 1/falsch, 2/C)

Arbeiten Sie auch mit dem Antwortbogen (Teilband 1 Seite 126, Gesamtband S. 234). Achten Sie darauf, dass die KT von Anfang an die Lösungen richtig markieren, d.h. die richtigen Lösungen ausfüllen (wie im Kursbuch dargestellt) und auf keinen Fall ankreuzen.

Wichtige Wörter für die Lösung der Aufgabe: Praxis – Um 15.30 Uhr? Na ja, wenn es sein muss. – Also dann bis 15.30 Uhr.

Unwichtig z.B.: Halsschmerzen – das Wartezimmer ist voll – Ich habe schon einen Patienten eingetragen.

**3**

Lösungen: 3/falsch – 4/A

Auch die Aufgaben zum Prüfungsteil Hören im Arbeitsbuch sollten gemeinsam im Kurs und nicht zu Hause von den KT allein gemacht werden. Bilden Sie Gruppen, nachdem die KT die Aufgaben im AB gelöst haben. Jede Gruppe liest einen oder zwei Hörtexte im Anhang nach und notiert die Wörter, die für die korrekte(n) Lösung(en) entscheidend sind. Anschließend Besprechung im Plenum.

Hinweis zur DTZ: Im Teil Hören 2 gibt es immer einen Wetterbericht und eine Verkehrsmeldung.

## Auftaktseite

**Lernziele und Lerninhalte:**

| | |
|---|---|
| Sprechen: | beschreiben, was die Leute in ihren Berufen machen, über typische Männer- und Frauenberufe diskutieren, sagen, welche Berufe man interessant findet |
| Wortschatz: | Berufe, Aufgaben in Berufen, *arbeiten als* |

*Arbeitsbuch:* Ü 1-3

Portfolioübung Ü 3: Was wollte man früher werden, Beruf/Berufswünsche heute

## A Im Büro

**Lernziele und Lerninhalte:**

| | |
|---|---|
| Sprechen: | Dialoge: Fragen und Antworten, höfliche Fragen |
| Hören: | Fragen im Büro, höfliche/nicht höfliche Fragen |
| Schreiben: | Fragen |
| Grammatik: | Nebensätze mit Fragewort |

*Arbeitsbuch:* Ü 4-9

Vertiefungsübungen Ü 6: Fragen, Ü 7b: das Verb *wissen*

Erweiterungsübung Ü 9: Fragen und Antworten

## B Mitteilungen

**Lernziele und Lerninhalte:**

| | |
|---|---|
| Sprechen: | Wie kann man neuen Kollegen helfen? |
| Lesen: | vier Mitteilungen |
| Schreiben: | Mitteilungen |
| Grammatik: | Dativpronomen in der 3. Person, *Könntest du/könnten Sie?* in höflichen Bitten |

Kannbeschreibungen GER/Rahmencurriculum:

Kann eine schriftliche Information verstehen.

Kann Kollegen eine kurze Notiz mit wichtigen Informationen hinterlassen.

Kann in einfacher Form einen Terminvorschlag machen und auf einen Terminvorschlag reagieren.

*Arbeitsbuch:* Ü 10-16

Erweiterungsübungen Ü 13: Pronomen im Nominativ, Akkusativ und Dativ, Ü 16: SMS

## C Wie funktioniert das?

**Lernziele und Lerninhalte:**

| | |
|---|---|
| Sprechen: | erklären, wie ein Handy funktioniert |
| Hören: | Wie funktioniert der Fotokopierer? |
| Wortschatz: | Handy |
| Grammatik: | *dieser, dieses, diese* |

Kannbeschreibungen GER/Rahmencurriculum:

Kann einfache mündliche Anleitungen verstehen, z.B. zur Benutzung eines Gerätes.

Kann Arbeitskollegen in einfacher Form vertraute Abläufe erklären, z.B. die Bedienung eines ihm/ihr bekannten Gerätes.

*Arbeitsbuch:* Ü 17-20

Erweiterungsübung Ü 19: *Welch-* und *dies-*

## D Situationen am Arbeitsplatz

**Lernziele und Lerninhalte:**

| | |
|---|---|
| Sprechen: | Dialoge am Arbeitsplatz |
| Hören: | Dialoge am Arbeitsplatz |

Kannbeschreibungen GER/Rahmencurriculum:

Kann sich mit einfachen Worten telefonisch krankmelden.

*Arbeitsbuch:* Ü 21-22, Ü 23: Flüssig sprechen

*Arbeitsbuch – Deutsch plus:* Ü 24-25: Betriebsausflüge

*Arbeitsbuch – Wörter lernen:* Ü 26-28

**Bildkarten im Anhang** 3

**Phonetik:** Das *b*, *d*, *g* und *p*, *t*, *k*

**Kopiervorlagen in den Handreichungen:**

KV 9: Wechselspiel: indirekte Fragen

KV 10: Höflich oder unhöflich? Fragen und Aufforderungen

In dieser Lektion lernen die KT Redemittel für Dialoge am Arbeitsplatz und Notizen kennen, sie lernen kurze Mitteilungen zu schreiben, außerdem anhand des Beispiels eines Fotokopierers Redemittel, um zu beschreiben, wie Maschinen/Geräte funktionieren. Die Grammatik behandelt Nebensätze mit Fragewort (indirekte Fragen), Dativpronomen in der 3. Person Singular und den Demonstrativartikel dies-.

## Auftaktseite

### Lernziele und Lerninhalte:

| | |
|---|---|
| Sprechen: | beschreiben, was die Leute in ihren Berufen machen, über typische Männer- und Frauenberufe diskutieren, sagen, welche Berufe man interessant findet |
| Wortschatz: | Berufe, Aufgaben in Berufen, *arbeiten als* |

**1**

Lassen Sie die KT zunächst die Fotos betrachten und die Berufe beschreiben. Weitere Berufekärtchen finden Sie in den Bildkarten Nr. 3 im Anhang.

Sammeln Sie weitere Tätigkeiten, die für die Berufe typisch sind, im Falle von Floristen z.B. *Brautsträuße zusammenstellen, Pflanzen züchten*, im Falle des Erziehers z.B. *mit den Eltern sprechen (über das Verhalten/die Entwicklung der Kinder)* etc. Außerdem sagen die KT, wo die Personen arbeiten. Anschließend überlegen sie: Was ist ungewöhnlich, wo/in welchen Situationen haben die KT schon Frauen bzw. Männer in diesen Berufen erlebt? Damit haben Sie eine Überleitung zu 1b. Das Thema typische Männer- und Frauenberufe eignet sich für einen interkulturellen Vergleich. Die KT dürfen gerne ausführlicher berichten, in welchen Berufen in ihren Heimatländern mehr Männer oder Frauen arbeiten und die Situation mit ihren Eindrücken in Deutschland vergleichen. Bilden Sie Gruppen mit unterschiedlichen Nationalitäten. Die KT berichten von ihren Heimatländern und über ihre Eindrücke in Deutschland. Ein (lerngeübter) KT erhält den Auftrag, ein kurzes Protokoll zu schreiben und anschließend im Plenum zu berichten.

Verweisen Sie auf den Infokasten zur Verwendung der Präposition *als* in Verbindung mit Berufen und geben Sie weitere Beispiele: *Ich arbeite als Lehrer* o.ä. Berufstätige KT können sagen, als was sie arbeiten, KT, die derzeit nicht arbeiten, als was sie früher gearbeitet haben oder als was sie gerne arbeiten möchten.

**2**

In Lektion 7 des A1-Bandes (Block A) haben die KT erstmals darüber gesprochen, was für sie im Beruf wichtig ist. Hier geht es darum, welche Berufe sie interessant finden, u.a. mit dem Zweck, auf verschiedene Ausbildungswege hinzuweisen, z.B. dass für einige Berufe ein Studium erforderlich ist. In Lektion 4 haben die KT bereits erste Informationen über Ausbildungswege bekommen, die u.a. in den Stationen ausführlicher behandelt werden. Nutzen Sie hier die Gelegenheit, an dieser Stelle kurz auf unterschiedliche Ausbildungswege bzw. auf Berufe, für die Abitur und Studium erforderlich sind, und solche, für die andere Bildungsabschlüsse genügen, hinzuweisen.

Machen Sie eine Umfrage im Kurs, welche Berufe die KT bzw. welche Berufswünsche sie haben und lassen Sie sie kurz beschreiben, welche Ausbildung sie gemacht haben oder machen wollen.

**Informationen zur Landeskunde**

Die Ausbildung zum Pilot/zur Pilotin erfolgt an Flugschulen bzw. Verkehrsfliegerschulen. Bei der Lufthansa dauert sie zwei bis vier Jahre, die Lehrgangsteilnehmer bezahlen einen Eigenanteil von 60.000 Euro, den sie nach erfolgreicher Abschlussprüfung und im Falle einer Anstellung von ihrem Gehalt abzahlen.

**Variante**

Beruferaten, Vorbereitung in Partnerarbeit. Die KT erhalten vom KL ein Kärtchen mit zwei Berufen und beschreiben die Tätigkeiten in diesen Berufen, und wo man in diesen Berufen arbeiten kann. Anschließend werden die Beschreibungen im Plenum vorgelesen, die anderen KT raten, welche Berufe beschrieben sind.

Unterschiedliche Berufekärtchen finden Sie in den Bildkarten Nr. 3 im Anhang, in den Bildkarten Nr. 5 im Anhang des A1-Bandes und in den *Handreichungen* zum A1-Band, KV 2A (Berufe-Memory).

*Arbeitsbuch:* Ü 1-3

Portfolioübung Ü 3: Was wollte man früher werden, Beruf/Berufswünsche heute

## A Im Büro

**Lernziele und Lerninhalte:**

| | |
|---|---|
| Sprechen: | Dialoge: Fragen und Antworten, höfliche Fragen |
| Hören: | Fragen im Büro, höfliche/nicht höfliche Fragen |
| Schreiben: | Fragen |
| Grammatik: | Nebensätze mit Fragewort |

**1-2**

Zunächst beschreiben die KT das Bild. *Wo sind die Personen? Wer spricht mit wem? Was machen sie? Wie ist die Atmosphäre (hektisch, ruhig u.ä.)?* Anschließend hören sie die Fragen und Antworten von der CD.

(Lösung: 1. Situation: die beiden Frauen links, 2. Situation: die beiden Männer in der Mitte, 3. Situation: der Mann rechts. Die vierte Situation befindet sich nicht auf der CD, sondern ist in Aufgabe 2a abgedruckt.)

Verweisen Sie auf den Grammatikkasten und spielen Sie die Situationen aus 1 ein weiteres Mal vor, um den KT die Struktur bewusst zu machen. Notieren Sie den Beispielsatz aus 2a in einem Satzschema an der Tafel und lassen Sie eine/n KT wie im Grammatikkasten markieren. Anschließend schreiben die KT die Sätze in 2b, lernungeübte KT mit Unterstützung durch KL. Auch diese Sätze werden an die Tafel geschrieben und markiert.

Notieren Sie weitere direkte Fragen, die auf den Kurs bezogen sind, oder sammeln Sie diese gemeinsam mit den KT und lassen Sie sie indirekt fragen und antworten. Vermeiden Sie Ja/Nein-Fragen, denn Nebensätze mit *ob* werden erst in Lektion 10 eingeführt. Mögliche Fragen: *Wann ist Pause? Wann endet der Unterricht? Wer kommt aus der Türkei? Wie lange dauert die Pause?* etc. Die KT benutzen die Einleitungssätze aus 2b.

**3**

Einführung von *wissen*. Machen Sie die KT zunächst auf den Grammatikkasten aufmerksam und auf die Abweichung der Konjugation im Singular gegenüber anderen Verben. Anschließend ergänzen die KT die Sätze.

Danach betrachten die KT kurz den Grammatikkasten und schließen dann das Buch, um die Tabelle in ihr Heft zu schreiben, z.B. indem sie ein kleines Gedicht ergänzen, das Sie vorgeben:

> *Ich ________ nichts.*
> *________ du etwas?*
> *Er/sie ________ viel.*
> *Wir ________ wenig.*
> *Wie viel ________ ihr?*
> *Sie ________ alles.*

Wiederholen Sie noch einmal die Runde mit den kursbezogenen Fragen, dieses Mal fragen die KT mit *weißt du/wisst ihr/wissen Sie*. Lerngeübte KT gehen einen Schritt weiter und stellen allgemeinere Fragen: *Weißt du, wie viele Einwohner Deutschland hat? etc.*

**4**

In diesen Minidialogen wird zum einen die neu gelernte Form geübt, zum anderen sollen die KT höfliche Fragen formulieren. Erläutern Sie einleitend, wann man im Deutschen indirekte Fragen/Nebensätze mit Fragewort verwendet: bei höflichen Bitten, Redewiedergabe (die in Lektion 10 eingeführt wird), aber auch bei Aufforderungen: *Bitte notieren Sie hier, wo und wann Sie geboren sind. Bitte teilen Sie mir mit, wie lange Sie bleiben wollen* u.ä. Partnerarbeit, individuelle Kontrolle durch KL. Lernungeübte KT erhalten weitere Vorgaben, für Hose/Preis z.B. *Hose / wie viel kostet?* sowie einen Musterdialog, den KL an die Tafel schreibt, z. B.:

> *+ Darf ich fragen wie viel die Hose kostet?*
> *- Natürlich, gern, sie kostet 49 Euro.*
> *+ Vielen Dank.*

Zunächst variieren die lernungeübten KT diesen Minidialog z.B. mit *Kleid, Mantel* o.ä., bevor sie weitere Dialoge spielen. Geben Sie für die anderen Vorschläge evtl. Antwortmöglichkeiten vor. Lerngeübte KT erarbeiten selbst Variationsmöglichkeiten für die Dialoge.

**Variante**

Cocktailparty, die KT erhalten zwei Kärtchen mit Fragen (lerngeübte KT nur Stichwörter, lernungeübte KT zusätzlich eine komplett formulierte Frage). Die KT gehen durch den Raum und fragen andere KT, die antworten und dann ihrerseits fragen.

**5**

Hier wird die Intonation höflicher Fragen geübt. Spielen Sie die Dialoge in 5a mehrfach vor, die KT sprechen alle vier Fragen nach. Die abgedruckten Dialoge in 5b können die KT auch mit unterschiedlicher Intonation sprechen: einmal höflich und einmal unhöflich. Für 5c sollten sich die KT auf maximal vier Dialoge beschränken, diese aber mehrfach sprechen. Sie sollten sie zuvor auch aufschreiben.

**Kopiervorlage 9** enthält ein Wechselspiel zu indirekten Fragen/Nebensätzen mit Fragewort. Variante für lerngeübte KT: Schneiden Sie die Fragen aus, die KT antworten frei.

*Arbeitsbuch:* Ü 4-9

Vertiefungsübungen Ü 6: Fragen, Ü 7b das Verb *wissen*

Erweiterungsübung Ü 9: Fragen und Antworten

## B Mitteilungen

### Lernziele und Lerninhalte:

| | |
|---|---|
| Sprechen: | Wie kann man neuen Kollegen helfen? |
| Lesen: | vier Mitteilungen |
| Schreiben: | Mitteilungen |
| Grammatik: | Dativpronomen in der 3. Person, *Könntest du/könnten Sie?* in höflichen Bitten |

Hier lernen die KT Mitteilungen kennen, die ein Prüfungsteil des DTZ sind. Außerdem wird der Dativ der Personalpronomen in der 3. Person Singular eingeführt. Die anderen Formen haben die KT in Lektion 11 des A1-Bandes gelernt.

**1**

Einleitend sprechen die KT darüber, bei welchen Gelegenheiten kurze Mitteilungen wichtig sind:

*Wann und an wen schreibt man Mitteilungen?*

- *an den Nachbarn / die Familie, wenn man spät nach Hause kommt*
- *an den Hausmeister, wenn etwas in der Wohnung nicht funktioniert o.ä.*

Fragen Sie die KT, in welchen Situationen sie bereits eine Mitteilung geschrieben haben oder gerne geschrieben hätten, wenn sie sich im Deutschen sicher gefühlt hätten. Welche Mitteilungen haben sie bereits erhalten? Wie gut haben die KT die Mitteilungen verstanden?

Danach lösen die KT die Aufgabe (Lösung: 1/B, 2/D, 3/A, 4/C). Erläutern Sie bei dieser Gelegenheit die Funktion eines Betriebsrates, der in vielen, vor allem großen Betrieben ein von den Mitarbeitern gewähltes Gremium ist, das die Interessen der Beschäftigten gegenüber der Betriebsleitung vertritt und z.B. bei Kündigungen berät oder bei betrieblichen Schwierigkeiten mit der Geschäftsleitung Lösungen aushandelt. Für viele KT, die Arbeit suchen oder Arbeit haben, ist dies eine wichtige landeskundliche Information, die auch im Rahmencurriculum für Integrationskurse genannt ist. Das Thema Betriebsrat wird in *Pluspunkt Deutsch* B1, Lektion 4 aufgegriffen.

**Variante**

Bilden Sie Gruppen. Jede Gruppe schreibt zwei Fragen zu einem Text und reicht sie an die nächste Gruppe weiter, die die Fragen beantwortet. Mögliche Fragen für Text 1: *Wann war der Termin für die Besprechung? Warum muss Bernd den Termin verschieben? Welchen Vorschlag macht er?* Die Ergebnisse werden im Kurs gesammelt.

**2**

Einführung des Dativs der Personalpronomen in der 3. Person Singular. Schreiben Sie die Sätze auch mit Lücken an die Tafel (im Tafelbild unten unterstrichen), die KT nennen die Personen, die einzusetzen sind:

> *Ich soll <u>Bruno</u> helfen.*
> *Er gefällt <u>Frau Fink und Frau Markes</u> sehr gut.*
> *Könnten Sie <u>Frau Kittel</u> einen Schlüssel geben?*

Erinnern Sie die KT an die bereits im A1-Band eingeführten Dativformen und lassen Sie sie eine Tabelle mit allen Personalpronomen im Dativ machen. Wiederholen Sie die aus dem A1-Band bekannten Pronomen in Form des Spiels von Aufgabe B5 von Lektion 11, A1-Band, s. dazu auch die Hinweise in den *Handreichungen* zum A1-Band auf S. 90.

Verweisen Sie auf den Infokasten zu höflichen Bitten mit *könnte* und dazu auf die Frage *Könnten Sie ihr einen Schlüssel geben?* in Mitteilung 4 bzw. Ü 2. Üben Sie höfliche Bitten mit Hilfe von Kopiervorlage 10.

**Kopiervorlage 10** - Auf 16 Kärtchen sind acht Situationen abgebildet mit Bitten und Aufforderungen jeweils in einer höflichen und in einer mehr oder weniger unhöflichen Variante. Neben *könnte* gibt es höfliche Fragen mit *dürfen*.

Mit diesen Karten haben Sie mehrere Übungsmöglichkeiten: Man kann mit ihnen ein Memory spielen, bei dem die höflichen und unhöflichen Varianten der Fragen und Aufforderungen zu finden sind, oder eine Dialogübung in Partnerarbeit: Die KT erhalten jeweils drei oder vier Karten, ein KT liest seine Aufforderung/Bitte laut vor, der Lernpartner antwortet: Freundlich bei einer höflichen Variante, eher unfreundlich bei einer unhöflichen.

Oder Plenumsarbeit: Jede/r KT erhält eine Karte. KT A liest eine höfliche oder unhöfliche Aufforderung/Bitte laut vor, KT B mit der anderen Variante meldet sich und liest den Satz auf dem Kärtchen laut vor.

## 3

Festigung der Personalpronomen im Dativ. Lernungeübte KT beschränken sich auf die Vorgaben, lerngeübte KT machen weitere Vorschläge zum Thema: Neue Kollegen in der Firma, bei denen Dativ- und Akkusativpronomen gemischt sein können:

*Ich zeige ihnen das Büro. – Ich stelle sie den Kollegen vor. – Ich gebe ihnen den Büroschlüssel. – Ich führe sie durch die Firma etc.*

## 4-5

Beachten Sie, dass die Situation in 4b sich eng an Aufgabe 4a anlehnt und die Situation 1 in Aufgabe 5 an Mitteilung A in der ersten Aufgabe dieses Blocks. Für die Situationen 2 und 3 in Aufgabe 5 gibt es kein Modell.

Fordern Sie die KT auf, die Mitteilungen in zwei Varianten zu schreiben: formell und informell. Klären Sie auch die geeigneten Formulierungen für die Anrede, für die Bitte (4b) und den Schluss an der Tafel.

| **Anrede** | **Bitte** |
|---|---|
| *Hallo ...* | *Kannst du/Könntest du/* |
| *Liebe .../Lieber ...* | *Können Sie/Könnten Sie ...* |
| **Schluss** | |
| *Vielen Dank* | |
| *Bis später* | |
| *Gruß* | |

Lerngeübte KT können alle Mitteilungen ohne weitere Vorgaben schreiben, lerngeübte KT sollten sich auf die ersten beiden Vorschläge (4b und 5, Situation 1) beschränken. Bereiten Sie für 4b evtl. einen Lückentext vor:

*Liebe* ________,
*Lieber* ________,
*ich bin von* ________ *bis* ________ *in* ________. *Könntest du am* ________ *und am* ________ ____ ________ ________?
*Vielen* _____.

Für Situation 1 von Aufgabe 5 bietet sich die Übung klar.1 als Vorentlastung an.

*Arbeitsbuch:* Ü 10-16

Erweiterungsübungen Ü 13: Pronomen im Nominativ, Akkusativ und Dativ, Ü 16: SMS

## C Wie funktioniert das?

### Lernziele und Lerninhalte:

| | |
|---|---|
| Sprechen: | erklären, wie ein Handy funktioniert |
| Hören: | Wie funktioniert der Fotokopierer? |
| Wortschatz: | Handy |
| Grammatik: | *dieser, dieses, diese* |

Die KT lernen ein Gerät zu beschreiben, Einführung des Demonstrativartikels *dies-*.

**1**

KL erläutert den Grammatikkasten und verweist auf die Analogie zum bestimmten Artikel, nachdem die KT 1a gelöst haben. Erläutern Sie mit Hilfe des Fotos und der Sprechblasen die Funktion des Demonstrativartikels. Anschließend lösen die KT 1b. Lernungeübte KT lesen zuvor den Dialog im Anhang nach und markieren die Endungen der Demonstrativartikel.

(Lösung 1a: A)

Zur weiteren Einübung können Sie verschiedenfarbige Bücher, Stifte oder Kreide nehmen und die Gegenstände hochhalten: *Welches Buch ist grün?* – Die KT antworten: *Dieses* etc.

Anschließend fragen und antworten die KT in Partnerarbeit. An dieser Stelle bietet es sich an, analog zum bestimmten Artikel und zu *dies-* das Fragewort *welch-* zu wiederholen (s. A1-Band, Lektion 12) bzw. die KT diese Analogie selbst entdecken zu lassen.

*der – dieser – welch ___ ?*
*das – dieses – welch___ ?*
*die – diese – welch___ ?*

**2**

Am Beispiel Handy üben die KT, wie man ein Gerät beschreibt. Die Zuordnung in 2a dient der Vorentlastung für die Dialogarbeit.

Es ist nicht schlimm, wenn nicht alle KT ein Handy haben. In diesem Fall erklären KT mit Handy den KT ohne Handy, wie ihr Gerät funktioniert. Verweisen Sie auf den Redemittelkasten und lassen Sie zwei lerngeübte KT einen Modelldialog spielen. Eine ausführliche Gerätebeschreibung wird nicht verlangt. Es genügt, wenn die KT drei oder vier Sätze zu ihrem Handy sagen.

Schreiben Sie für lernungeübte KT zusätzlich einen einfachen Modelldialog an die Tafel. Sie sollten nicht in eine Situation kommen, in der sie komplizierte Konstruktionen wie z.B. *Mit dieser Taste* o.ä. verwenden müssen. Beispiel:

*+ Wo schaltet man das Handy ein?*
*- Hier.*
*+ Wie wählt man?*
*- Wenn ich wählen will, benutze ich diese Tasten.*
*+ Wo spricht man?*
*- Hier.*

Lerngeübte und lernungeübte KT sollten in getrennten Gruppen arbeiten, damit KL den lernungeübten KT stärkere Unterstützung geben kann.

Nutzen Sie die Gelegenheit Nebensätze mit *wenn* zu wiederholen, die die KT in der vorangegangenen Lektion gelernt haben (s. die Sätze 2, 4 und 5 in 2a).

**Variante**

Vielleicht befinden sich in Ihrem Kursraum andere technische Geräte, z.B. ein CD-Player oder ein Overhead-Projektor. Dann können die KT modellhaft beschreiben, wie man den CD-Player startet und die CD zum Laufen bringt, wo man das Radio einschaltet, CDs einlegt, wie man das Gerät lauter und leiser stellt etc.

Lerngeübte KT, die z.B. einen MP3-Player oder einen iPod haben, können auch diese Geräte beschreiben.

*Arbeitsbuch:* Ü 17-20
Erweiterungsübung Ü 19: *Welch-* und *dies-*

## D Situationen am Arbeitsplatz

### Lernziele und Lerninhalte:

| | |
|---|---|
| Sprechen: | Dialoge am Arbeitsplatz |
| Hören: | Dialoge am Arbeitsplatz |

**1**

Zunächst betrachten die KT die Fotos und stellen Vermutungen an: Welche Situation wird beschrieben, was machen die Personen? Sammeln Sie die Vermutungen an der Tafel. So ordnen die KT beim ersten Hören nicht nur die Fotos zu, sondern überprüfen auch, ob ihre Vermutungen korrekt waren. (Lösungen: 1a: Foto 1: Dialog 1, Foto 2: Dialog 3, Foto 3: Dialog 2; 1b: 1. heute Nachmittag, 2. sie war an der Kasse, 3. seit drei Tagen)

**2**

Bilden Sie für die nachfolgenden Dialoge Paare, in denen lerngeübte und lernungeübte KT getrennt arbeiten, damit Sie diese stärker unterstützen können. Bevor die KT den Dialog von 2a spielen, bearbeiten sie als Vorentlastung AB-Übung 22. Für die Situationen in 2b bietet sich AB-Übung 21 als Vorentlastung an. Außerdem sollten lernungeübte KT die Dialoge mit Unterstützung durch KL erst schreiben, bevor sie sie spielen, evtl. bietet sich ein Lückentext an, für Situation 1 in Aufgabe 2b z.B.:

*Spedition Schön, hier spricht* ___________.

*Guten Morgen Frau/Herr*___________. *Leider bin ich* ___________ *und kann nicht* ___________.

*Gute* ___________. *Gehen Sie* ___________ ?

*Ja, am* ___________. *Ich habe einen Termin um* ___________. *Ich schicke Ihnen dann* ___________.

Außerdem sollten die KT noch einmal die abgedruckten Dialoge im Anhang nachlesen.

Lerngeübte KT üben mit weiteren Situationen, z.B.:

- Der Chef/die Chefin ist nicht zufrieden, weil der Mitarbeiter/die Mitarbeitern einen Bericht noch nicht fertig geschrieben hat.
- Er/sie bittet den Mitarbeiter/die Mitarbeiterin, an die Kasse zu gehen, weil viele Kunden im Laden sind.
- Ein Regal im Supermarkt muss aufgefüllt werden.
- Ein Mitarbeiter/eine Mitarbeiterin will nach Hause gehen, weil er/sie krank ist etc.

und spielen besonders gelungene Dialoge im Kurs vor.

*Arbeitsbuch:* Ü 21-22, Ü 23: Flüssig sprechen

*Arbeitsbuch – Deutsch plus:* Ü 24-25: Betriebsausflüge

*Arbeitsbuch – Wörter lernen:* Ü 26-28

**Phonetik:** Das *b, d, g* und *p, t, k,* siehe Seite 125 in den *Handreichungen*

### Flüssig sprechen

*Alles klar* Ü 6

In dieser Lektion geht es um höflich formulierte Fragen bzw. Aufforderungen. Die neue grammatische Struktur, die dabei geübt wird, sind die indirekten Fragesätze. Diese Redemittel sind – nicht nur im Arbeitskontext – in der Kommunikation sehr hilfreich. Es lohnt sich, sie so zu trainieren, dass sie leicht und schnell verfügbar sind.

In einem zweiten Schritt können Sie wie bereits in Lektion 1 und 3 die KT mögliche Antworten dazu finden lassen. Eine weitere Möglichkeit, diese Übung zu öffnen ist es, die KT eigene, parallele höfliche Fragen/Aufforderungen bilden zu lassen, die sie selbst benötigen, z.B. *Können Sie mir sagen, wann der Unterricht beginnt?, Wissen Sie, wie der Fahrkartenautomat funktioniert?, ...* Diese Sätze sollten die KT flüssig sprechen (nicht lesen!). Sie können ebenso wie in Lektion 3 die unterschiedlichen Stufen der Freundlichkeit ausprobieren lassen, denn auch in der Grammatik höflich formulierte Fragen kann man höflich oder unhöflich sprechen.

Im *Flüssig sprechen* im Arbeitsbuch (Ü 23) werden weitere Redemittel für Gespräche am Arbeitsplatz eingeübt.

## Auftaktseite

**Lernziele und Lerninhalte:**

| | |
|---|---|
| Sprechen: | Fotos beschreiben: Wie wohnen die Leute?<br>beschreiben, wo und wie man wohnt |
| Wortschatz: | Wohnen, Wohnumfeld |

*Arbeitsbuch:* Ü 1-4

Vertiefungsübung Ü 2: Artikel ergänzen

Portfolioübung Ü 4: beschreiben, wo und wie man wohnt

## A Eine Wohnung suchen

**Lernziele und Lerninhalte:**

| | |
|---|---|
| Sprechen: | Telefongespräch mit einem Vermieter |
| Hören: | Telefongespräch mit einem Vermieter |
| Lesen: | Wohnungsanzeigen, Mietvertrag |
| Wortschatz: | Wohnung, Wohnungsanzeigen, Mietvertrag |
| Projekt: | Probleme mit der Wohnung - Hilfen |

Kannbeschreibungen GER/Rahmencurriculum:

Kann sich in Tageszeitungen, Wochenblättern oder dem Internet über den Wohnungsmarkt informieren.

Kann in Wohnungsanzeigen die für ihn/sie wichtigen Informationen entnehmen.

Kann, auch telefonisch, mit einfachen Worten einen Besichtigungstermin vereinbaren.

Kann einem Mietvertrag für ihn/sie wichtige Informationen entnehmen.

*Arbeitsbuch:* Ü 5-8

## B Die neuen Nachbarn

**Lernziele und Lerninhalte:**

| | |
|---|---|
| Sprechen: | ein Gedicht hören und nachsprechen |
| Hören: | neue Nachbarn stellen sich vor |
| Schreiben: | ein Gedicht, eine Beziehungsgeschichte |
| Wortschatz: | Adjektive, um das eigene Befinden auszudrücken |
| Grammatik: | reflexive Verben |

*Arbeitsbuch:* Ü 9-14

Vertiefungsübungen Ü 11a: Reflexivpronomen, Ü 13a: Personalpronomen im Akkusativ

Erweiterungsübung Ü 14: Zwei Personen stellen sich vor

## C Schöner wohnen

**Lernziele und Lerninhalte:**

| | |
|---|---|
| Sprechen: | über eine Fernsehsendung erzählen, sagen, wie einem das Zimmer gefällt,<br>Dialog im Baumarkt |
| Hören: | Dialog im Baumarkt |
| Lesen: | Text über eine Fernsehsendung |
| Wortschatz: | Werkzeug |
| Grammatik: | Die Positionsverben *stehen – stellen, legen – liegen* |

*Arbeitsbuch:* Ü 15-19, Ü 20: Flüssig sprechen

Vertiefungsübungen Ü 15a: Wortschatzwiederholung Küchenmöbel, Ü 16a: Wiederholung Wohnzimmermöbel

*Arbeitsbuch – Deutsch plus:* Ü 21: Nebenkostenabrechnung

*Arbeitsbuch – Wörter lernen:* Ü 22-25

**Bildkarten im Anhang** 6

**Phonetik:** Die Vokale *a*, *ä*, *e* und *i*

**Kopiervorlagen in den Handreichungen:**

KV 11: Wechselspiel: Informationsgespräch über eine Wohnung

KV 12A/B: Wechselspiel: Zimmer einrichten

Thema dieser Lektion sind Redemittel, um die eigene Wohnsituation zu beschreiben, Wohnungssuche und Mietverträge, Nachbarschaft und Renovieren. Die Grammatikthemen sind reflexive Verben im Akkusativ sowie die Positionsverben *legen/liegen* und *stellen/stehen.*

## Auftaktseite

### Lernziele und Lerninhalte:

| | |
|---|---|
| Sprechen: | Fotos beschreiben: Wie wohnen die Leute? beschreiben, wo und wie man wohnt |
| Wortschatz: | Wohnen, Wohnumfeld |

**1**

Zunächst beschreiben die KT die Fotos im Plenum: Was sehen sie? Wo ist das? KL sammelt dafür mit Hilfe des Schüttelkastens gemeinsam mit den KT wichtigen Wortschatz, der zur genaueren Beschreibung der Wohnsituation geeignet ist, und schreibt ihn in Form eines Wörternetzes an die Tafel, z.B.:

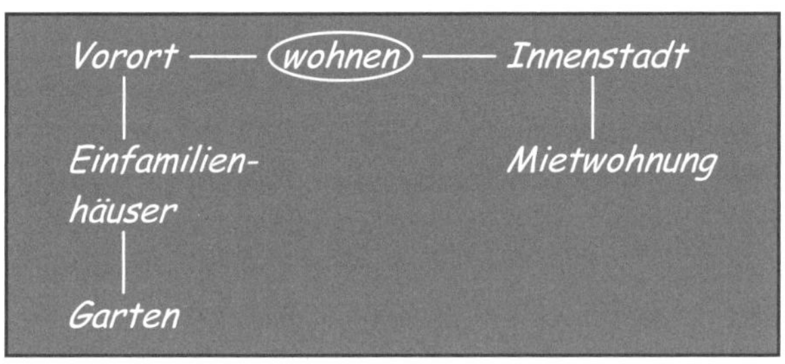


Der Wortschatz ist den KT teilweise aus dem A1-Band, Lektion 3 bzw. Lektion 14 bekannt. Hier ist Gelegenheit, diesen Wortschatz zu erweitern. Anschließend wählen die KT in Gruppen ein Foto aus, um es zu beschreiben. Die Ergebnisse werden im Kurs präsentiert.

In den Bildkarten Nr. 6 im Anhang finden Sie ebenfalls Material, mit dem Sie verschiedene Wohnsituationen beschreiben können.

**Varianten**

- Die KT erarbeiten Wörternetze in Gruppenarbeit mit individueller Unterstützung durch KL und beschreiben die Fotos dann in Gruppen, gemeinsame Auswertung im Plenum.
- Teilen Sie den Kurs in zwei Gruppen. Die eine Gruppe beschreibt zunächst das Leben in der Großstadt, die andere in der Kleinstadt/auf dem Dorf. Die KT erhalten einen Ball. KT A sagt auf Basis des Schüttelkastens und evtl. von weiterem erarbeiteten Wortschatz einen Satz über das Leben in der Großstadt/Kleinstadt und wirft den Ball KT B zu, der/die ebenfalls einen Satz sagt. Wenn jede/r KT einen Satz gesagt hat, wechseln die KT die Themen: Die Gruppe, die bisher über die Kleinstadt gesprochen hat, spricht über die Großstadt und umgekehrt. So können auch lernungeübte KT, die in einer großen Runde evtl. seltener zu Wort kommen, nicht nur in der Partner- oder Kleingruppenarbeit, sondern auch in einer etwas größeren Runde ihren Redebeitrag leisten.

Danach bewerten die KT die Wohnsituationen: Welche finden sie langweilig, welche gefällt ihnen, welche gefällt ihnen nicht, was sind die Vor- oder Nachteile der Wohnsituation, für Foto A z.B.: *Hier wohnt man zentral, das gefällt mir. Vielleicht ist die Straße sehr laut. Das gefällt mir nicht* etc. Geben Sie entsprechende Formulierungshilfen.

**2**

Zunächst beschreiben die KT ihre eigene Wohnsituation, wie sie ihnen gefällt, ob sie zufrieden sind. Anschießend beschreiben die KT ihre Wünsche. Sie arbeiten in Partnerarbeit und berichten dann im Plenum über ihre Lernpartner. Verweisen Sie auf die bereits bekannten Redemittel, um Wünsche auszudrücken (*ich möchte, ich möchte gern/lieber*), die hier wiederholt werden, und erinnern Sie noch einmal an den Gebrauch von *in* plus Dativ.

**Varianten**

- Die KT schreiben einen Text über ihr Traumhaus oder ihre Traumwohnung. KT sammelt die Texte ein und verteilt sie neu. Jede/r KT liest den erhaltenen Text, vor, die anderen KT raten, wer ihn geschrieben hat.
- Die KT sammeln in Prospekten oder Zeitschriften Fotos von Häusern oder Wohnungen, in denen sie gerne wohnen möchten, und kleben diese auf ihren Text. Die Texte werden im Kursraum aufgehängt.

Machen Sie für die Texte Vorgaben: Die KT sollen nur eine bestimmte Zahl von Sätzen schreiben, lernungeübte KT erhalten Formulierungshilfen, um möglichst einfache Sätze zu schreiben:

*Meine Traumwohnung hat _____ Zimmer.*
*Das Haus hat einen Garten.*
*Das Wohnzimmer hat viel Sonne.*

*Arbeitsbuch:* Ü 1-4

Vertiefungsübung Ü 2: Artikel ergänzen

Portfolioübung Ü 4: beschreiben, wo und wie man wohnt

## A Eine Wohnung suchen

### Lernziele und Lerninhalte:

| | |
|---|---|
| Sprechen: | Telefongespräch mit einem Vermieter |
| Hören: | Telefongespräch mit einem Vermieter |
| Lesen: | Wohnungsanzeigen, Mietvertrag |
| Wortschatz: | Wohnung, Wohnungsanzeigen, Mietvertrag |
| Projekt: | Probleme mit der Wohnung - Hilfen |

Die KT lernen, nach Informationen über eine Wohnung in einem Telefongespräch mit dem Vermieter zu fragen. Sie erhalten Unterstützung, um einen Mietvertrag zu verstehen.

**1-2**

Wohnungsanzeigen kennen die KT bereits aus Lektion 3, A1-Band. Lassen Sie die KT zur Wiederholung noch einmal die ihnen bekannten Abkürzungen in den Wohnungsanzeigen erläutern. Ziehen Sie dafür AB-Übung 5 heran. Anschließend diskutieren die KT, welche Anzeige sie interessant finden. Fordern Sie sie auf, Nebensätze mit *weil* zu benutzen, um diese zu wiederholen, z.B. *Ich finde Anzeige 3 interessant, weil meine Familie groß ist.*

Diskutieren Sie mit den KT, wo man Wohnungsanzeigen findet: in der Tageszeitung, im Internet, in Anzeigenblättern oder am Schwarzen Brett im Supermarkt. Fragen Sie, ob KT evtl. in einer genossenschaftliche Wohnung oder in einer Wohnung wohnen, die einer kommunalen Wohnungsgesellschaft gehört. Lassen Sie die KT gegebenenfalls berichten, wie sie die Wohnung bekommen haben.

**Informationen zur Landeskunde**

Viele Kommunen haben städtische Wohnungsbaugesellschaften, die günstigen Wohnraum anbieten. Wohnungsbaugenossenschaften haben ebenfalls das Ziel, ihre Mitglieder mit preisgünstigen Wohnungen zu versorgen. Um in einer Wohnungsbaugenossenschaft eine Wohnung zu bekommen, muss man Mitglied sein. Oft beträgt die Wartezeit auf eine Wohnung mehrere Jahre. In Deutschland gibt es heute mehr als 2000 Baugenossenschaften mit mehr als 2 Millionen Wohnungen und mehr als 3 Millionen Mitgliedern (Quelle: http://de.wikipedia.org/wiki/Wohnungsbaugenossenschaft). Weitere Informationen erhält man z.B. beim Bauverein Breisgau unter www.bauverein-breisgau.de

Es folgt das Telefongespräch. Lerngeübte KT schließen das Buch, lernungeübte KT lesen und hören den Text, um die Frage in 1b zu beantworten. Lassen Sie die KT in Partnerarbeit Fragen zu dem Text schreiben. Die KT reichen die Fragen an das nächste Lernpaar weiter, das sie beantwortet.

Machen Sie die KT auf den Infokasten aufmerksam und klären Sie unbekannten Wortschatz. Fragen Sie, ob es KT gibt, die ihre Wohnung über einen Makler bekommen haben, oder ob jemand eine Ablösesumme für Wohnungseinrichtung bezahlen musste. Lassen Sie die KT berichten.

Vor den Dialogvariationen sollten die KT den Dialog in Partnerarbeit laut lesen und wichtige allgemeine Redemittel unterstreichen. Lernungeübte KT beschränken sich bei den Dialogvariationen auf die vorgeschlagenen Anzeigen in 1c, lerngeübte KT schreiben zusätzlich weitere Anzeigen, um die Dialoge zu variieren.

Überlegen Sie gemeinsam mit (lerngeübten) KT, welche weiteren Fragen in einem Vermietergespräch wichtig sein könnten: *Sonnenseite, Aufzug, Stockwerk, Renovierung* etc.

Geben Sie Redemittel (Fragen und mögliche Antworten) vor, z.B.:

| | |
|---|---|
| *Wo hat man nachmittags Sonne?* | *Im Wohnzimmer* |
| *In welchem Stock ...* | *Im vierten Stock.* |
| *Gibt es einen ...* | |
| *Ist die Wohnung renoviert?* | *Ja, der Vormieter hat die Wohnung renoviert.* |
| ... | ... |

**Variante**

Die KT bringen Anzeigenblätter mit Wohnungsanzeigen mit in den Unterricht und suchen Anzeigen, die sie interessant finden, um Vermieterdialoge mit diesen Anzeigen zu spielen.

**Kopiervorlage 11** enthält ein Wechselspiel zu einem Informationsgespräch über eine Wohnung. KT A erhält ein Blatt mit Fragen und einer Tabelle, in die er/sie die Informationen von KT B einträgt. Wenn beide KT ihre Frage- und Antwortrunden beendet haben, vergleichen sie ihre Ergebnisse.

Als Hausaufgabe sollten die KT zu den acht Punkten in der Kopiervorlage korrekte Fragen schreiben. *Wie groß ist die Wohnung? Wie viele Zimmer hat sie? Wo liegt die Wohnung? Wie weit ist es bis ...? Wie hoch ist die Kaltmiete/sind die Nebenkosten? Wie hoch ist die Kaution? Wie sind die Nachbarn?* Die korrekte Fragenbildung kann nicht oft genug wiederholt werden, wobei vor allem die Frage nach der Miete: *Wie hoch?* eingeübt werden sollte.

**3**

Der Inhalt und die Sprache von Mietverträgen dürften für viele KT eine Herausforderung darstellen. Diese Übung soll eine kleine Unterstützung geben, um sie besser zu verstehen. Die Aufgaben von 3a und b enthalten zwei zentrale Informationen über den Inhalt von Mietverträgen (Mietdauer, Kündigungsfrist) (Lösung 3b: 1/B, 2/C). Sammeln Sie mit den KT weitere Dinge, die in Mietverträgen geregelt werden: Die Zahl der Räume, die Höhe der Miete, Nebenkosten, Abrechnung von Warmwasser- und Heizkosten, Mängel und Schäden, Schönheitsreparaturen, Renovierung, Haustiere, Hausordnung etc. Im Internet finden Sie viele Mustermietverträge, die man zum Teil kostenlos herunterladen kann, z.B. unter http://www.mieterbund.de/fileadmin/pdf/mietvertrag/wohnungs-mietvertrag.pdf.

Es geht nicht darum, den KT den zum Teil schwierigen Wortschatz und die komplexen Inhalte in derartigen Verträgen im Detail zu erklären. Im Zentrum steht eine allgemeine Orientierung über das, was bei einer Mietwohnung in Deutschland wichtig ist.

Das Thema bietet sich für einen Vergleich mit dem Heimatland an. Lassen Sie die KT berichten: Was ist häufiger verbreitet: Wohnen in der eigenen Wohnung oder Wohnen zur Miete? (In Deutschland ist die Wohneigentumsquote im Vergleich zu anderen Ländern in Europa sehr niedrig.) Was muss man beachten, wenn man eine Wohnung mietet, was ist anders als in Deutschland?

**4**

Diese Aufgabe dient einem allgemeinen Erfahrungsaustausch. Die KT sollen über mögliche Probleme berichten und sich gegenseitig Tipps geben, wie man sie lösen kann. Weisen Sie darauf hin, dass es in Deutschland Rechtsschutzvereine wie z.B. den deutschen Mieterbund gibt, der Mieter bei Streitigkeiten mit dem Vermieter unterstützt.

*Arbeitsbuch:* Ü 5-8

## B Die neuen Nachbarn

### Lernziele und Lerninhalte:

| | |
|---|---|
| Sprechen: | ein Gedicht hören und nachsprechen |
| Hören: | neue Nachbarn stellen sich vor |
| Schreiben: | ein Gedicht, eine Beziehungsgeschichte |
| Wortschatz: | Adjektive, um das eigene Befinden auszudrücken |
| Grammatik: | reflexive Verben |

In diesem Block geht es um Nachbarschaftskontakte. Das Grammatikthema sind die reflexiven Verben im Akkusativ.

**1**

Vor dem ersten Hören beschreiben die KT die Fotos: Wer spricht mit wem, wer sieht freundlich aus, wer weniger freundlich? Lassen Sie die KT Vermutungen anstellen, warum die Personen zu den Nachbarn gehen. Die Frage in 1b können Sie auch anders besprechen. Wie reagieren die Nachbarn: freundlich, unfreundlich etc. Lassen Sie die KT Dialog 3 im Anhang nachlesen und weitere Fragen beantworten: *Woher kommen Herr und Frau Olaru? Was sagt die Personen über Rumänien? Wie reagiert die Nachbarin auf die Einladung?*

**2**

Einführung der Reflexivpronomen im Akkusativ. Lassen Sie die KT zunächst die Reflexivpronomen im Dialog unterstreichen, bevor sie sie ergänzen. Erläutern Sie anhand eines der abgedruckten Sätze, dass mit *wir – uns*, *Sie – sich* und *ich - mich* dieselbe Person gemeint ist. Sie können die Nominativ- und die Akkusativergänzung an der Tafel nicht nur durch einen Pfeil, sondern zusätzlich durch Kreise verdeutlichen:

*Wir möchten uns vorstellen.*

Lassen Sie die KT den Dialog variieren, z.B.:

Herr und Frau Olaru haben einen Sohn und eine Tochter, die Nachbarin hat auch einen Sohn und eine Tochter, die Kinder sind drei bis sechs Jahre alt, sie haben vorher auf dem Land gewohnt, aber die Wege waren so weit o.ä. So üben die KT nach den Dialogen in Lektion 14 des A1-Bandes (Block A) eine weitere Gesprächssituation, die für gute Nachbarschaft wichtig sein kann.

Mit dem Würfelspiel werden die reflexiven Verben weiter geübt. Bringen Sie Würfel in den Unterricht mit oder benutzen Sie KV 3 aus den *Handreichungen* zum A1-Band (Konjugationswürfel), auf dem anstelle der Zahlen die Personalpronomen stehen. Es werden Gruppen mit je vier Mitspielern gebildet. Die KT würfeln und bilden die korrekte Form, z.B.: *ich freue mich*. Lassen Sie das Spiel evtl. mit weiteren reflexiven Verben üben, z.B. *sich ärgern, sich beeilen*.

**3**

Bei dieser Übung können sich besonders KT mit schauspielerischem Talent hervortun. Lassen Sie die KT das Gedicht mehrfach sprechen. Die Variationen schreiben die KT in Partnerarbeit, nachdem der Wortschatz im Redemittelkasten von 3b geklärt ist. KT, die Lust dazu haben, tragen ihr Gedicht im Plenum vor.

**Varianten**

- Die KT tragen die Gedichte zu zweit vor, sie sprechen wechselweise je einen Vers.
- Wettstreit, an dem KT, die Spaß daran haben, Gedichte vorzutragen, teilnehmen. Jede/r KT trägt eine eigene Gedichtvariation vor, die anderen KT vergeben Punkte z.B. von 1 bis 5. Wer die meisten Punkte hat, hat gewonnen.
- Fragen und Antworten. Die KT bewegen sich im Raum und fragen andere KT: *Wie fühlst du dich?* Die gefragten KT antworten und fragen nun ihrerseits. Diese Übung ist paarweise möglich. Je zwei KT fragen zwei andere KT: *Wie fühlt ihr euch?* Diese antworten: *Wir fühlen uns gut* o.ä.

**4**

Auch diese Aufgabe kann die Kreativität der KT herausfordern. Zunächst ordnen die KT die Verben zu, wobei unbekannter Wortschatz geklärt wird, anschließend schreiben sie die Geschichte in Einzelarbeit oder Partnerarbeit in einfachen Sätzen im Präsens. KT, die Lust dazu haben, tragen ihre Geschichte im Plenum vor.

Die Grundform dieser Geschichte lässt sich vielfach variieren, so dass sie nicht nur zur Festigung der Reflexivpronomen, sondern auch dazu dienen kann, die Wortstellung im Satz zu üben. Fordern Sie die KT auf, die Geschichte auch mit *zuerst, dann, danach, zum Schluss* oder mit *im Juli, im August*, im Perfekt etc. zu schreiben (hierbei hilft der Kasten in 4b): *Zuerst haben sie sich kennengelernt. Dann haben sie sich verliebt. ...*

**Varianten**

- Die KT schreiben die Geschichte in der 2. Person Plural. Ihr habt euch kennengelernt etc.

- Lerngeübte KT schreiben die Geschichte freier Wo haben sie sich kennengelernt, wo haben sie sich geküsst? und können sich auch einen anderen Schluss überlegen.

*Arbeitsbuch:* Ü 9-14

Vertiefungsübungen Ü 11a: Reflexivpronomen, Ü 13a: Personalpronomen im Akkusativ

Erweiterungsübung Ü 14: zwei Personen stellen sich vor

Grammatikkarten im Arbeitsbuch/Anhang: reflexive Verben

## C Schöner Wohnen

### Lernziele und Lerninhalte:

| | |
|---|---|
| Sprechen: | über eine Fernsehsendung erzählen, sagen, wie einem das Zimmer gefällt, Dialog im Baumarkt |
| Hören: | Dialog im Baumarkt |
| Lesen: | Text über eine Fernsehsendung |
| Wortschatz: | Werkzeug |
| Grammatik: | Die Positionsverben *stehen – stellen, legen – liegen* |

Im letzten Block geht es um Wohnungsrenovierung, Wortschatz für Werkzeuge sowie ein Gespräch im Baumarkt. Außerdem werden die Positionsverben *legen/liegen* und *stellen/stehen* eingeführt.

**1**

*Wohnen nach Wunsch* ist eine Sendung des Fernsehsenders VOX. Lassen Sie KT, die die Sendung kennen, berichten und geben Sie weitere Informationen: Die Renovierung dauert vier Tage, die Bewohner wohnen für diese Zeit in einem Hotel. Auch die Verwandten der Bewerber arbeiten mit und Handwerker geben Tipps für Heimwerker. Der Sender übernimmt die Renovierungskosten. Fragen Sie die KT, ob sie bereit wären, bei der Sendung mitzumachen und diskutieren Sie Vor- und Nachteile, z.B.:

Vorteile: Man bekommt eine komplett renovierte Wohnung, man muss nichts machen und nichts bezahlen.

Nachteile: Man muss seine Wohnung für vier Tage verlassen, die Fernsehzuschauer erhalten Einblick in das Privatleben.

**2**

Anschließend diskutieren die KT über die Wohnzimmereinrichtung. Sammeln Sie passende Adjektive an der Tafel und geben Sie geeignete Redemittel vor:

*Ich finde/meine/denke, dass ...*
*Mir gefällt ...*
*...*

So bietet sich Gelegenheit, neben dem in Lektion 3 des A1-Bandes eingeführten Wortschatz für Möbel Nebensätze mit *dass* zu wiederholen, die die KT aus Lektion 2 dieses Bandes kennen. Lassen Sie die KT überlegen, ob man das Wohnzimmer renovieren muss.

**3**

Einführung der Positionsverben *legen/liegen – stehen/stellen*. Zunächst betrachten die KT die Bilder und überlegen: Wo sind die Sachen in Bewegung, wo nicht? Anschließend ordnen sie die Fragepronomen zu und schreiben Fragen.

Erläutern Sie dann den Unterschied der Verben. Erläutern Sie auch das Perfekt bzw. das Partizip II dieser Verben, also den Unterschied, dass *stehen/liegen* unregelmäßig sind und die beiden anderen Verben regelmäßig gebildet werden.

Die Wechselpräpositionen bereiten KT immer wieder Schwierigkeiten, weshalb Sie sie noch einmal wiederholen sollten, bevor die KT 3b lösen. Lassen Sie die KT alle Wechselpräpositionen, die sie in Lektion 9 des A1-Bandes bzw. Lektion 3 des A2-Bandes kennengelernt haben, sammeln und notieren sie diese an der Tafel. Demonstrieren Sie sie, indem Sie z.B. ein Buch auf/unter den Tisch legen oder eine Stuhl vor/hinter den/neben den Tisch stellen. Bringen Sie auch wieder einen Ball mit, den Sie in verschieden Richtungen rollen lassen. (s. hierzu Vorschläge zu Lektion 3 auf S. 27 in den *Handreichungen*).

Weisen Sie außerdem auf das Verb *hängen* hin, das für das linke Bild in 3b erforderlich ist (*Er hängt das Bild an die Wand.*)

Anschließend schreiben die KT Sätze und berichten im Kurs. Evtl. fällt lernungeübten KT diese Aufgabe nicht leicht. Bilden Sie deshalb nach Lernstärke getrennte Gruppen, damit Sie die lernungeübten KT besser unterstützen können. Geben Sie weitere Hilfen, damit die KT leichter Sätze bilden können: ... *auf den Boden – an die Wand – an das Fenster* etc.

Anschließend berichten die KT über ihre Ergebnisse im Kurs.

**Kopiervorlage 12A/B** enthält zwei Zimmergrundrisse. KT A zeichnet Möbel in einen leeren Grundriss (*Mein Zimmer*) und berichtet dann KT B, wohin er/sie die Möbel stellt. KT B zeichnet die Möbel von KT A in den unteren leeren Grundriss ein. Und umgekehrt. Am Ende überprüfen die KT ihre Ergebnisse: Wo stehen die Möbel?

**Variante**

Die KT platzieren verschiedene Dinge im Raum, z.B. das Buch auf dem Tisch, die Stifte am Fenster, die Stühle neben der Tür etc. Die Sätze werden an die Tafel geschrieben. Zwei oder drei KT verlassen den Raum, die anderen KT räumen die Gegenstände um. Anschließend kommen die KT wieder herein und berichten, wohin die anderen KT die Dinge gelegt/gestellt haben.

**4**

In der abschließenden Übung geht es um Einkaufsdialoge im Baumarkt. (Lösung 4a: Rolle – Wandfarbe)

Diese Übung ist auch zur Einführung von weiterem Wortschatz für Heimwerkerbedarf geeignet, der über die abgebildeten Gegenstände hinausgeht, z.B. in Form eines Wörternetzes, die KT nennen Werkzeuge, die ihnen bekannt sind, z.B.:

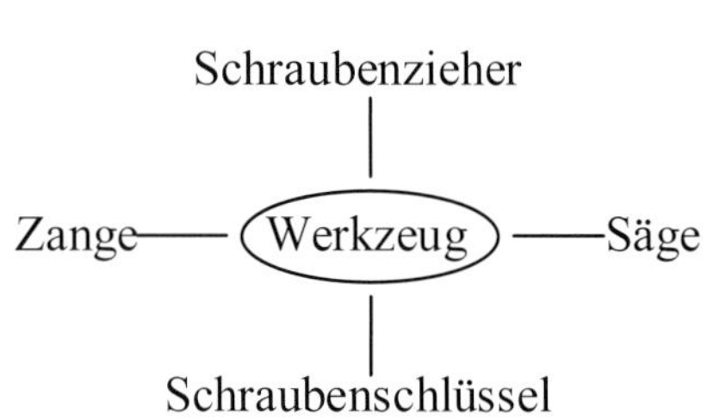


Außerdem berichten die KT, welche Werkzeuge sie zu Hause haben und wie oft, bzw. wofür sie diese brauchen.

Für die anschließende Dialogvariation in 4b ordnen die KT die erforderlichen Werkzeuge aus 4a den Aufgaben im Schüttelkasten zu und lesen den Hörtext von 4a im Anhang nach. Lernungeübte KT beschränken sich zunächst auf den ersten Vorschlag Wohnung streichen, für den sie z.B. folgenden Lückentext verwenden können:

*– Guten Tag, können Sie mir helfen?*

*+ Ja, gern, was kann ich für Sie tun?*

*– Ich möchte* ____________________ *und brauche* ____________________.

*+ Ja,* __________ *haben wir da drüben und die Pinsel finden Sie links* ______________ *im Regal. Wir haben auch ein Sonderangebot:* ____________________.

*– Ja, das nehme ich.*

*+ Brauchen Sie auch eine* ______________*?*

*– Nein, eine* ______________ *habe ich schon.*

Anschließend bearbeiten sie den Dialog mit *Wohnung tapezieren.*

Lerngeübte KT beginnen gleich mit diesem Dialog und arbeiten evtl. mit einer Dialoggrafik:

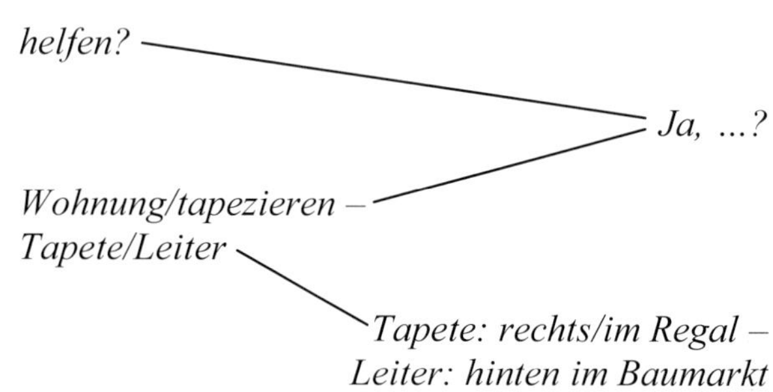


Weitere Möglichkeiten, um diesen Dialog zu erweitern: Der Kunde braucht auch Kleister, Abdeckfolie, einen Tapeziertisch, er sucht nach einer Tapete in einer bestimmten Farbe etc.

Zusätzlich zu den abgedruckten Vorschlägen spielen lerngeübte KT weitere Dialoge: Der Kunde möchte die Heizung lackieren, er braucht Werkzeug, weil er einen Teppichboden verlegen will etc.

**5**

Bei dieser abschließenden spielerischen Übung ist die Kreativität der KT gefragt. Sammeln Sie zunächst im Plenum, was die KT im Kursraum gerne verändern würden, z.B. Teppichboden, Tapeten, Vorhänge, Kissen für die Stühle, Bilder an der Wand.

Die KT bilden Gruppen, jede Gruppe bearbeitet einen Renovierungsvorschlag. Zusätzlich sollen die KT das Budget von 1.000.- € im Auge behalten, d.h. sie sollen überlegen, wie viel ihre Renovierung kosten würde und möglichst nicht mehr als diesen Betrag ausgeben. Die Ergebnisse werden im Kurs gesammelt.

*Arbeitsbuch:* Ü 15-19, Ü 20: Flüssig sprechen

Vertiefungsübungen Ü 15a: Wortschatzwiederholung Küchenmöbel, Ü 16a: Wiederholung Wohnzimmermöbel

*Arbeitsbuch – Deutsch plus:* Ü 21: Nebenkostenabrechnung

*Arbeitsbuch – Wörter lernen:* Ü 22-25

**Phonetik:** Die Vokale *a, ä, e* und *i* siehe Seite 125 in den *Handreichungen*

**Flüssig sprechen**

*Alles klar* Ü 6

Ein kurzer Vorstellungstext wird präsentiert, den die KT zunächst einfach nachsprechen und dabei den Wortschatz wiederholen. Es ist für KT häufig schwierig mehrere zusammenhängende Sätze nacheinander zu sprechen. Das muss man systematisch und regelmäßig üben. Hier können die KT - anschließend an die Nachsprechübung - jede/r nach diesem Modell einen eigenen kleinen Vorstellungstext überlegen und mündlich (nicht lesen!) vortragen. Die kleinen Texte sollten nicht sofort vor dem Kurs gesprochen werden. Jede/r sollte ihren/seinen Text mehrfach vor sich hin murmelnd für sich sprechen, bevor er im Kurs präsentiert wird.

*Flüssig sprechen* im Arbeitsbuch (Ü 20) wiederholt das Sprechen über eine Wohnung, die Abkürzung *qm* und das Sprechen der Zahlen (bis über 1000).

## Auftaktseite

**Lernziele und Lerninhalte:**

Sprechen: Feste auf Fotos beschreiben, deutsche Feste und Feiertage, Feste in der Heimat
Grammatik: Ordnungszahlen im Nominativ

*Arbeitsbuch:* Ü 1-6
Vertiefungsübung Ü 3: temporale Präpositionen
Erweiterungsübung Ü 4: Datum ergänzen

## A Einladungen

**Lernziele und Lerninhalte:**

Sprechen: Einladungsdialoge, über Geschenke sprechen
Lesen: Einladungen
Wortschatz: Geschenke
Grammatik: Verben mit Dativ und Akkusativ

Kannbeschreibungen GER/Rahmencurriculum:
Kann z.B. Kollegen, Freunde oder befreundete Eltern fragen, ob sie zu einer Feier mitkommen, und einen Termin mit ihnen ausmachen.
Kann sich für eine Einladung bei Kollegen oder Freunden bedanken und zusagen oder freundlich und mit Angabe eines Grundes absagen.

*Arbeitsbuch:* Ü 7-13
Erweiterungsübung Ü 9: Eine Einladung schreiben
Portfolioübung Ü 13: Was man zu verschiedenen Gelegenheiten schenkt

## B Hochzeit

**Lernziele und Lerninhalte:**

Sprechen: ein Brautpaar beschreiben, über Hochzeitskleidung sprechen, Komplimente, eine Hochzeitsgeschichte erzählen, über Hochzeitsgebräuche im Heimatland berichten
Hören: eine Hochzeit mit Pannen
Grammatik: Adjektivdeklination mit dem unbestimmten Artikel und *kein* im Nominativ und Akkusativ, *Was für ein-*

Kannbeschreibungen GER/Rahmencurriculum:
Kann mit einfachen Worten ein Kompliment machen und sich für ein Kompliment bedanken.

*Arbeitsbuch:* Ü 14-21
Vertiefungsübung Ü 15: Wiederholung Farben

## C Feiern interkulturell

**Lernziele und Lerninhalte:**

Sprechen: über Gewohnheiten bei Partys und Festen diskutieren, über Partys in Deutschland und im Heimatland berichten, eine Party planen
Lesen: drei Personen berichten über ihre Erfahrungen auf Festen in Deutschland
Schreiben: Glückwunschkarte
Wortschatz: Glückwünsche

Kannbeschreibungen GER/Rahmencurriculum:
Kann jemandem gratulieren und mit einfachen Worten gute Wünsche aussprechen und sich für gute Wünsche bedanken.

*Arbeitsbuch:* Ü 22-23, Ü 24: Flüssig sprechen
*Arbeitsbuch – Deutsch plus:* Ü 25: Der Karneval der Kulturen in Berlin – Volksfeste

## D Festtage

**Lernziele und Lerninhalte:**

Sprechen: Feste in aller Welt
Lesen: Interkultureller Kalender
Wortschatz: Feste

*Arbeitsbuch – Wörter lernen:* Ü 26-28

**Bildkarten im Anhang** 7

**Phonetik:** Endungen hören und sprechen

**Kopiervorlagen in den Handreichungen:**
KV 13: Satzpuzzle: Verben mit Dativ- und Akkusativergänzung
KV 14A/B: Adjektiv-Schlange

In dieser Lektion geht es um die Themen Feste, Geschenke und Einladungen. Die Grammatik behandelt Datumsangaben im Nominativ, Verben mit Dativ und Akkusativ sowie die Adjektivdeklination im Nominativ und Akkusativ mit dem unbestimmten Artikel und mit *kein* und das Fragepronomen *Was für ein-*.

## Auftaktseite

### Lernziele und Lerninhalte:

| | |
|---|---|
| Sprechen: | Feste auf Fotos beschreiben, deutsche Feste und Feiertage, Feste in der Heimat |
| Grammatik: | Ordnungszahlen im Nominativ |

**1-2**

Zunächst betrachten die KT die Fotos in Partnerarbeit und tauschen ihr Wissen über die Feste aus. Abgebildet sind: Weihnachten, Geburtstag, Silvester, das Chinesische Neujahrsfest und das Ramadanfest. Informationen zu den Festen finden Sie unter Block D auf S. 63/64 in diesen *Handreichungen*.

Lassen Sie KT, die die genannten Feste kennen und feiern, berichten. Weisen Sie darauf hin, dass Weihnachten neben Ostern das wichtigste religiöse und Familienfest in Deutschland ist und wie man den Geburtstag feiert. Für KT mit Kindern könnte es auch interessant sein, mehr darüber zu erfahren wie man Kindergeburtstage feiert. Auch hier sollten zunächst KT mit Kindern zu Wort kommen: *Waren ihre Kinder schon auf Geburtstagen eingeladen? Welche Geschenke gab es für das Geburtstagkind?* Lassen Sie die KT auch überlegen, wie groß bzw. wie teuer die Geschenke sind, die man bei Geburtstagen normalerweise schenkt.

An dieser Stelle oder im weiteren Verlauf des Kurses können Sie auch mit den Bildkarten 7 im Anhang arbeiten.

**2**

In 2a lernen die KT Datumsangaben im Nominativ kennen. Datumsangaben im Dativ kennen sie bereits aus Block A von Lektion 11 im A1-Band.

Schreiben Sie zur Wiederholung zunächst einige Datumsangaben im Dativ an die Tafel, z.B.:

> *Am dritten Oktober ist der Tag der deutschen Einheit.*
>
> *Am vierundzwanzigsten Dezember ist Heiligabend.*
>
> *Am einunddreißigsten Dezember ist Silvester.*

Die KT sollten die Sätze auch laut lesen.

Lassen Sie die KT die bereits bekannten Ordnungszahlen u.a. dadurch wiederholen, dass sie ihre Geburtsdaten nennen, z.B. in Form einer Kettenübung: KT A nennt sein/ihr Geburtsdatum, KT B wiederholt es und nennt das eigene usw. Schreiben Sie die Geburtsdaten, die die KT nennen, an die Tafel. In großen Kursen sollte diese Übung in Gruppen aus fünf bis sieben Teilnehmern erfolgen.

Zusätzlich empfiehlt es sich, auch die Regeln für die Ordnungszahlen noch einmal ins Gedächtnis zu rufen. Bereiten Sie ein entsprechendes Arbeitsblatt vor (s. A1-Band Lektion 11 A2):

*eins – am ersten*
*zwei – am zwei**ten***
...

Lenken Sie anschließend die Aufmerksamkeit auf den Grammatikkasten und schreiben Sie die dortigen Daten an die Tafel, die KT lesen sie laut. Schreiben Sie dann einige weitere Daten an die Tafel, mit denen die KT üben:

> *3. Oktober - Der dritte Oktober ist ein Feiertag.*
>
> *24. Dezember - Der vierundzwanzigste Dezember ist Heiligabend.*
>
> *6. Juni - Gestern war der 6. Juni*
>
> *7. Juni - Heute ist ...*

Bei den Datumsangaben im Nominativ und im Dativ bereiten vielen KT die Endungen Probleme, weshalb sich eine Drillübung empfiehlt: *am ersten Januar – der erste Januar* etc.

Schreiben Sie einige Daten an die Tafel, sprechen Sie diese vor, die KT sprechen nach.

Für 2b sollten KT gleicher Nationalität oder KT, die dieselben Feste feiern, in Gruppen zusammenarbeiten, um einen kleinen Vortrag vorzubereiten. Geben Sie dafür weitere Hilfen, z.B. indem Sie das Weihnachtsfest kurz beschreiben und dabei auch auf die Endungen der Datumsangaben aufmerksam machen:

Bei uns feiert man Weihnachten.

Das Fest ist **vom** vierundzwanzigst**en** bis **zum** sechsundzwanzigst**en** Dezember.

Der vierundzwanzigst**e** Dezember ist Heiligabend.

Am vierundzwanzigst**en** gehen viele Leute in die Kirche. Danach ...

Am fünfundzwanzigst**en** ...

Anschließend berichten die KT im Kurs. Weitere Gelegenheiten, Ordnungszahlen, Datumsangaben (und temporale Präpositionen) zu üben, bietet der Interkulturelle Kalender in Block D.

*Arbeitsbuch:* Ü 1-6

Vertiefungsübung Ü 3: temporale Präpositionen

Erweiterungsübung Ü 4: Datum ergänzen

## A Einladungen

**Lernziele und Lerninhalte:**

| | |
|---|---|
| Sprechen: | Einladungsdialoge, über Geschenke sprechen |
| Lesen: | Einladungen |
| Wortschatz: | Geschenke |
| Grammatik: | Verben mit Dativ und Akkusativ |

Neben den Themen Einladungen und Geschenke geht es in diesem Block um Verben mit Dativ und Akkusativ.

**1**

Nachdem die KT die Aufgabe in Einzelarbeit gelöst haben, stellen sie in Dreiergruppen Fragen. Jeder KT bearbeitet einen Text, die andere beiden KT antworten, die Ergebnisse werden im Plenum gesammelt. Geben Sie lernungeübten KT Hilfen, um komplette Frage zu formulieren, für Einladung z.B.: *Wer heiratet? Wann ist die Trauung? Wo ist die Hochzeitsfeier?*

Lerngeübte KT überlegen, welche weiteren *W*-Fragen man stellen kann, bei der Einladung 1 z.B.:

*Welche Adresse hat das Standesamt? Wie ist die Adresse vom Standesamt? Bis wann soll man antworten?* Die anderen KT antworten. Die Ergebnisse werden im Plenum gesammelt.

Die Aufgabe ist auch dazu geeignet, die KT auf Lesestrategien aufmerksam zu machen. Weisen Sie darauf hin, dass es das Textverständnis oft erleichtert, wenn man eine Text mit *W*-Fragen erschließt (s. auch die Kommentare zu Lektion 2, B3 und Lektion 3, B1, C1 in diesen *Handreichungen.*)

**Variante**

Die KT schreiben in Partnerarbeit eine Einladung, z.B. für ein Geburtstagsfest. Lernungeübte KT tauschen einfach Datum, Alter, Adresse und Name bei Einladung 3 aus, lerngeübte KT schließen das Buch und schreiben die Einladung frei.

**2**

Hier geht es um Einladungsdialoge. Durch das Hören und Nachsprechen in 2a sollen die KT Wortschatz und Intonation üben.

Sammeln Sie mit den KT für 2b zunächst mögliche Dialogvariationen, z.B.: Einladung zu einer Party, Hochzeit, Jubiläumsfeier oder zu einem Fest, weil man die Führerscheinprüfung bestanden hat.

Das Muster solcher Dialoge kennen die KT bereits aus Lektion 5 des A1-Bandes (Block D, Hat du morgen Zeit?).

**3**

Schwerpunkt sind hier in Verbindung mit *schenken* Verben mit Dativ und Akkusativ. Die Struktur ist den KT bereits aus Lektion 11, A1-Band sowie aus Lektion 5, A2-Band (*geben, mitbringen, erklären, zeigen)* bekannt, hier wird sie bewusst gemacht.

Zunächst ordnen die KT die möglichen Geschenke den Einladungen aus 1 zu. Schreiben Sie dafür den ersten Beispielsatz aus der Sprechblase an die Tafel:

Man kann Susanne Blumen schenken.

Zunächst sollen die KT lediglich die Namen und die Geschenke variieren. Wischen Sie zu diesem Zweck *Susanne* und *Blumen* weg:

Man kann ________ ________ schenken.

Die KT ergänzen die Lücken mit anderen Namen und Geschenken, jeder KT sagt einen Satz.

Im zweiten Schritt ersetzen Sie die Namen durch die Personalpronomen im Dativ, die sie in Lektion 5 gelernt haben. Verweisen Sie dann auf den Grammatikkasten und erläutern Sie die Reihenfolge von Dativ- und Akkusativergänzung.

**Varianten**

- Im Falle lerngeübter KT kann sich eine Diskussion anschließen, die sprachlich komplexer ist: *Ich finde nicht, dass man Susanne Blumen schenken kann. Ich schenke ihr eine Kerze* etc.
- Zur weiteren Einübung können sich die KT auch selbst beschenken. *KT A hat Geburtstag? Was sollen wir ihr schenken? Vielleicht ...?* Und KT B: *Er hat auch Geburtstag? Was sollen wir ihm schenken?* etc.

**4**

Anschließend bilden die KT weitere Sätze mit *schenken*, um die soeben gelernte Form zu festigen. Beachten Sie, dass hier auch die Inversion, d.h. die Stellung der Dativergänzung in Position 1 geübt werden soll. Weisen Sie darauf hin und schreiben Sie einen Beispielsatz an die Tafel:

| Pos. 1 | Verb | |
|---|---|---|
| Ich | schenke | meinen Freunden Bücher zum Geburtstag. |
| Meinen Freunden | schenke | ich Bücher zum Geburtstag. |

Erläutern Sie, dass in derartigen Sätzen die wichtige Information darin liegt, wem man etwas schenkt und nicht, wer schenkt.

Anschließend Partnerarbeit, die KT fragen und antworten, machen Notizen und berichten schließlich über ihre Lernpartner im Kurs, z.B.:

*Er schenkt seiner Frau Blumen zum Geburtstag.*

*Ihrem Mann schenkt sie eine Krawatte zu Weihnachten* u.ä.

Lassen Sie die KT die Sätze in beiden Varianten sprechen: einmal mit vorangestelltem Nominativ und einmal mit vorangestelltem Dativ. Verweisen Sie auf die Präposition *zu/zum*, die man bei diesen Gelegenheiten verwendet.

So üben die KT mehrere Dinge zugleich: Possessivartikel im Dativ, die Präposition *zu* und die Dativ- und Akkusativergänzung in Frage- und Aussagesätzen. Evtl. haben lernungeübte KT hier große Probleme. Diese sollten sich auf maximal zwei Fragen und Antworten beschränken, individuelle Unterstützung durch KL. Kopiervorlage 13 kann weitere Unterstützung bieten.

**Kopiervorlage 13** ist ein Satzpuzzle mit Verben mit Dativ- und Akkusativergänzung. Die Sätze 7 bis 12 sind komplizierter (Fragen, *können*, das trennbare Verb *mitbringen, nicht*). Kopieren Sie die Satzteile und kleben Sie sie auf Karton. Die KT können die Sätze an ihrem Platz zusammenlegen oder an eine Pinwand heften. Lerngeübte KT erhalten zwei oder drei Sätze gemischt, lernungeübte KT arbeiten zunächst nur mit einem Satz.

Nennen Sie weitere Verben mit Dativ- und Akkusativergänzung oder andere Verben, die man mit Akkusativ alleine oder mit Dativ und Akkusativ verwenden kann (*kaufen, kochen, schreiben* etc.) und geben Sie Beispiele: *Er kauft seinem Freund eine CD. Er kocht seiner Tochter eine Suppe. Sie schreibt ihm einen Brief. ...*

**Variante**

Üben Sie mit Sätzen, die die KT aus dem A1-Band, Lektion 8, Block C kennen:

*Was machen Sie, wenn Ihr Kind krank ist?*

*Was machst du, wenn dein Sohn deine Tochter krank ist/deine Kinder krank sind?*

*– eine Geschichte vorlesen – Tee/Suppe kochen – Medikamente geben, eine Geschichte vorlesen, Schokolade kaufen –*

*Ich lese ihm eine Geschichte vor* etc.

**5**

In dieser abschließenden Aufgabe geht es um einen interkulturellen Vergleich. Lassen Sie die KT einleitend berichten und machen sie eine Liste an der Tafel. Lassen Sie die KT dann berichten, was man zu besonderen Anlässen (z.B. Hochzeit, Geburtstag) schenkt und ob Geldgeschenke z.B. bei Freunden oder als Hochzeitsgeschenk passend sind. Fragen Sie die KT auch, ob sie Erfahrungen mit Geschenken in Deutschland haben. Greifen Sie das Thema in Block C noch einmal auf.

*Arbeitsbuch:* Ü 7-13

Erweiterungsübung Ü 9: Eine Einladung schreiben

Portfolioübung Ü 13: Was man zu verschiedenen Gelegenheiten schenkt

## B Hochzeit

### Lernziele und Lerninhalte:

| | |
|---|---|
| Sprechen: | ein Brautpaar beschreiben, über Hochzeitskleidung sprechen, Komplimente, eine Hochzeitsgeschichte erzählen, über Hochzeitsgebräuche im Heimatland berichten |
| Hören: | eine Hochzeit mit Pannen |
| Grammatik: | Adjektivdeklination mit dem unbestimmten Artikel und *kein* im Nominativ und Akkusativ, *Was für ein-* |

In diesem Block geht es außer um Hochzeiten um die Adjektivdeklination mit dem unbestimmten Artikel und *kein* im Nominativ und Akkusativ.

**1**

Einleitend beschreiben die KT die Kleidung des Brautpaars und das Brautpaar auf Basis der Sprechblasen und des Schüttelkastens. Lassen die KT diskutieren, wie sich die Braut und der Bräutigam fühlen bzw. welchen Gesichtsausdruck sie haben. So werden auch die in Lektion 6 gelernten Reflexivpronomen und Adjektive wiederholt. 1a dient der Vorbereitung von 1b. Lenken Sie für die Einführung der Adjektivdeklination zunächst die Aufmerksamkeit auf den Grammatikkasten und schreiben Sie ihn ohne Adjektivendungen an die Tafel. Die KT schreiben den Grammatikkasten ab und ergänzen die Endungen im Heft, wenn möglich farbig. Besprechung der Lösungen im Plenum, KL ergänzt die Endungen an der Tafel farbig. Diese Visualisierung ist insbesondere für lernungeübte KT eine Hilfe. Erläutern Sie die Signale, indem Sie an der Tafel die Deklination nach dem bestimmten Artikel der nach dem unbestimmten gegenüberstellen:

*der graue Anzug → ein grauer Anzug*
*das weiße Kleid → ein weißes Kleid*
*die graue Hose → eine graue Hose*
*die grauen Hosen → graue Hosen*

Anschließend hören die KT den Text und ergänzen die Endungen. Wichtig ist, dass die KT den Text auch laut lesen, damit sie sich die Endungen bewusst machen.

Bereiten Sie bei 1c für lernungeübte KT einen Lückentext vor, z.B.:

*Der Bräutigam trägt einen elegant__ Anzug, ein weiß__ Hemd und eine schick_ Krawatte. Er hat eine schön__ Blume am Anzug.*

Verteilen Sie den Text und lesen sie ihn vor. Die KT ergänzen die Endungen. Unmittelbar im Anschluss an 1 empfiehlt es sich, die Phonetik zu dieser Lektion im Anhang zu machen, wo die KT Adjektivendungen hören und (nach)sprechen. Hier wird wie auch in der AB-Übung 16 der Nominativ geübt. Üben Sie den Nominativ auch mit Gegenständen im Kursraum. Nehmen Sie ein Buch, einen Kugelschreiber und eine Tasche, die KT beschreiben die Gegenstände: *Das ist ein grünes Buch* etc.

**Varianten**

- Die KT spielen Einkaufsdialoge, z.B.:

  *– Kann ich Ihnen helfen?*

  *+ Ich suche ein weißes Kleid.*

  *– Hier haben wir weiße Kleider./Hier ist ein weißes Kleid.*

  *+ Tut mir leid, das weiße Kleid gefällt mir nicht.*

  Variationen: Anzug, Hemd, Hose u.ä.

- Die KT beschreiben die Kleidung ihrer Lernpartner, z.B.:

  *Olga trägt eine blaue Hose, einen roten Pullover* etc.

**Kopiervorlage 14A/B** ist vor allem für lernungeübte KT geeignet. Die KT erhalten acht Sätze in acht Feldern zusammenhängend auf einem Blatt Papier, bei denen jeweils der Artikel und das Adjektiv fehlen. Es ist ihre Aufgabe, die Karten mit den Adjektiven auf die passenden Felder zu legen. Wenn dies korrekt gemacht wird, ergibt die Abfolge der Karten das zusammenhängende Bild einer Schlange

**2**

Einführung von *Was für ein-*. Fordern Sie die KT auf, geeignete Fotos mitzubringen, allerdings sollte dies freiwillig sein. Es gibt KT, die sehr gerne Fotos von ihrer Hochzeit der Familie zeigen, es ist aber auch möglich, dass KT zurückhaltender sind.

Halten Sie zunächst z.B. ein Buch, einen Stift oder ein Heft hoch und fragen Sie: *Was für ein Buch ist das? – Ein grünes.* Erläutern Sie, dass man auf eine Frage mit *Was für ein-* immer mit dem unbestimmten Artikel antwortet und geben Sie weitere Beispiele:

*Was für ein Buch ist das? – Ein Deutschbuch.*

*Was für ein Heft ist das? – Ein Heft für Notizen.*

Erläutern Sie außerdem die Deklination von *Was für ein-*:

der Stift: *Was für ein Stift ist das? – Was für einen Stift hast du?*

Verweisen Sie für die anschließende Beantwortung der Fragen auf die Adjektive in 1 und fordern Sie die KT auch auf, Farben zu nennen.

Schreiben Sie für lernungeübte KT zwei oder drei Antwortmöglichkeiten an die Tafel:

> *Was für ein Kleid hat du getragen?*
> *- Ein schönes.*
> *- Ein weißes.*
> ...

Partnerarbeit, individuelle Kontrolle durch KL. Frage 3 soll den KT Gelegenheit geben, von ihrem Heimatland und evtl. von ihrer eigenen Hochzeit zu berichten.

Stellen Sie auch die Fragepronomen *Welch-* und *Was für ein-* einander gegenüber. Halten Sie z.B. zwei Stifte hoch und fragen Sie z.B.:

*+ Welcher Stift ist blau? – Dieser./Der linke.*

*+ Welcher Stift gehört Ilona? – Der blaue.*

Machen Sie den KT so bewusst, dass man auf Fragen mit *welch-* immer mit dem bestimmten Artikel oder Demonstrativartikel antwortet.

**Variante**

Lerngeübte KT können das Fragepronomen *Was für ein-* auch im Dativ üben:

*Mit was für einem Stift schreibst du? – Mit einem blauen.*

*Mit was für einem Kleid bist du zur Hochzeit gegangen? – Mit einem weißen etc.*

**3**

Diese Aufgabe ist als Partner- oder als Plenumsaktivität möglich. Die KT bewegen sich im Raum, dazu spielt Musik. Wenn die Musik stoppt, sprechen sie mit dem/der KT, der/die in ihrer Nähe steht. Allerdings sollten Sie diese Übung nur machen, wenn die Kurssituation es zulässt.

**4**

Anstatt dass die KT die Geschichte hören und dabei die Bilder zuordnen, können sie auch umgekehrt vorgehen. Die KT bringen die Bilder in Partnerarbeit in eine mögliche Reihenfolge und kontrollieren dann mit der CD (Lösung: 3-1-6-2-5-4). Die KT können die Geschichte in unterschiedlichen Variationen erzählen. Lernungeübte KT beschränken sich darauf, die Sätze zuzuordnen und dann vorzulesen, lerngeübte decken den Schüttelkasten ab und arbeiten mit einem Schüttelkasten, in dem nur Stichwörter vorgegeben sind:

*werfen – gehen – geschlossen – feiern – tauschen – suchen*

*Freunde und Verwandten – Reis – ins Restaurant – das Restaurant – Brautpaar/Ringe – ein anderes Restaurant*

Schreiben Sie diese Stichwörter an die Tafel oder bereiten Sie ein Arbeitsblatt vor. Partner- oder Einzelarbeit.

**Varianten**

- Die KT erzählen die Geschichte im Perfekt.
- Lerngeübte KT überlegen sich eine andere Lösung, nachdem das erste Restaurant geschlossen war.

**5**

Die letzte Übung dient einem Informationsaustausch, durch den die KT die verschiedenen Kulturen näher kennenlernen sollen. Fragen Sie die KT, wie viele Gäste zu einer Hochzeit kommen und ob sie schon einmal eine „typisch deutsche" Hochzeit erlebt haben. Berichten Sie von den Hochzeitsbräuchen, die hierzulande üblich sind.

*Arbeitsbuch:* Ü 14-21

Vertiefungsübung Ü 15: Wiederholung Farben

Grammatikkarten im Arbeitsbuch/Anhang: Adjektivendungen nach dem unbestimmten Artikel

## C Feiern interkulturell

### Lernziele und Lerninhalte:

| | |
|---|---|
| Sprechen: | über Gewohnheiten bei Partys und Festen diskutieren, über Partys in Deutschland und im Heimatland berichten, eine Party planen |
| Lesen: | drei Personen berichten über ihre Erfahrungen auf Festen in Deutschland |
| Schreiben: | Glückwunschkarte |
| Wortschatz: | Glückwünsche |

In diesem Block geht es um Feste in Deutschland, was auch zu einem interkulturellen Vergleich anregen soll, die Organisation einer Kursparty und um Glückwünsche.

**1**

Einleitend geht es darum, wie man sich bei einer Einladung zu einem Fest in Deutschland, aber auch weltweit verhält. Die KT sollen ihre persönliche Meinung sagen.

**Variante**

Lassen Sie die KT für verschiedene Feste ankreuzen, was passend ist: bei einer Hochzeit, einem Geburtstag oder einer Party, ob zu dem Fest nur Familienmitglieder kommen, oder überwiegend Freude und Bekannte.

Geben Sie für den nachfolgenden Meinungsaustausch im Plenum Beispielsätze und Redemittel vor:

*– Ich finde, dass man zu einer Party die Kinder mitbringen kann.*

*– Ich habe eine andere Meinung. / Ich stimme dir/Ihnen zu etc.*

Lassen Sie KT berichten, die bereits auf Partys mit überwiegend deutschen Gästen waren, was auch eine Vorentlastung für die nachfolgenden Texte sein kann. KT, die solche Partys kennen, erhalten für die Lektüre zusätzlich den Auftrag, ihre eigenen Erfahrungen mit denen der Personen in den Texten zu vergleichen.

**2**

Schreiben Sie vor der Lektüre eine Liste mit den in der Arbeitsanweisung genannten Punkten an die Tafel:

*Kleidung:*
*Essen:*
*Trinken:*
*Tanzen:*
*Kinder:*
*Geschenke:*
*Gespräche:*

Die KT lesen die Texte und unterstreichen die Informationen zu diesen Punkten bzw. notieren sie in ihren Heften. Auswertung im Plenum, die Ergebnisse werden in der Liste an der Tafel notiert. Anschließend berichten KT, die bereits auf mit Deutschen gefeiert haben, ob die Aussagen mit ihren Erfahrungen übereinstimmen, und die KT berichten über Partys in ihrem Heimatland und vergleichen sie mit Partys in Deutschland.

**3**

Die Organisation einer Kursparty ist auch als Vorbereitung auf Teil 3 der mündlichen Prüfung des DTZ geeignet, wo die KT gemeinsam etwas planen. Erarbeiten Sie mit lernungeübten KT einen Musterdialog, z.B.:

*– Wollen wir eine Party feiern?*

*+ Das ist eine gute Idee. Ich habe eine große Wohnung mit Platz für ____ Leute.*

*– Wen laden wir ein?*

*+ Vielleicht _________.*
*Ich kann die Getränke besorgen.*

*– Ich bringe einen Salat mit. Die anderen können auch Essen machen*
*etc.*

Anschließend spielen sie ihren Dialog zweimal. Beim ersten Mal mit Hilfe des Musterdialogs, beim zweiten Mal ohne.

Verweisen Sie auf die Sprechblasen in 3b und sammeln Sie mit den KT weitere Redemittel: *Ich möchte gerne eine Party machen. Hast du auch Lust? – Ja, klar/Warum nicht? – Ich schlage vor, dass wir ... einladen. – Ich denke, Samstagabend ist eine gute Zeit für die Party* etc.

**4**

Hier lernen die KT in Deutschland übliche Glückwünsche kennen. Fordern Sie sie auf, zu sagen, was man bei diesen oder ähnlichen Anlässen in ihrer Muttersprache sagt, nachdem sie 4a gelöst haben. Bringen Sie evtl. weitere Karten mit anderen Glückwünschen in den Unterricht mit.

Ziehen Sie für 4b als Vorbereitung KB-Übung 23 heran, wo die KT Lücken in kurzen Glückwunschkarten ausfüllen sollen.

**Variante**

Fordern Sie die KT auf, vorgedruckte Glückwunschkarten in den Unterricht mitzubringen, die sie dann in Gruppenarbeit ergänzen. Gemeinsam diskutieren sie, welche Formulierungen am besten passen.

*Arbeitsbuch:* Ü 22-23, Ü 24: Flüssig sprechen

*Arbeitsbuch – Deutsch plus:* Ü 25: Der Karneval der Kulturen in Berlin – Volksfeste

## D Festtage

**Lernziele und Lerninhalte:**

| | |
|---|---|
| Sprechen: | Feste in aller Welt |
| Lesen: | Interkultureller Kalender |
| Wortschatz: | Feste |

**1**

Der interkulturelle Kalender enthält Feste, die die KT den verschiedenen Religionen zuordnen sollen. Lassen Sie sie den Kalender gruppenweise nach Monaten bearbeiten.

Sofern es lerngeübte KT der jeweiligen Religionsgemeinschaften im Kurs gibt, sollten sie die Bedeutung der Feste erläutern.

Lassen Sie die KT die Fotos rechts und links den verschiedenen Festen im Kalender zuordnen.

(links: Foto Ostern – Fastnacht – Chanukkafest rechts: Luciafest (13. Dezember in Schweden), "Tag der Französischen Revolution" (14. Juli in Frankreich) und "Sankt Martin" (11. November in Deutschland).

**Informationen zu ausgewählten Festen:**

**Pongalfest:** tamilisches Erntedankfest

**Neujahrsfest:** Es wird in China zwischen dem 21. Januar und 21. Februar gefeiert und markiert den Beginn des neuen chinesischen Jahres. Es ist ein Familienfest. Die Jahre werden nach den chinesischen Tierzeichen benannt, am 14. Februar 2010 z.B. begann das Jahr des Tigers, am 3. Februar 2011 beginnt das Jahr des Hasen. Das Neujahrsfest umfasst 15 Tage, in der Volksrepublik China gibt es dann drei gesetzliche Feiertage.

**Purimfest:** Mit dem Purimfest erinnert das jüdische Volk an seine Errettung in Persien unter der Regierung des damaligen Königs Ahasveros. Vor dem jährlichen Purimfest wird einen Tag lang gefastet. Purim ist zwar ein normaler Arbeitstag, er wird aber mit einem feierlichen Essen abgeschlossen. Es werden Geschenke und Süßigkeiten verteilt. (http://www.feste-der-religionen.de/feste/purim.html)

**Holifest:** Frühlingsfest in Indien, Fest der Farben. Das Fest dauert bis zu zehn Tage und beginnt am Vollmondtag des Monats Phalguna, der nach westlicher Zeitrechnung im Februar oder März liegt. In der ersten Nacht wird ein Feuer entzündet, in dem symbolisch Figuren der Holika verbrannt werden. Holi ist ein farbenprächtiges Fest, das von Prozessionen und Tänzen umrahmt ist und an dem große Ausgelassenheit herrscht.
(http://www.feste-der-religionen.de/feste/holi.html)

**Pessachfest:** Das Fest erinnert an die Befreiung Israels aus Ägypten.

**Schawuot:** Das „Wochenfest" findet sieben Wochen nach dem Pessachfest statt und ist auch ein Erntedankfest. Die Synagogen werden geschmückt, man isst Honig und trinkt Milch, die mit der Tora verglichen wird.

**Tag der Französischen Revolution in Frankreich:** Der 14. Juli ist der französische Nationalfeiertag. Man feiert den Ausbruch der Französischen Revolution am 14. Juli 1789. Am Abend gibt es überall im Land große Feuerwerke.

**Ramadan:** Fastenmonat. Die Gläubigen essen und trinken vom Morgengrauen bis zum Sonnenuntergang nicht. Mahlzeiten werden ausschließlich in der Nacht eingenommen.

**Ramadanfest (Fest des Fastenbrechens, in der Türkei auch Zuckerfest):** Es wird im Islam zum Abschluss des Fastenmonats Ramadan gefeiert. Es ist ein religiöses und ein Familienfest. Man isst viele süße Speisen und es gibt Geschenke. Wichtig ist, dass auch den Armen Geschenke gemacht werden.

**Bonfest:** Bei diesem Fest gedenkt man in Japan der Toten.

**Ganeshafest**: Fest zu Ehren des Gottes Ganesha, der Weisheit, Glück und Erfolg symbolisiert. Besonders in Mumbai wird das Fest gefeiert.

**Jom Kippur:** Versöhnungstag, wichtigster jährlicher Festtag im Judentum. Er bildet den Höhepunkt und Abschluss der Bußzeit. Er ist ein Fasttag. Am Abend wird in den Synagogen das große Versöhnungsgebet (Kol nidre) gelesen.

**Laubhüttenfest**: Das Laubhüttenfest war nach Pessach und Schawuot das dritte der drei alten Wallfahrtsfeste. Man baut Laubhütten und erinnert so an die vierzigjährige Wüstenwanderung.

**Dussehrafest**: Bei diesem Fest feiert man in Indien den Sieg über die Dämonen (vor allem der Sieg von Rama über Ravana) oder des Guten über das Böse.

**Divalifest:** Dieses Lichterfest hat im Hinduismus je nach Region unterschiedliche Bezüge. Zum gemeinsamen Ritual des Festes gehört, dass die Menschen früh aufstehen und ein Bad nehmen, möglichst mit wohlriechendem Öl. Man trägt meist neue Kleider, besucht sich gegenseitig, und beschenkt sich mit Süßigkeiten. Wesentliches Element sind die Lichter. Überall leuchten elektrische Lichterketten. Manchmal hängt man Lampen in Bäume und platziert Kerzen auf den Dächern.
(http://de.wikipedia.org/wiki/Divali)

**Opferfest:** Das Fest erinnert an die Opferbereitschaft Abrahams und bildet den Abschluss der jährlichen Wallfahrt nach Mekka (Hadsch). Es wird von den Muslimen in aller Welt gefeiert.

**Chanukkafest:** Das Fest erinnert an die Wiedereinweihung des Tempels im Jahr 164 v. Chr. nach dem Sieg der Makkabäer über König Antiochos IV. Jeden Abend wird eine Kerze mehr auf dem Chanukka-Leuchter entzündet.

**Luciafest:** Dieses Fest feiert man am 13. Dezember in Schweden. Der Tag ist ein Feiertag. Obwohl das Luciafest dem Namen nach ein Heiligengedenktag ist, ist es heute wenig kirchlich geprägt. Die wichtigsten Elemente sind das Tragen von weißen Gewändern und Kerzen, der Verzehr von traditionellem Safrangebäck, das Singen von Lucialiedern, und die Wahl einer örtlichen Lucia.
(http://de.wikipedia.org/wiki/Luciafest.)

**Aschura-Tag:** Fast- und Bußtag im schiitischen Islam.

**2**

Dieses Plenumsgespräch bietet den KT die Möglichkeit, über die religiösen Traditionen des Heimatlandes und evtl. die eigene Familie zu berichten. Damit möglichst alle KT zu Wort kommen, sollten die Einzelbeiträge eher kurz sein.

Der Interkulturelle Kalender ist auch zur Wiederholung der Jahreszeiten, Monate und Datumsangaben geeignet (s. dazu die Kommentare zur Auftaktseite in dieser Lektion.)

*Arbeitsbuch – Wörter lernen:* Ü 26-28

**Phonetik:** Endungen hören und sprechen siehe Seite 126 in den *Handreichungen*

**Flüssig sprechen**

*Alles klar* Ü 7

Die Sprecherin erzählt von ihrer Geburtstagsfeier. Die KT wiederholen damit noch einmal den Wortschatz und Sätze mit *schenken* (Dativ und Akkusativobjekt). Auch dieser Text kann als Modell für einen eigenen Text dienen und den KT helfen, einen kurzen zusammenhängenden Text flüssig zu sprechen.

*Flüssig sprechen* im Arbeitsbuch (Ü 24) wiederholt und trainiert das Sprechen von Datumsangaben. Weisen Sie die KT darauf hin, dass es wichtig ist, hier die Endungen sehr sorgfältig zu sprechen.

## Station 2

### Spiel und Spaß

Acht Sprechanlässe, in denen Situationen aus den Lektionen 1-7 wiederholt werden.

Für die meisten Situationen sind in den Lektionen komplette Modelldialoge, Redemittelkästen oder Dialoggrafiken vorhanden. (Situation 2: Lektion 3, Situation 3: Lektion 4, Situation 4: Lektion 5, Situation 5: Lektion 6, Situation 6: Lektion 6, Situation 7: Lektion 6, Situation 8: Lektion 7)

Eine Ausnahme bildet Situation 1 (Anmeldung an der Volkshochschule). Lassen Sie die KT für diese Situation zunächst Kursangebote sammeln, die sie interessieren. Wenn Ihre Institution ein größeres Kursangebot hat, sollten Sie dafür das Programm in den Unterricht mitnehmen. Auch die Kursangebote auf der Deutsch plus-Seite von Lektion 1 im AB sind geeignet. Eine Dialoggrafik könnte wie folgt aussehen:

*Guten Tag / wie viel kostet ...*

*Einen Moment. Er kostet ...*

*Wann beginnt ...?*

*Er beginnt am ...*

*Um welche Uhrzeit ...?*

*Um ...*

Weitere Variationsmöglichkeiten:

Situation 2: Zwei KT spielen die Situationen: *Im Restaurant bestellen und bezahlen* im Kurs vor.

Situation 5: Andere Daten für die Wohnung, z.B.: 60 m², 2 Zimmer, 1. OG , Warmmiete 600 Euro

Situation 6: Das Gespräch kann unterschiedlich lang sein. Lernungeübte KT beschränken sich auf kurze Repliken (+ *Guten Tag, wir sind die neuen Nachbarn. Wir heißen ... – Freut mich.),* lerngeübte KT erweitern die Dialoge: Man spricht über das Haus, die Wohngegend, Einkaufsmöglichkeiten, die Kinder, evtl. folgt eine Einladung für den nächsten Sonntagnachmittag u.ä.

Situation 8: Der Einladungsdialog kann mehr oder weniger ausführlich ausfallen. Die einladende Person kann z.B. darum bitten, Salat mitzubringen, die eingeladene fragt, ob sie ihren neuen Freund/die neue Freundin mitbringen darf.

### Handwerksberufe

**1**

Erstellen Sie ein Wörternetz mit weiteren Handwerksberufen, nachdem die KT die Aufgabe gelöst haben.

Fragen Sie einleitend, ob die KT Erfahrungen oder evtl. eine Ausbildung in Handwerksberufen haben. Lassen Sie die KT gegebenenfalls auch über unterschiedliche Arbeitsbedingungen in Deutschland und im Heimatland berichten. (Lösungen 1 c: 1: Gärtnerin – 2: Tischler – 3: Elektriker)

**2**

Im Interview wird ein kleiner Handwerksbetrieb vorgestellt. (Lösungen: 1/R – 2/F – 3/R - 4/F)

Der Schwerpunkt dieser Aufgabe liegt bei den Ausbildungs- und Weiterbildungschancen zum Handwerksmeister, die in 2b erläutert werden, damit die KT einen weiteren Einblick in das deutsche System der Berufsausbildung erhalten.

**Information zur Landeskunde**

Der Meistertitel ist in Deutschland rechtlich geschützt. Man unterscheidet zwischen zulassungsfreien und zulassungspflichtigen Handwerksberufen. Zwar dürfen sich in zulassungsfreien Handwerksberufen auch Handwerker, die keinen Meistertitel haben, selbstständig machen, sie dürfen ihre Betriebe dann aber nicht Meisterbetrieb nennen und sie dürfen nicht ausbilden. Der Malerberuf gehört zu den zulassungspflichtigen Handwerksberufen. Siehe dazu auch die Informationen der Handwerkskammern z.B. der Handwerkskammer für München und Oberbayern unter www.hwk-muenchen.de. Dort kann man u.a. eine pdf-Datei mit den zulassungspflichtigen Handwerksberufen herunterladen.

**3**

In dieser Übung geht es primär um die Redemittel des Handwerkers bei einem Kundengespräch. Vor den Dialogvariationen sollten die KT den Modelldialog in Partnerarbeit laut lesen und spielen. In 3c sollten sich lernungeübte KT auf die leichtere Variation 1 beschränken. Lerngeübte KT decken den Modelldialog ab und spielen die Dialogvariationen frei.

**4**

Dieses Projekt ist vor allem für KT interessant, die handwerkliche Fähigkeiten oder eine Handwerksausbildung haben. Indem sie Adressen und z.B. im Internet und evtl. weitere Informationen über Handwerksbetriebe sammeln, bekommen sie im Idealfall sogar Informationen über mögliche Arbeitgeber, bei denen sie sich bewerben können.

## Prüfungsvorbereitung DTZ: Lesen

Im Kursbuch wird Aufgabe 1 des Prüfungsteils Lesen geübt, im Arbeitsbuch die Teile 2 und 3. Teil 4 folgt im B1-Band, Teil 5 im AB, Station 3 des A2-Bandes.

**1**

Besprechen Sie einleitend die Tipps zum Leseverstehen. Hier wird zum einen konkret erläutert, wie Aufgabe 1 des Prüfungsteils Lesen zu lösen ist, mit den Hinweisen 2 und 3 (identische und ähnliche Wörter) gibt es aber auch Tipps, die auch auf die anderen Aufgaben des Prüfungsteils Lesen anwendbar sind.

Wie beim Hörverstehen gilt auch beim Leseverstehen: Wenn man keine Lösung markiert, weil man die Antwort nicht weiß, verschenkt man in jedem Fall Punkte. Weisen Sie die KT darauf noch einmal darauf hin.

**2**

Lösung: 1/B – 2/A – 3/B – 4/C – 5/A

Besprechen Sie anschließend, wo sich in den Aufgabenstellungen und im Lesetext die Signalwörter finden, und heben Sie hervor, dass Lesetexte immer solche identische oder ähnliche Signalwörter enthalten, in denen die richtige Lösung versteckt ist.

Besprechen Sie auch die Lösungen der Aufgaben im Arbeitsbuch im Kurs und sammeln Sie die Signalwörter in den Aufgabenstellungen und den Lesetexten gemeinsam mit den KT.

## Auftaktseite

### Lernziele und Lerninhalte:

| | |
|---|---|
| Sprechen: | Fotos beschreiben, beschreiben, welche Tätigkeiten man interessant findet |
| Hören: | Fotos in die richtige Reihenfolge bringen |
| Wortschatz: | Kursangebote |

*Arbeitsbuch:* Ü 1-2

## A Etwas Neues lernen

### Lernziele und Lerninhalte:

| | |
|---|---|
| Sprechen: | sagen, wozu man etwas macht, sagen, welche Kurse man interessant findet |
| Hören: | Interview mit einer Person, die einen Computerkurs macht |
| Lesen: | Kursangebote, für Personen passende Kurse finden |
| Wortschatz: | Kursangebote, Fortbildung |
| Grammatik: | Nebensätze mit *damit* |

Kannbeschreibungen GER/Rahmencurriculum:

Kann die wichtigsten Informationen über Aus- und Weiterbildungsinhalte verstehen.

Kann einfachen Anzeigen zu Aus- und Weiterbildungsangeboten wichtige Informationen entnehmen.

*Arbeitsbuch:* Ü 3-7

Vertiefungsübung Ü 6: Sätze mit *damit* schreiben

Erweiterungsübung Ü 7: *weil/damit – warum/wozu*

Portfolioübung Ü 4: Text über einen Kurs, den man gerne machen möchte

## B Ich interessiere mich für …

### Lernziele und Lerninhalte:

| | |
|---|---|
| Sprechen: | Fragen und Antworten über Interessen, Wünsche, Träume und darüber berichten |
| Hören: | Dialog über Fortbildung |
| Schreiben: | Text über Interessen, Wünsche, Träume |
| Grammatik: | Verben mit Präpositionen |

*Arbeitsbuch:* Ü 8-13

Vertiefungsübung Ü 12: Verben mit Präpositionen

## C Sich für einen Kurs anmelden

### Lernziele und Lerninhalte:

| | |
|---|---|
| Sprechen: | sich für einen Kurs anmelden, Informationsgespräche über Fortbildungsangebote, einen eigenen Kurs anbieten |
| Hören: | Informationsgespräch über Fortbildungsangebote |
| Lesen: | Fortbildungsangebote einer Fahrschule, Text über Tai Chi-Kurse |
| Schreiben: | Kursangebot |
| Wortschatz: | Kursangebote, Fortbildung |

Kannbeschreibungen GER/Rahmencurriculum:

Kann die wichtigsten Informationen über Aus- und Weiterbildung verstehen.

Kann einfachen Anzeigen zu Aus- und Weiterbildungsangeboten wichtige Informationen entnehmen.

Kann sagen, was er/sie kann, bisher gemacht hat und zukünftig machen möchte.

Kann einen einfachen, klaren Aushang schreiben und eine Dienstleistung anbieten

*Arbeitsbuch:* Ü 14-18, Flüssig sprechen: Ü 19

Portfolioübung Ü 18: schreiben, was man gerne macht oder gut kann

*Arbeitsbuch – Deutsch plus:* Ü 20-21: Menschen und ihre Hobbys

*Arbeitsbuch – Wörter lernen:* Ü 22-24

**Phonetik:** Lange und kurze Vokale – Wichtige Wörter betonen und genau sprechen

**Kopiervorlagen in den Handreichungen:**

KV 15: Verben mit Präpositionen

KV 16: Satzpuzzle: Verben mit Präpositionen

In Lektion 8 geht es um Kurse und Weiterbildung. Die KT lernen Redemittel kennen, um sich für einen Kurs anzumelden, und sie sprechen über ihre eigenen Ziele. Die Grammatik behandelt Nebensätze mit *damit* und Verben mit Präpositionen.

## Auftaktseite

### Lernziele und Lerninhalte:

| | |
|---|---|
| Sprechen: | Fotos beschreiben, beschreiben, welche Tätigkeiten man interessant findet |
| Hören: | Fotos in die richtige Reihenfolge bringen |
| Wortschatz: | Kursangebote |

**1**

Die Fotos stellen verschiedene Lernsituationen dar: Tanzkurs, LKW-Führerschein, Computerkurs, Altenpflegekurs und Heimwerkerkurs. Schreiben Sie diese Wörter an die Tafel und lassen Sie die KT sie den Fotos zuordnen. Anschließend berichten sie mit Hilfe des Redemittelkastens zunächst in Partnerarbeit, anschließend im Plenum, was man in den Kursen lernt, bzw. warum man sie macht. In der Hörcollage von 1b ordnen die KT die Situationen dann den Fotos bzw. Kursen zu (Lösung: Computerkurs – LKW-Führerschein – Tanzkurs – Heimwerkerkurs – Altenpflegekurs).

Danach sammeln die KT Institutionen, wo diese Kurse angeboten werden: Volkshochschulen, Tanzschulen, Fahrschulen, Privatschulen, Hilfsorganisationen etc.

Schließlich diskutieren die KT, welche Kurse sie selbst interessieren könnten. Lassen Sie die KT ihre Meinung begründen. Zunächst Partnerinterviews, anschließend berichten die KT über ihre Lernpartner im Plenum. Fragen Sie die KT auch, welche Kurse sie z.B. in ihrer Jugend neben der Schule oder auch als Erwachsene besucht haben.

**Variante**

In Form eines kleinen Projekts recherchieren die KT, ob und ggf. wo am Kurs- oder Wohnort die Kurse, die auf den Fotos abgebildet sind und die sie außerdem noch interessieren könnten, angeboten werden.

*Arbeitsbuch:* Ü 1-2

## A Etwas Neues lernen

### Lernziele und Lerninhalte:

| | |
|---|---|
| Sprechen: | sagen, wozu man etwas macht, sagen, welche Kurse man interessant findet |
| Hören: | Interview mit einer Person, die einen Computerkurs macht |
| Lesen: | Kursangebote, für Personen passende Kurse finden |
| Wortschatz: | Kursangebote, Fortbildung |
| Grammatik: | Nebensätze mit *damit* |

Die KT machen sich mit typischen Kursangeboten z.B. von Volkshochschulen vertraut. Die Grammatik behandelt Nebensätze mit *damit*.

**1**

(Lösung 1a: Power Point für Anfänger, der Kurs macht ihm Spaß.)

Lassen Sie die KT das Interview ein weiteres Mal hören und stellen Sie dazu Fragen zum Detailverstehen:

*Warum macht Herr Thabit den Kurs?*
*Was kann er am Computer machen?*
*Was will er mit Power Point machen?*
*Was machen die Teilnehmer manchmal nach dem Kurs?*

**Varianten**

- Ein/e lerngeübte/r KT notiert während des Hörens Fragen, die die anderen KT anschließend beantworten.
- Teilweise liegt der Wortschatz der Kursangebote über dem Niveau A2. Trotzdem lassen sich einige Fragen beantworten, auch ohne dass er im Detail geklärt wurde, z.B.: *Wann findet der Kurs statt? Wann beginnt er? Wie viel Termine sind es? Wie viel kostet er?* Bilden Sie dafür sechs Gruppen (für jedes Kursangebot eine). Die Gruppen tauschen ihre Fragen aus und beantworten sie. Abschließende Besprechung der Ergebnisse im Plenum.
- Für lerngeübte KT: Klären Sie den Wortschatz, damit diese KT auch Fragen zum Inhalt der Kursangebote stellen können und außerdem, welche Zielgruppen die Kurse

haben: Anfänger/Fortgeschrittene, Personen mit guten Grundkenntnissen in Deutsch etc.

– Bringen Sie das Programmheft einer größeren Bildungsinstitution an ihrem Kurs- oder Wohnort in den Unterricht mit oder fordern Sie die KT auf, für den nächsten Kurstag welche mitzubringen. Die KT bearbeiten das Kursangebot in Gruppen, jede Gruppe übernimmt einen Fachbereich, z.B. Sprachen, Tanz/Bewegung, berufliche Weiterbildung etc. Sie einigen sich z.B. auf zwei Kurse, die sie interessant finden und stellen sie im Kurs vor.

Das Format von 1b entspricht dem Teil Lesen 2 des DTZ.

**2**

Einführung von *damit*. Zunächst Partnerarbeit, anschließend Besprechung der Lösungen im Plenum. Erläutern Sie anhand des Grammatikkastens die Funktion von *damit* und machen Sie darauf aufmerksam, dass dieses Wort wie die bereits bekannten Konnektoren *weil, dass* und *wenn* Nebensätze einleitet.

**Variante**

Verteilen Sie ein Arbeitsblatt, auf dem die Nebensätze aus Aufgabe 2 ungeordnet stehen, die KT bringen sie in die richtige Reihenfolge:

*1. er – damit - bessere Chancen – hat – auf dem Arbeitsmarkt*
*Herr Thabit möchte einen Computerkurs machen, ...*

*2. sie – Leute – kennenlernt - damit*
*Frau Baltai möchte einen Tanzkurs machen,*

*3. nähen – sich schicke Kleidung – kann – damit – sie*
*Frau Finke möchte den Nähkurs machen, ...*

*4. bei ihrer Arbeit – damit - sie – hat – keine Probleme mit Briefen*
*Frau Nowak möchte den Kurs „Gutes Deutsch – gute Briefe" machen, ...*

*5. bekommt – Informationen – damit - er*
*Herr Yin möchte einen Existenzgründerkurs machen,*

So bietet sich die Möglichkeit, die Endstellung des Verbs in Sätzen mit *damit* zu vertiefen.

Für lerngeübte KT: Heben Sie hervor, dass *wozu* das Fragewort für Nebensätze mit *damit* ist und machen Sie auf den Unterschied zu Sätzen mit *weil* und *wollen* aufmerksam, z.B. anhand von Satz 5 aus Aufgabe 2:

Herr Yin möchte einen Existenzgründerkurs machen, *damit er Informationen bekommt. / weil er Informationen bekommen will.* (s. dazu auch AB-Übung 7)

**3**

Geben Sie den KT einige Minuten Zeit, damit sie Fragen und Antworten einander zuordnen können. Bringen Sie einen Ball in den Unterricht mit. Die KT werfen sich den Ball zu und fragen und antworten.

Weitere Fragen könnten sein: *Wozu haben Sie ein Auto? – Damit ich schneller zur Arbeit komme. / Wozu brauchst du das Wörterbuch? – Damit ich die Texte besser verstehe* o.ä.

Auch hier können insbesondere lerngeübte KT Fragen und Antworten mit *wozu/damit und warum/weil ... wollen* variieren.

**4**

Diese Übung ist auch als schriftliche Einzelarbeit geeignet. Sammeln Sie die Texte ein, um sie außerhalb des Unterrichts zu korrigieren.

*Arbeitsbuch:* Ü 3-7

Vertiefungsübung Ü 6: Sätze mit *damit* schreiben

Erweiterungsübung Ü 7: *weil/damit – warum/ wozu*

Portfolioübung Ü 4: Text über einen Kurs, den man gerne machen möchte

## B Ich interessiere mich für ...

**Lernziele und Lerninhalte:**

| | |
|---|---|
| Sprechen: | Fragen und Antworten über Interessen, Wünsche, Träume und darüber berichten |
| Hören: | Dialog über Fortbildung |
| Schreiben: | Text über Interessen, Wünsche, Träume |
| Grammatik: | Verben mit Präpositionen |

In diesem Block werden Verben mit Präpositionen eingeführt.

## 1

1a enthält wichtigen Wortschatz für Weiterbildungen und dient als Vorentlastung des Hörtextes in 1b. Anschließend hören die KT den Dialog und lösen die Aufgabe zum Globalverstehen in 1b. (Lösung: B)

> **Informationen zur Landeskunde**
>
> Der Internationale Bund (IB) ist in der Jugend- und Sozialarbeit und in der Bildung engagiert. Er wurde 1949 gegründet. Zu ihm gehören u.a. Bildungszentren und fünf Sprachinstitute. Beim Internationalen Bund gibt es auch Integrationskurse. Weitere Informationen: http://de.wikipedia.org/wiki/Internationaler_Bund

1c können lerngeübte und lernungeübte KT unterschiedlich bearbeiten: Lerngeübte KT beantworten die Fragen nur nach dem Hören, lernungeübte lesen zusätzlich den Dialog und unterstreichen dort die Wörter, die die Antworten auf die Fragen enthalten.

## 2

Anschließend lesen die KT den Dialog noch einmal und unterstreichen die Verben mit Präpositionen in 1c. Suchen Sie das erste Verb mit Präposition (*sich bewerben um)* gemeinsam mit den KT und unterstützen Sie lernungeübte KT.

Schreiben Sie anschließend die Sätze aus Aufgabe 2 an die Tafel und unterstreichen Sie die Verben mit den präpositionalen Ergänzungen.

> *Frau Wang hat sich um die Stelle beworben.*
>
> *Sie interessiert sich für die neuen Softwareprogramme.*
>
> *...*

Erläutern Sie anhand dieser Beispiele die Stellung der präpositionalen Ergänzungen. Heben Sie auch hervor, dass im Falle von Verben mit Präpositionen bei den Wechselpräpositionen die Regeln für Dativ und Akkusativ nicht gelten und dass man immer Verb, Präposition und Kasus zusammen lernen sollte. Weisen Sie darauf hin, dass sehr viele Verben mit Präpositionen reflexiv sind und wiederholen Sie an dieser Stelle noch einmal die Reflexivpronomen, die die KT in Lektion 6, Block B gelernt haben, wozu sich AB-Übung 9 eignet.

Es empfiehlt sich, dass die KT die Verben mit Präpositionen im Grammatikkasten zur Aufgabe 3 auswendig lernen. Fragen Sie sie in den darauffolgenden Tagen mehrfach ab. Fordern Sie die KT auf, ein separates Heft anzulegen, in dem sie weitere neu gelernte Verben mit Präpositionen (inklusive Kasus der Präpositionen und Beispielsatz) notieren.

Zur weiteren Festigung der Verben mit Präpositionen helfen auch die Kopiervorlagen 15 und 16.

**Kopiervorlage 15** enthält verschiedenen Verben und Präpositionen getrennt. Schneiden Sie die Verben und Präpositionen aus, die KT ordnen sie einander zu. Beachten Sie, dass *impfen gegen* erst in Lektion 9 und *denken an*, *sich verlassen auf* und *telefonieren mit* erst in Lektion 14 eingeführt werden.

**Kopiervorlage 16** enthält ein Satzpuzzle zum Ausschneiden mit Verben mit Präpositionen. Die Sätze 1-4 sind Aussagesätze im Präsens, die Sätze 5-7 Ja/Nein-Fragen und die Sätze 8-12 sind im Perfekt bzw. mit Modalverben. Kopieren Sie die Satzteile und kleben Sie sie auf Karton. Die KT können die Sätze an ihrem Platz zusammenlegen oder an eine Pinwand heften. Lerngeübte KT erhalten zwei bis drei Sätze gemischt, lernungeübte KT arbeiten zunächst nur mit einem Satz.

## 3

Diese Übung ist, wie auf dem Foto vorgeschlagen, als Kursraumaktivität geeignet, bei der sich die KT im Raum bewegen. Jede/r KT fertigt eine Karte mit zwei oder drei der vorgeschlagenen Fragen an und fragt die anderen KT, die antworten. Die KT notieren die Antworten im Kurs und berichten anschließend im Plenum. Danach tauschen die KT die Karten aus und stellen erneut Fragen. Beachten Sie, dass an dieser Stelle nur Ja/Nein-Fragen geübt werden sollen. Fragen mit *wo-(r)* plus Präposition, der Unterschied zwischen Fragen nach Sachen und Personen sowie die Präpositionalpronomen werden in Lektion 14 eingeführt.

**4**

Einzelarbeit. Sammeln Sie die Texte ein, um sie außerhalb des Kurses zu korrigieren.

**Varianten**

- Für lerngeübte KT bzw. KT, die schon länger in Deutschland leben: Erweitern Sie die Liste der Verben mit Präpositionen, z.B.: *anfangen mit/ schreiben an/ ausgeben für* etc. Wichtig ist, dass man mit den Verben einfach Ja/Nein-Fragen oder *W-Fragen (wer, wann* o.ä.) stellen kann, wie z.B.: *Gibst du viel Geld für Kleidung aus? Schreibst du oft E-Mails an andere Leute? Wann fangen Sie am Nachmittag mit den Hausaufgaben an?*

  Erarbeiten Sie mit den KT zu diesen Verben passende Fragen, so dass die KT in Gruppen fragen und antworten können.
  Währenddessen haben Sie Zeit, lernungeübte KT bei Schwierigkeiten mit Aufgabe 4 zu unterstützen.
- Verteilen Sie Zettel mit Satzanfängen, z.B. *Ich freue mich immer über .../ Ich freue mich immer auf ...* o.ä. Die KT ergänzen die Sätze. Sammeln Sie die Zettel wieder ein und verteilen Sie sie neu. Jeder liest den Satz vor, der auf dem Zettel steht, den er bekommen hat. Die anderen KT raten, wer den Satz geschrieben hat.

*Arbeitsbuch:* Ü 8-13

Vertiefungsübung Ü 12: Verben mit Präpositionen

Grammatikkarten im Arbeitsbuch/Anhang: Verben mit Präpositionen

## C Sich für einen Kurs anmelden

**Lernziele und Lerninhalte:**

| | |
|---|---|
| Sprechen: | sich für einen Kurs anmelden, Informationsgespräche über Fortbildungsangebote, einen eigenen Kurs anbieten |
| Hören: | Informationsgespräch über Fortbildungsangebote |
| Lesen: | Fortbildungsangebote einer Fahrschule, Text über Tai Chi-Kurse |
| Schreiben: | Kursangebot |
| Wortschatz: | Kursangebote, Fortbildung |

In diesem Block lernen die KT Redemittel, um sich für einen Fortbildungskurs anzumelden. Berufliche Weiterbbildung spielt eine sehr große Rolle für KT in Integrationskursen. Weisen Sie sie auf das Internetportal der Bundesagentur für Arbeit unter der Adresse http://kursnet-finden.arbeitsagentur.de/kurs/index.jsp hin, das einen umfassenden Überblick über Aus- und Weiterbildungsangebote im ganzen Bundesgebiet bietet. Wenn in Ihrer Institution ein Computerraum vorhanden ist, sollten Sie sich eine Unterrichtseinheit Zeit nehmen, damit die KT für sie passende Angebote suchen können.

**1**

Geben Sie den KT zunächst Zeit, die Anzeige zu lesen, die viel unbekannten Wortschatz enthält. Sammeln Sie Fragen der KT zum Wortschatz an der Tafel und erläutern Sie ihn anschließend. Danach beantworten die KT die Fragen.

**2**

(Lösungen 2a: Ausbildung zum Gabelstaplerfahrer; 2b: Wann ist der nächste Termin? Wie kann ich mich anmelden?)

Lassen Sie die KT als Vorentlastung für Aufgabe 3 den Dialog anschließend im Anhang nachlesen und mit den anderen Kursangeboten in der Anzeige variieren. Lassen Sie die KT auch die Termine bzw. den Beginn der Kurse variieren.

**3**

Geben Sie den KT Zeit, die Anzeige in 3a gründlich zu lesen, bevor sie einen Dialog schreiben und spielen. Lernungeübte KT arbeiten bei 3a zunächst mit einem Lückentext, für ein Gespräch im Sekretariat z.B.:

*+ Guten Tag, mein Name ist __________. Ich möchte mich für einen __________ anmelden.*

*– Sind Sie Anfänger oder Fortgeschrittene/r?*

*+ Ich bin __________.*

*– Dann empfehle ich Ihnen den Kurs Computerführerschein 1.*

Für ein Telefongespräch:

*+ Guten Tag, mein Name ist __________. Ich möchte einen __________ machen.*

*– Sind Sie Anfänger oder Fortgeschrittene/r?*

*+ Ich bin __________.*

*– Dann empfehle ich Ihnen den __________.*

*+ Wie kann ich mich __________?*

*– Sie können sich im __________ anmelden oder hier __________.*

*+ Vielen __________ für Ihre __________.*

*– Gern __________.*

Anschließend spielen sie die Dialoge noch einmal mit Hilfe des Redemittelkastens.

Kopieren Sie für 3b evtl. den Redemittelkasten, damit die KT nicht hin- und herblättern müssen, wenn sie Dialoge mit den Kursangeboten in A1a spielen. Auch hier empfiehlt es sich, die Dialoge unterschiedlich bearbeiten zu lassen: zunächst mit einem Lückentext (lernungeübte KT), mit dem Redemittelkasten oder mit einer Dialoggrafik, die Sie außerhalb des Unterrichts vorbereiten. Schließlich formulieren die KT einen Dialog frei ohne weitere Unterstützung. Eine Dialoggrafik kann z.B. wie folgt aussehen:

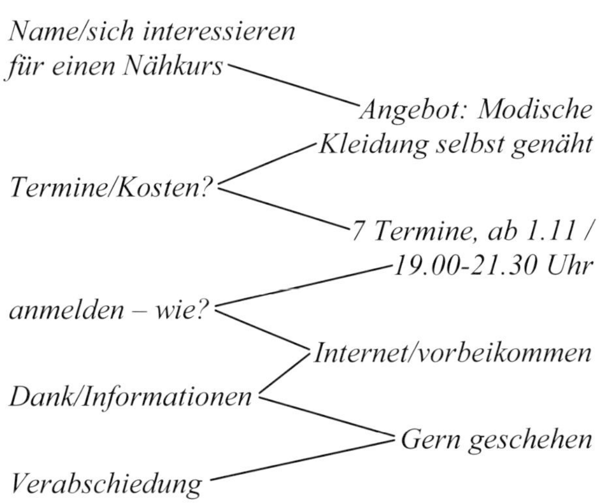


**4**

Dieser kurze Lesetext dient als Vorbereitung für Aufgabe 5. Er soll die KT ermuntern, über ihre eigenen Fähigkeiten nachzudenken und eigene Kursangebote zu formulieren. Beantwortung der Fragen in Partnerarbeit, anschließend Besprechung im Plenum.

**5a**

Geben Sie den KT zunächst einige Minuten Zeit, Notizen zu dem zu machen, was sie können (Einzelarbeit). Der Schüttelkasten soll als Anregung dienen. Anschließend berichten die KT auf Basis ihrer Notizen darüber, was sie können und warum dies für andere interessant sein kann. Notieren Sie die Ideen mit den Namen der KT an der Tafel. Dann werfen sich die KT einen Ball zu. KT A, der/die einen Ball hat, formuliert mit Hilfe der Informationen an der Tafel einen Satz, z.B.: *Maria kann gut malen. Sie kann eine Malkurs anbieten* und wirft den Ball KT B zu.

**5b**

Anschließend schreiben die KT ihre Kursangebote, die im Kursraum aufgehängt werden. Lernungeübte KT beschränken sich auf einen kurzen Text nach dem Vorbild des Textes in 5b, lerngeübte KT können nach dem Vorbild der Kursangebote in A1 auch detaillierte Informationen zu ihrem Kursangebot geben: *Für wen ist der Kurs geeignet, Was lernt man?* o.ä.

**Variante**

Wenn die KT ihre Kursangebote geschrieben haben, spielen sie mit ihnen Informations- und Anmeldedialoge wie in den Aufgaben 3 und 4.

*Arbeitsbuch:* Ü 14-18, Ü 19 Flüssig sprechen

Portfolioübung Ü 18: schreiben, was man gerne macht oder gut kann

*Arbeitsbuch – Deutsch plus:* Ü 20-21: Menschen und ihre Hobbys

*Arbeitsbuch – Wörter lernen:* Ü 22-24

**Phonetik:** Lange und kurze Vokale – Wichtige Wörter betonen und genau sprechen, siehe Seite 126 in den *Handreichungen*.

**Flüssig sprechen**

*Alles klar* Ü 6

*Flüssig sprechen* trainiert anhand von Fragen die neue Grammatik der Verben mit Präpositionen. Wenn Sie explizit Intonationstraining machen möchten, können Sie hier auf die steigende Melodie der Ja/Nein-Fragen hinweisen. Diese Melodie ist für Sprecher aus vielen anderen Muttersprachen sehr ungewohnt. Der Satzakzent wird tief gesprochen. Von dort ausgehend bis zum Ende der Frage steigt die Melodie an.

*Freuen Sie sich auch auf den Urlaub?* ↗

*Freuen Sie sich auch auf den Sommer?* ↗

*Ärgern Sie sich auch über Politiker?* ↗

*Ärgern Sie sich auch über das Wetter?* ↗

*Interessieren Sie sich auch für Fußball?* ↗

*Interessieren Sie sich auch für Mode?* ↗

Diese fallend-steigende Melodie können Sie auch durch eine Handbewegung verdeutlichen (lassen).

In einem zweiten Durchgang können die KT die Fragen jede/r für sich beantworten. Das kann entweder der komplette Satz als Antwort sein, z.B. *Ja, ich freue mich auch auf den Urlaub.* Dann trainieren Sie noch einmal die grammatische Struktur. Oder Sie können kurze, emotional gefärbte Antwortmöglichkeiten sammeln und die KT reagieren lassen, z.B. *Ja, natürlich!* oder *Nein, überhaupt nicht!*. Dann üben Sie die flüssige Reaktion in Gesprächen.

*Flüssig sprechen* im Arbeitsbuch (Ü 19) übt Redemittel aus einem Informationsgespräch.

## Auftaktseite

**Lernziele und Lerninhalte:**

| | |
|---|---|
| Sprechen: | über Fotos sprechen: Was ist gut für die Gesundheit?<br>sagen, wie man sich gut entspannt und gesund bleibt |
| Wortschatz: | Entspannung, Gesundheit |

*Arbeitsbuch:* Ü 1-2

## A Gesunde Ernährung

**Lernziele und Lerninhalte:**

| | |
|---|---|
| Sprechen: | gesundes und ungesundes Essen, Umfrage im Kurs: Was isst und trinkt man gern? |
| Wortschatz: | Lebensmittel |
| Grammatik: | *niemand, alle, viele, wenige* |

*Arbeitsbuch:* Ü 3-6

Portfolioübung Ü 6: Gesunde Ernährung im Heimatland

## B Bei der Krankenkasse

**Lernziele und Lerninhalte:**

| | |
|---|---|
| Sprechen: | Fragen bei der Krankenkasse, über Erfahrungen mit Gesundheitskursen berichten |
| Hören/Lesen: | Anmeldung bei der Krankenkasse |
| Lesen: | Kursangebote von Krankenkassen |
| Wortschatz: | Krankenkasse |

Kannbeschreibungen GER/Rahmencurriculum:

Kann Informationen bei der Krankenkasse erfragen.

*Arbeitsbuch:* Ü 7

## C Beim Arzt

**Lernziele und Lerninhalte:**

| | |
|---|---|
| Sprechen: | über Erfahrungen beim Kinderarzt berichten,<br>berichten, wie oft man sein Kind untersuchen lässt und was man (nicht) machen lässt |
| Hören: | Gespräch beim Kinderarzt |
| Wortschatz: | Untersuchung beim Arzt |
| Grammatik: | *lassen* |

Kannbeschreibungen GER/Rahmencurriculum:

Kann im Gespräch mit dem Arzt einfache Informationen zum Gesundheitszustand geben und einfache Verhaltensweisen verstehen.

*Arbeitsbuch:* Ü 8-12

Vertiefungsübung Ü 11: *lassen*

Erweiterungsübung Ü 12: *lassen*

## D In der Apotheke

**Lernziele und Lerninhalte:**

| | |
|---|---|
| Sprechen: | Dialoge in der Apotheke über Medikamente |
| Hören: | Dialoge in der Apotheke über Medikamente |
| Schreiben: | Fragen in der Apotheke |
| Wortschatz: | Apotheke, Medikamente |

*Arbeitsbuch:* Ü 13-15

## E Stress und Entspannung

**Lernziele und Lerninhalte:**

| | |
|---|---|
| Sprechen: | seine Meinung über Entspannungstipps sagen,<br>Tipps für Stress und Entspannung geben |
| Lesen: | Ratgeber Entspannungstipps |
| Projekt: | Plakat mit Entspannungstipps |

Kannbeschreibungen GER/Rahmencurriculum:

Kann Ratgebern relevante Informationen zum Thema Gesundheit entnehmen.

*Arbeitsbuch:* Ü 16-19, Ü 20: Flüssig sprechen

Portfolioübung Ü 19: drei Sätze, wie man sich entspannt

*Arbeitsbuch – Deutsch plus:* Ü 21: Selbsttest: Welcher Entspannungstyp sind Sie?

*Arbeitsbuch – Wörter lernen:* Ü 22-24

**Bildkarten im Anhang:** Was macht der Arzt?/Was kann man beim Arzt machen?

**Phonetik:** *Ach*-Laut und *k* – *Ich*-Laut und *sch*

**Kopiervorlagen in den Handreichungen:**

KV 17A/B: Lebensmittel-Memory

KV 18: Wechselspiel: Dialogpuzzle

Schwerpunkt dieser Lektion ist das Thema Gesundheit. Es geht um Ernährung, Entspannung, Gespräche beim Kinderarzt und in der Apotheke sowie um die Anmeldung bei der Krankenkasse. Die Grammatik behandelt die Indefinitpronomen *niemand*, *alle*, *viele*, *wenige* sowie das Verb *lassen*.

## Auftaktseite

**Lernziele und Lerninhalte:**

| | |
|---|---|
| Sprechen: | über Fotos sprechen: Was ist gut für die Gesundheit?<br>sagen, wie man sich gut entspannt und gesund bleibt |
| Wortschatz: | Entspannung, Gesundheit |

**1a**

Die Fotos beleuchten verschiedene Aspekte des Themas Gesundheit: gesunde/ungesunde Ernährung, Stress, Schwimmen, Joggen und Entspannung bei Gartenarbeit. Lassen Sie die KT kurz beschreiben, was sie auf den Fotos sehen, bzw. was die Personen machen. Sammeln Sie dafür gemeinsam mit den KT geeigneten Wortschatz, für das Bürofoto z.B.: *viel Arbeit, viele Akten, noch lange nicht fertig, erschöpft, keine Lust mehr* oder für das Gartenfoto: *Gartenarbeit, Blumen pflanzen, ruhig, kein Stress, entspannend.*

Anschließend diskutieren die KT mit Unterstützung durch den Redemittelkasten, welche Fotos dem Stichwort *gesund* und welche *ungesund* zuzuordnen sind. Zunächst formulieren die KT mündlich einige Sätze im Plenum und schreiben dann einen kleinen Text in Partnerarbeit, den sie anschließend präsentieren. Verteilen Sie die Aufgabe so, dass jedes Lernerpaar zwei Fotos bearbeitet.

**1b**

In dieser Übung berichten die KT, wie sie sich selbst entspannen oder was sie für ihre Gesundheit tun. Fordern Sie die KT auch auf zu berichten, was man in ihren Heimatländern unter einem gesunden Leben versteht. Sammeln Sie die Ideen und Aktivitäten der KT an der Tafel, die KT schreiben sie in ihr Heft. Es folgt eine Diskussion darüber, wie die KT die Ideen und Aktivitäten der anderen finden.

Da das Verständnis von dem, was gut für Entspannung und Gesundheit ist, von Kultur zu Kultur sehr unterschiedlich ist, ergibt sich evtl. eine interessante Diskussion.

*Arbeitsbuch:* Ü 1-2

## A Gesunde Ernährung

**Lernziele und Lerninhalte:**

| | |
|---|---|
| Sprechen: | gesundes und ungesundes Essen, Umfrage im Kurs: Was isst und trinkt man gern? |
| Wortschatz: | Lebensmittel |
| Grammatik: | *niemand, alle, viele, wenige* |

Anhand des Themas in diesem Block werden die Indefinitpronomen *niemand, alle, viele* und *wenige* eingeführt.

**1**

Die Pyramide erläutert, welche Nahrungsmittel in welchen Mengen genossen werden sollten. Die Segmente sind unterschiedlich groß. Je größer ein Segment dieser Pyramide ist, desto höher sollte ihr Anteil am Speiseplan sein. Im Internet finden Sie weitere Ernährungspyramiden mit weitergehenden Erläuterungen, z.B. unter http://www.ernaehrung.de/tipps/vollwertig/vollwert12.php. Aus dieser Pyramide geht hervor, dass man mindestens 1,5 l täglich trinken sollte (vorwiegend Mineralwasser). Außerdem sollte man Getreideprodukte mehrmals täglich, Gemüse mindestens zwei bis dreimal täglich, Obst mindestens zweimal täglich, Milch und Milchprodukte mindestens zweimal täglich, Fisch ein bis zweimal pro Woche, Fleisch zwei bis dreimal pro Woche und zwei bis drei Eier pro Woche essen.

Die Übung eignet sich außerdem zur Wiederholung des Wortschatzes Lebensmittel, den die KT in Lektion 6 des A1-Bandes kennengelernt haben. Gehen Sie mit den KT die Nahrungsmittel in der Pyramide durch und erweitern sie ihn. Ziehen Sie dafür auch AB-Übung 3 heran. Arbeiten Sie wie in den *Handreichungen* zum A1-Band vorgeschlagen mit Lebensmittelprospekten (s. ebd., S. 53f).

Es folgt die Diskussion, welche Nahrungsmittel nach Meinung der KT gesund sind, bzw. welche Nahrungsmittel in den Heimatländern als gesund gelten. Wie beim Thema Gesundheit allgemein gilt auch für die Ernährung, dass die Ergebnisse je nach Land und Kulturkreis sehr unterschiedlich sein können.

In **Kopiervorlage 17A/B** finden Sie ein Memory zu den Lebensmitteln in der Nahrungspyramide von A1a.

Lernungeübte KT: Schneiden Sie die Wortkarten und Bildkarten aus, so dass die KT sie einander zuordnen können (die Wortkarten auf weiße Kärtchen, die Bildkarten auf Kärtchen in einer anderen Farbe geklebt). Danach werden die Kärtchen verdeckt auf den Tisch gelegt. Jede/r KT deckt zuerst ein weißes und dann ein andersfarbiges Kärtchen auf. Wenn er/sie zusammengehörende Kärtchen gefunden hat, darf er/sie beide Kärtchen behalten. Sieger ist, wer die meisten Kärtchenpaare hat.

Lerngeübte KT spielen ohne Wortkarten. Kopieren Sie die Bildkarten, so dass jedes Kärtchen zweimal im Spiel ist. (Set 1 auf weiße Kärtchen, Set 2 auf Kärtchen in einer anderen Farbe kleben.) Dann spielen die KT nur mit den Bildkarten Memory. Um gleiche Kärtchen zu behalten, müssen sie die Nahrungsmittel mit Artikel und ggf. mit Plural auf Deutsch nennen.

**Varianten**

- Sofern die KT entsprechende Rezepte auf Deutsch haben, können Sie sie auffordern, Rezepte aus der heimischen Küche in den Unterricht mitzubringen, die als besonders gesund gelten, und sie im Kurs vorzustellen. Kopieren Sie evtl. die Rezepte für die anderen KT.
- Für lerngeübte KT: Im Internet finden sich zahlreiche Tipps zur gesunden Ernährung, z.B. unter http://www.dge.de/modules.php?name=Content&pa=showpage&pid=15. Verteilen Sie diese Tipps an die KT, damit sie über darüber diskutieren können.

**2**

Diese kleine Umfrage dient primär der Einführung der Indefinitpronomen. Schreiben Sie drei oder vier Lebensmittel entsprechend dem Vorschlag in der Übung an die Tafel. Lassen Sie einen KT die Umfrage leiten und die Strichliste an der Tafel machen. Werten Sie das Ergebnis mit den Indefinitpronomen aus und schreiben Sie entsprechende Sätze z.B. wie folgt an die Tafel:

*Alle essen gern Schokolade.*
*Viele trinken gern Milch.*
*Wenige essen gern Fisch.*
*Niemand isst gern Kartoffeln.*
*...*

Erläutern Sie die Indefinitpronomen mit Hilfe dieser Sätze und der Grafik im KB. Weisen Sie darauf hin, dass *niemand* 0 % bedeutet und alle 100 %, dass bei *wenige* und *viele* aber keine genaue Festlegung möglich ist.

Ändern Sie die Lebensmittel und führen Sie erneut eine Umfrage durch. Dieses Mal berichten die KT mit den Indefinitpronomen über die Ergebnisse.

**Variante**

Üben Sie die Pronomen auch mit anderen Fragen, z.B. *Wer kommt aus Afrika/Amerika/Asien/Australien/Europa? Wer spricht Englisch/Russisch/Spanisch?* u.ä.

*Arbeitsbuch:* Ü 3-6

Portfolioübung Ü 6: Gesunde Ernährung im Heimatland

## B Bei der Krankenkasse

**Lernziele und Lerninhalte:**

| | |
|---|---|
| Sprechen: | Fragen bei der Krankenkasse, über Erfahrungen mit Gesundheitskursen berichten |
| Hören/Lesen: | Anmeldung bei der Krankenkasse |
| Lesen: | Kursangebote von Krankenkassen |
| Wortschatz: | Krankenkasse |

In diesem Block geht es um Redemittel, die man bei Gesprächen mit der Krankenkasse braucht.

**1a**

In Lektion 8 des A1-Bandes (Block B) haben die KT erste Informationen über das deutsche Gesundheitssystem bekommen. Fragen Sie einleitend, was die KT darüber wissen und wo sie versichert sind. Anschließend hören die KT das Gespräch und beantworten die Frage in 1a. (Lösung: A)

**1b**

Fragen Sie die KT zunächst, ob sie schon einmal in einer Angelegenheit bei einer Krankenkasse in Deutschland oder im Heimatland waren, und lassen Sie sie berichten. Fordern Sie lerngeübte KT auf, über die Unterschiede zu berichten.

Sammeln Sie dann weitere Situationen, in denen man mit Mitarbeitern der Krankenkasse sprechen muss, z.B. Auslandsversicherung, Zusatzversicherung, Anträge auf Zuschüsse z.B. für Zahnbehandlungen, Anmeldung neu geborener Kinder etc. Anschließend formulieren die KT relevante Fragen oder Sätze in Partnerarbeit und stellen ihre Ergebnisse im Kurs vor.

**2**

Lassen Sie den KT etwas Zeit, den kurzen Informationstext und die Anzeige zu lesen und klären Sie unbekannten Wortschatz. Geben Sie den KT einige Fragen zur Orientierung:

*Welche Gesundheitskurse gibt es?*

*Wann bezahlt die Krankenkasse einen Teil von den Kursen?*

*Für wen ist das Kursangebot geeignet?*

*Wann finden die Kurse statt?*

Anschließend berichten die KT, ob sie schon derartige Kurse gemacht haben, bzw. was sie über solche Kurse wissen. Fordern Sie die KT auf, für den nächsten Tag im Internet Kursangebote ihrer Krankenkasse zu suchen und den anderen KT vorzustellen.

*Arbeitsbuch:* Ü 7

## C Beim Arzt

### Lernziele und Lerninhalte:

| | |
|---|---|
| Sprechen: | über Erfahrungen beim Kinderarzt berichten, berichten, wie oft man sein Kind untersuchen lässt und was man (nicht) machen lässt |
| Hören: | Gespräch beim Kinderarzt |
| Wortschatz: | Untersuchung beim Arzt |
| Grammatik: | *lassen* |

In diesem Block geht es um den Besuch beim Kinderarzt sowie um das Verb *lassen.*

**1**

Dialoge beim Arzt kennen die KT aus dem A1-Band, Lektion 8 (Block A). Sofern noch nicht im vorangegangenen Block geschehen, sollten Sie an dieser Stelle auch relevanten Wortschatz zum Thema, z.B. *Rezept, Versichertenkarte, Quartal, Praxisgebühr, Krankschreibung* etc. sowie die verschiedenen Fachärzte wiederholen, wofür auch die AB-Übungen 8 und 10 geeignet sind. Anschließend beschreiben die KT mit Hilfe des Schüttelkastens die Fotos.

Außerdem bietet sich Gelegenheit, die Körperteile, die ebenfalls in Lektion 8 des A1-Bandes (Block A) eingeführt wurden, zu wiederholen, z.B. indem Sie eine Figur an die Tafel zeichnen und dann die KT die Körperteile ergänzen lassen oder in Form eines Wörternetzes (s. dazu *Handreichungen* zum A1-Band, Lektion 8, S. 66f).

**2**

Die KT hören den Dialog zweimal. Nach dem ersten Hören beantworten sie 2a (Globalverstehen), nach dem zweiten Hören 2b (Detailverstehen).

(Lösungen: 2a: das Kind/Max; 2b: 1/F, 2/R, 3/F, 4/R, 5/R)

Erläutern Sie ggf. die Regeln für die Vorsorgeuntersuchungen bei Kindern.

**Informationen zur Landeskunde**

Vorsorgeuntersuchungen für Kinder und Jugendliche

Die gesetzlichen Früherkennungsuntersuchungen für Kinder bis zur Vollendung des sechsten Lebensjahres dienen dazu, frühzeitig Störungen der körperlichen, geistigen und sozialen Entwicklung zu erkennen und entsprechend zu behandeln. Insgesamt zählen zehn Vorsorgeuntersuchungen für Kinder zu den Pflichtleistungen der gesetzlichen Krankenkassen. Sie sind von der Praxisgebühr ausgenommen.

Die Kindervorsorgeuntersuchungen werden in einem Kinder-Untersuchungsheft „Gelbes Heft“ des Gemeinsamen Bundesausschusses der Ärzte und Krankenkassen dokumentiert.

Es besteht keine Pflicht zur Teilnahme an den Vorsorgeuntersuchungen. Aber in Nordrhein-Westfalen und einigen anderen Bundesländern gibt es eine Meldepflicht für die Kinderärzte, wenn Kinder teilnehmen. Das ermöglicht, die Kinder, die nicht an den entsprechenden Untersuchungen teilgenommen haben, zentral zu ermitteln und ihre Eltern daran zu erinnern, die Untersuchung durchführen zu lassen.

Erfolgt nach der Erinnerung nicht innerhalb von vier Wochen die Vorsorgeuntersuchung, dann werden die zuständigen Jugendhilfeträger darüber informiert. Sie entscheiden dann in eigener Zuständigkeit, was sie aus der Information machen.

(Quelle: http://www.familienratgeber-nrw.de/index.php?id=1755)

**3**

Hier können KT mit Kindern zu Worte kommen und über ihre Erfahrungen berichten und ggf. auch darüber, ob der Kinderarzt die Kinder so untersucht bzw. behandelt hat, wie es die KT erwartet haben, bzw. ob es etwas gab, was sie überrascht hat. Geben Sie insbesondere für lernungeübte KT Redemittel vor, z.B.:

*Ich war mit meinem Sohn/meiner Tochter/meinen Kindern schon oft beim Kinderarzt.*

*Er hat die Augen/Ohren/ ... untersucht.*

*Mein Kind hatte Angst/keine Angst.*

*Der Kinderarzt war nett/freundlich/ ... .*

*Wir mussten nur kurz/lange im Wartezimmer warten.*

*Ich konnte gut/nicht gut verstehen, was der Kinderarzt/die Kinderärztin gesagt hat.*

*Ich hatte (keine) Probleme mit dem Kinderarzt/der Kinderärztin.*

**4**

Einführung von *lassen*. Erläutern Sie zunächst, dass *lassen* wie die Modalverben oft mit einem Infinitiv verbunden ist und dass es zu den unregelmäßigen Verben mit Vokalswechsel *a* → *ä* gehört. Lassen Sie die Konjugationsformen von einem lerngeübten KT an die Tafel schreiben und erläutern Sie dann die Bedeutung mit Hilfe des Bildes in der Übung und zusätzlich z.B. mit *Haare schneiden*: *Ich schneide meine Haare nicht selbst. Ich lasse sie vom Friseur schneiden.* Heben Sie hervor, dass der Infinitiv wie bei den Modalverben am Ende des Satzes steht. Anschließend schreiben die KT Fragen und fragen und antworten in Partnerarbeit.

**5**

Zunächst überlegen die KT, was sie selbst oder alleine machen können, bzw. bei welchen Aktivitäten sie Hilfe brauchen. Anschließend erneut Fragen und Antworten in Partnerarbeit.

**Varianten**

- Sammeln sie mit den KT weitere Aktivitäten, die man selbst machen kann oder machen lässt, z.B. *Auto/Fahrrad reparieren lassen, Kleidung reinigen lassen, die Wohnung putzen lassen, sich (beim Kauf von Elektronik, Haushaltsgegenständen) beraten lassen, ... .* Die KT werfen sich gegenseitig einen Ball zu und fragen und antworten im Kurs, z.B.: *Lässt du/Lassen Sie dein/Ihr Fahrrad reparieren? - Nein, das mache ich selbst./ Nein, ich lasse das machen.*
- Für lerngeübte KT: Erläutern Sie weitere Bedeutungen von *lassen* (*den Schirm zu Hause lassen, die Kinder fernsehen lassen, ...*).

*Arbeitsbuch:* Ü 8-12

Vertiefungsübung Ü 11: *lassen*

Erweiterungsübung Ü12: *lassen*

## D In der Apotheke

### Lernziele und Lerninhalte:

| | |
|---|---|
| Sprechen: | Dialoge in der Apotheke über Medikamente |
| Hören: | Dialoge in der Apotheke über Medikamente |

Schreiben: Fragen in der Apotheke

Wortschatz: Apotheke, Medikamente

In diesem Block üben die KT Dialoge in der Apotheke und lernen wichtigen Wortschatz für Medikamente kennen.

**1**

(Lösungen: 1a: 2 – 3 – 1; 1b: 1/B, 2/A, 3/C)

Als Vorbereitung für die Dialogarbeit in Aufgabe 2 sollten die KT die Dialoge im Anhang in Partnerarbeit laut lesen.

**2**

Sammeln Sie die Fragen gemeinsam mit den KT im Plenum und schreiben Sie sie an die Tafel. Je nach Lernstärke der KT kann die Dialogarbeit unterschiedlich erfolgen. Lerngeübte KT beginnen mit einem Lückentext, lerngeübte KT mit einer Dialoggrafik.

Für einen Lückentext können sie die Dialoge aus 1 bearbeiten, Dialog 3 z.B. wie folgt:

*+ Guten Tag.*

*– Guten Tag, haben Sie dieses ___________?*

*+ Ja, das haben wir. Hier, bitte schön.*

*– Wie oft muss ich die __________ einnehmen?*

*+ Dreimal täglich. Wenn Sie einen empfindlichen __________ haben, empfehle ich Ihnen, dass Sie die Tabletten nach dem __________ nehmen.*

*– Wieso? Haben die ____________ denn ________________?*

*+ Meistens nicht, aber es kann schon mal zu ______________ kommen. Selten haben Patienten auch ____________. Aber die meisten Patienten haben keine _____________.*

*– Gut. Wie viel muss ich __________?*

*+ Fünf Euro, bitte.*

*– Auf Wiedersehen.*

*+ Auf Wiedersehen und gute __________.*

Eine Dialoggrafik kann wie folgt aussehen:

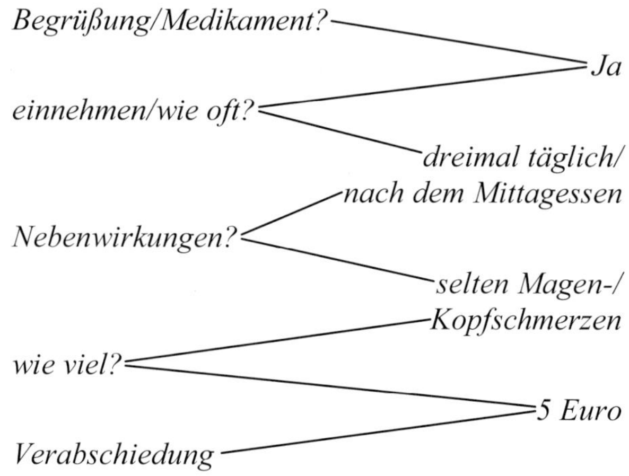


Ziehen Sie zur Vorbereitung der Dialoge auch die AB-Übungen 13-15 heran. Eine weitere Vorentlastung bietet Kopiervorlage 18.

**Kopiervorlage 18** ist ein Wechselspiel mit den drei Dialogsituationen aus Lektion 9 (beim Kinderarzt, in der Apotheke, Anmeldung bei der Krankenkasse) gemischt. Die KT sollen die Dialoge ordnen und in die richtige Reihenfolge bringen. Jeder Dialog hat vier Teile, jede/r KT hat von jedem Dialog zwei Teile. Schneiden Sie die Kopien in der Mitte durch, je ein KT erhält eine Kopie A bzw. B. (Lösung: B-I-A-G H-C-K-E F-J-D-L)

**Variante**

Die KT spielen ein Beratungsgespräch für Medikamente ohne Rezept. Geben Sie entsprechenden Wortschatz vor:

- Ich suche ein Medikament gegen
  Rückenschmerzen/Halsschmerzen/
  Kopfschmerzen/ … .
+ Wie groß soll die Packung sein?
- 10/20/30 Tabletten.
+ Wie oft/Wie lange soll ich das
  Medikament nehmen?
- Vor/nach dem Essen. / Vor/nach jeder
  Mahlzeit.
  Eine Woche/zwei Wochen
  Einmal/zweimal/dreimal täglich.
+ Wie viel kosten die
  Tabletten/Tropfen/das Medikament?
…

*Arbeitsbuch:* Ü 13-15

## E Stress und Entspannung

**Lernziele und Lerninhalte:**

| | |
|---|---|
| Sprechen: | seine Meinung über Entspannungstipps sagen, Tipps für Stress und Entspannung geben |
| Lesen: | Ratgeber Entspannungstipps |
| Projekt: | Plakat mit Entspannungstipps |

**1**

Die KT lesen den Text. Notieren Sie während der Lektüre Fragen zum Wortschatz an der Tafel und klären Sie ihn, wenn alle KT den Text gelesen haben. Fordern Sie zunächst die KT auf, die Wörter selbst zu erklären, und greifen Sie erst dann ein, wenn dies misslingt. Anschließend diskutieren die KT, ob Sie diese Tipps für die eigene Entspannung geeignet halten.

**2**

Diese Übung eignet sich zur Wiederholung der Nebensätze mit *wenn*, die in Lektion 4 (Block A) eingeführt wurden und des Imperativs, der in Lektion 6 (Block A) des A1-Bandes eingeführt wurde. Wiederholen Sie noch einmal kurz die Regeln für den Imperativ, bevor die KT die Übung machen.

**Varianten**

- Jede/r KT schreibt zwei Probleme, die er oder sie besonders wichtig findet, auf zwei verschiedene Zettel. Sofern in Ihrem Kursraum eine Pinwand vorhanden ist, heften die KT ihre Zettel daran. Sonst werden sie auf einem Tisch gesammelt. Anschließend nimmt jede/r KT einen Zettel. Die KT bewegen sich im Raum und nennen anderen KT das Problem, das auf ihrem Zettel steht. Die anderen KT geben Tipps. Nachdem die KT zwei bis drei andere KT gefragt haben, nehmen sie andere Zettel und das Spiel beginnt von vorn.
- Für lerngeübte KT: Die KT notieren die Antworten der anderen und geben sie anschließend mit *sollen* wieder: *Ich bin immer müde. Maria sagt, ich soll früher ins Bett gehen* o.ä.

**3**

Bilden Sie evtl. Gruppen mit KT gleicher Nationalität, damit die KT gemeinsam besprechen können, was in ihren Heimatländern als entspannend gilt. Anschließend werden die Vorschläge auf einem gemeinsamen Plakat notiert. Bringen Sie dafür Packpapier in den Unterricht mit. Vielleicht finden die KT in Prospekten, Zeitschriften oder im Internet geeignete Fotos zu ihren Tipps, die sie neben die Sätze kleben können. Das Plakat kann Anlass für einen interkulturellen Vergleich sein, was in den verschiedenen Ländern als entspannend angesehen wird.

*Arbeitsbuch:* Ü 16-19, Ü 20: Flüssig sprechen

Portfolioübung Ü 19: drei Sätze, wie man sich entspannt

*Arbeitsbuch – Deutsch plus:* Ü 21: Selbsttest: Welcher Entspannungstyp sind Sie?

*Arbeitsbuch – Wörter lernen:* Ü 22-24

**Phonetik:** *Ach*-Laut und *k* – *Ich*-Laut und *sch*, siehe Seite 126 in den *Handreichungen*.

**Flüssig sprechen**

*Alles klar* Ü 7

Fragen sind in einem Gespräch beim Arzt oder in der Apotheke besonders wichtig. Deshalb werden hier noch einmal die Fragen aus den Hörtexten in der Apotheke (Block D) geübt. Sie können das *Flüssig-Sprechen* auch sehr gut vorziehen und die freie Dialogübung in D2b damit vorbereiten.

Bei Bedarf können Sie auch die Wörter *Rezẹpt, Tablẹtten* und *Medikamẹnt* an die Tafel schreiben und den Wortakzent markieren lassen. (Es sind ausländische Wörter im Deutschen, sie haben den Wortakzent ungewohnterweise auf der letzten bzw. vorletzten Silbe.)

Wie immer, wenn *Flüssig sprechen* Fragen präsentiert, können Sie die Übung öffnen und in einem zusätzlichen Durchgang kurze Antworten dazu sprechen lassen.

*Flüssig sprechen* im Arbeitsbuch (Ü 20) trainiert noch einmal Sätze mit schwierigen Wörtern aus dem Bereich Gesundheit.

## Auftaktseite

### Lernziele und Lerninhalte:

| | |
|---|---|
| Sprechen: | Fotos und Wörter zuordnen, die eigene Arbeitssuche |
| Hören: | drei Personen berichten über ihre Arbeitssuche |
| Wortschatz: | Arbeitssuche, Bewerbung |

*Arbeitsbuch:* Ü 1-2

Portfolioübung Ü 2: Wie hat man selbst oder wie haben Bekannte Arbeit gefunden?

## A Stellenanzeigen lesen

### Lernziele und Lerninhalte:

| | |
|---|---|
| Sprechen: | Arbeitnehmereigenschaften und Berufe, Wünsche für den Beruf |
| Hören: | ein Personalberater erklärt wichtige Arbeitnehmereigenschaften |
| Lesen: | Stellenanzeigen, Berufswünsche von Maria Perez |
| Wortschatz: | Arbeit, Bewerbung, Arbeitnehmereigenschaften |
| Grammatik: | Konjunktiv II: Wünsche mit *würde gern(e)* plus Infinitiv |

*Arbeitsbuch:* Ü 3-8

Vertiefungsübung Ü 5: Sätze mit *würde gern(e)*

Erweiterungsübung Ü 7: Sätze mit *würde gern(e)*

Portfolioübung Ü 8: drei Sätze über Wünsche für den Beruf schreiben

## B Der erste Kontakt

### Lernziele und Lerninhalte:

| | |
|---|---|
| Sprechen: | Informationsgespräch über eine Arbeitsstelle am Telefon – Fragen und Antworten, berichten, was eine Person denkt |
| Hören: | Informationsgespräch über eine Arbeitsstelle am Telefon |
| Schreiben: | Fragen, Nebensätze mit und ohne Fragewort |
| Grammatik: | Nebensätze mit *ob* |

*Arbeitsbuch:* Ü 9-14

Vertiefungsübung Ü 9: Nebensätze mit Fragewort

Erweiterungsübung Ü 12: Nebensätze mit *dass* oder *ob*

## C Die Bewerbung

### Lernziele und Lerninhalte:

| | |
|---|---|
| Sprechen: | sagen, was man bei einem Bewerbungsgespräch beachten sollte, mögliche Fragen von Arbeitgebern im Bewerbungsgespräch beantworten |
| Hören: | Bewerbungsgespräch |
| Lesen: | Lebenslauf |
| Schreiben: | der eigene Lebenslauf |
| Wortschatz: | Lebenslauf, Arbeit |
| Grammatik: | Ratschläge mit *sollte* |

Kannbeschreibungen GER/Rahmencurriculum:

Kann mit Hilfe einer Vorlage einen tabellarischen Lebenslauf schreiben.

Kann im Bewerbungsgespräch einfache Informationen verstehen und darauf reagieren.

Kann im Bewerbungsgespräch mit einfachen Worten sein/ihr Einverständnis mit bestimmten Arbeitsbedingungen ausdrücken oder eigene Vorstellungen äußern und Rückfragen stellen.

*Arbeitsbuch:* Ü 15-19, Ü 20: Flüssig sprechen

Vertiefungsübung Ü 18: Antworten auf Fragen beim Vorstellungsgespräch

Portfolioübung Ü 19b: Antworten auf Fragen beim Vorstellungsgespräch

*Arbeitsbuch – Deutsch plus:* Ü 21: Antworten auf Fragen beim Vorstellungsgespräch

*Arbeitsbuch – Wörter lernen:* Ü 22-24

**Phonetik:** Konsonanten

**Kopiervorlagen in den Handreichungen:**

KV 19A/B: Würfelspiel für Wünsche mit *würde (gern)* und *möchte (gern)*

KV 20: Formblatt Lebenslauf

Thema dieser Lektion ist die Arbeitssuche. Die KT lernen, Stellenanzeigen zu lesen, ein telefonisches Informationsgespräch über eine Stellenanzeige zu führen, einen Lebenslauf zu schreiben und Fragen in einem Vorstellungsgespräch zu beantworten. Die Grammatik behandelt Nebensätze mit *ob*, Wünsche mit *würde gern* und Ratschläge mit *sollte.*

## Auftaktseite

**Lernziele und Lerninhalte:**

| | |
|---|---|
| Sprechen: | Fotos und Wörter zuordnen, die eigene Arbeitssuche |
| Hören: | drei Personen berichten über ihre Arbeitssuche |
| Wortschatz: | Arbeitssuche, Bewerbung |

**1**

Die KT lernen Wortschatz kennen, der für die Arbeitssuche wichtig ist. Nachdem die Zuordnung erfolgt ist, berichten sie in eigenen Worten. Ergänzen Sie weiteren Wortschatz wie *Bewerbung, Bewerbungsschreiben, Lebenslauf, Zeugnisse, Einladung zum Vorstellungsgespräch, (den Arbeitsvertrag) unterschreiben* u.ä. Geben Sie geeignete Redemittel vor, z.B.:

> *Zuerst liest man ...*
>
> *Wenn man eine interessante ... gefunden hat, stellt man die ... zusammen.*
>
> *Man schreibt einen ... und ... .*

Unterstützung dafür bietet auch AB-Übung 1.

**2**

Hier lernen die KT verschiedene Möglichkeiten für die Arbeitssuche kennen. Die Aufgabe dient wie 1 zusätzlich als Vorentlastung, damit die KT über die eigene Arbeitssuche oder Arbeitssuche von Bekannten oder Freunden in Aufgabe 3 berichten können.

(Lösung: Frau Dimitrova: Aushang – Herr Garcia: Praktikum – Frau Boumard: Bekannte)

Stellen Sie für ein zweites Hören die Frage, wo die Leute jetzt arbeiten, bzw. welchen Beruf sie haben. (Lösung: Frau Boumard: im Supermarkt – Herr Garcia: Gärtner bei der Stadtgärtnerei – Frau Boumard: Kellnerin in einem Restaurant)

**3**

Diese Aufgabe dient dem Erfahrungsaustausch. Die KT können sich Tipps zur Arbeitssuche geben und über positive oder negative Erfahrungen berichten.

*Arbeitsbuch:* Ü 1-2

Portfolioübung Ü 2: Wie hat man selbst oder wie haben Bekannte Arbeit gefunden?

## A Stellenanzeigen lesen

**Lernziele und Lerninhalte:**

| | |
|---|---|
| Sprechen: | Arbeitnehmereigenschaften und Berufe, Wünsche für den Beruf |
| Hören: | ein Personalberater erklärt wichtige Arbeitnehmereigenschaften |
| Lesen: | Stellenanzeigen, Berufswünsche von Maria Perez |
| Wortschatz: | Arbeit, Bewerbung, Arbeitnehmereigenschaften |
| Grammatik: | Konjunktiv II: Wünsche mit *würde gern(e)* plus Infinitiv |

Die KT lernen häufigen Wortschatz in Stellenanzeigen kennen. In der Grammatik werden Wunschsätze mit *würde gern* behandelt.

**1**

Einleitend geht es um Arbeitnehmereigenschaften, die *soft skills*, die neben der fachlichen Qualifikation eine wichtige Rolle spielen und häufig in Stellenanzeigen auftauchen. Das Interview gibt dazu nähere Informationen und erklärt die Begriffe in 1a mit Beispielen.

(Lösung 1b: zuverlässig: Busfahrer, teamfähig: Köche und Kellner im Restaurant, belastbar: Verkäufer in der Weihnachtszeit)

Fordern Sie die KT auf, diese Arbeitnehmereigenschaften mit den Eigenschaften, die Arbeitgeber in ihren Heimatländern erwarten, zu vergleichen. Welche Gemeinsamkeiten oder Unterschiede gibt es? Machen Sie evtl. eine Liste an der Tafel: Welche Eigenschaften sind für Arbeitgeber im Heimatland sehr wichtig, wichtig, weniger wichtig?

**2**

Fordern Sie die KT für ein erstes globales Lesen auf, die Berufe zu notieren. Nach dem zweiten Lesen ergänzen sie die Detailinformationen in der Tabelle. Klären Sie unbekannten Wortschatz, nachdem die KT den Text zum zweiten

Mal gelesen haben. Dann berichten die KT in eigenen Worten über den Inhalt der Anzeigen. Geben Sie dafür geeignete Redemittel vor:

*Die Firma ... sucht einen/eine ...*

*Der neue Mitarbeiter/die neue Mitarbeiterin soll ...*

*Die Firma erwartet, dass der neue Mitarbeiter/die neue Mitarbeiterin ...*

*Der neue Mitarbeiter/Die neue Mitarbeiterin braucht ...*

*Die Arbeitszeit ist ...*

*Die Stelle ist eine Vollzeitstelle/ Teilzeitstelle.*

*...*

Mit dieser Übung sollen sich die KT nicht nur bewusst werden, welche Informationen Stellenanzeigen enthalten und welche nicht, bzw. welche Erwartungen Arbeitgeber an persönliche Eigenschaften, Qualifikation etc. haben, sondern auch, welche Erwartungen man als Arbeitssuchender angesichts der vorhandenen (und nicht vorhandenen) Informationen haben kann. Ziehen Sie dafür auch die Stellenanzeigen in AB-Übung 3 heran. Machen Sie auch darauf aufmerksam, dass nicht alle Stellenanzeigen seriös sind, z.B. wenn unrealistisch hohe Verdienstmöglichkeiten versprochen werden.

Erläutern Sie die Aushilfstätigkeit im Supermarkt auf 400-Euro-Basis.

**Informationen zur Landeskunde**

- Ein Minijob liegt vor, wenn der Arbeitnehmer mit seiner Tätigkeit einschließlich aller Sonderzahlungen nicht mehr als 400 Euro im Monat verdient. Um dies zu ermitteln nimmt man den Jahresverdienst und teilt ihn durch zwölf.
- Für den Minijob gelten besondere Regelungen im Bereich der Sozialversicherung und des Steuerrechts. Durch diese Sonderregeln soll erreicht werden, dass der Mini-Jobber das mit dem Arbeitgeber vereinbarte Entgelt brutto wie netto erhält, also ohne irgendwelche Abzüge. Der Arbeitgeber zahlt neben dem Gehalt pauschalierte Sozialversicherungsbeiträge und eine pauschalierte Lohnsteuer.
- Ein Minijob kann auch neben dem Hauptjob als nebenberufliche Tätigkeit ausgeübt werden.
- Bei Minijobs gibt es keine Begrenzung der Wochenarbeitszeit. Es kann mehr als 15 Stunden in der Woche gearbeitet werden, wenn nur der monatliche Verdienst 400 Euro nicht überschreitet.
- Bei mehreren Minijobs darf der Gesamtverdienst nicht mehr als 400 Euro betragen. Andernfalls, also ab 400,01 Euro, wird der Minijob bzw. werden die Minijobs zu einem normalen Job: es fallen Steuern und Sozialversicherungsbeiträge an.
- Arbeitet man in einem Minijob, also einem 400-Euro-Job, so ist man von der Rentenversicherung, Krankenversicherung, Pflegeversicherung und Arbeitslosenversicherung befreit. Der Arbeitgeber hingegen muss geringe Beiträge an die Rentenversicherung und Krankenversicherung leisten, pauschaliert.
- Minijobber haben die gleichen Rechte und Pflichten wie Vollzeitbeschäftigte. Der 400-Euro-Job unterscheidet sich nur im Sozialversicherungsrecht, nicht im Arbeitsrecht, vom normalen Vollzeitjob. (Quelle: http://www.sozialhilfe24.de/arbeitsrecht/ arbeitsvertrag/400-euro-mini-job.html)

**Varianten**

- Die KT schreiben in Gruppen Fragen zu je einer oder zwei Anzeigen, die die anderen Gruppen beantworten.
- Die KT suchen in Zeitungen oder im Internet ähnliche kürzere Stellenanzeigen und ergänzen die Tabelle mit den Informationen in diesen Anzeigen.
- Die KT werten Anzeigen, die sie selbst gesucht haben, weiter aus: Was erwartet den Mitarbeiter, welche Fragen von Arbeitssuchenden beantwortet die Stellenanzeige, welche nicht, welche Angebote sind evtl. unseriös etc.

**3**

Diese Übung bietet zum einen eine Erweiterung des Wortschatzes zu Arbeitnehmereigenschaften, zum anderen gibt sie Gelegenheit, verschiedene Berufe genauer zu beschreiben. Zunächst sprechen die KT über die abgebildeten Berufe wie in den Sprechblasen vorgeschlagen. Geben Sie zwei bis drei weitere Berufe vor und lassen Sie die KT zu diesen Berufen kurze Sätze sagen. Anschließend sammeln sie selbst weitere Berufe, denen sie passende Eigenschaften zuordnen. Sie können hier auch mit den Bildkarten 3 *Berufe* im Anhang arbeiten.

**Variante**

Teilen Sie den Kurs nach Lernstärke getrennt in Gruppen auf, so dass Sie lernungeübte KT besser unterstützen können. Jede Gruppe beschäftigt sich mit einem Beruf und schreibt dazu einen kurzen Text. Die Ergebnisse werden im Plenum vorgestellt. Erarbeiten Sie mit den KT zunächst einen kurzen Beispieltext, z.B. für den Floristen:

*Ein Florist muss kreativ sein. Er muss gute Ideen haben, damit ein Blumenstrauß schön aussieht und die Farben zusammenpassen.*

Geben Sie lernungeübten KT evtl. einen Lückentext, den sie ergänzen, bevor sie einen Text frei schreiben, z.B.:

zufrieden – freundlich

*Ein Kellner muss ________ sein. Das ist wichtig, denn die Gäste müssen _________ sein.*

In einem zweiten Lückentext sind dann die passenden Adjektive nicht vorgegeben. So haben lernungeübte KT eine Anleitung, um schließlich einen eigenen Text frei zu schreiben.

**4**

In dieser Übung lernen die KT den Konjunktiv II für Wunschsätze kennen. Geben Sie den KT für eine erste Lektüre einige Fragen zur Orientierung: *Woher kommt Frau Perez? Wo/In welcher Branche hat sie in Venezuela gearbeitet?*

Während der zweiten Lektüre unterstreichen die KT die Wunschsätze und ergänzen die Sätze. Erläutern Sie, dass die KT hier nach den höflichen Bitten mit *könnte* in Lektion 5 (Block B) eine weitere Konjunktiv II-Form lernen und erklären Sie sie. Weisen Sie darauf hin, dass *würde gern und möchte gern* die gleiche Bedeutung haben und stets mit dem Infinitiv stehen. Schreiben Sie die Konjugationsformen von *würde* an die Tafel.

**5**

Diese Übung dient der Festigung der gelernten Form. Die KT berichten einander in Partnerarbeit (jede/r KT sagt zwei bis drei Sätze), anschließend berichten die KT über ihre Lernpartner im Kurs.

**Varianten**

- Schreiben Sie mehrere Stichwörter, bzw. Satzbausteine, die für Wunschsätze geeignet sind, an die Tafel, z.B.: *heute Abend ins Restaurant gehen – fernsehen – im Park spazieren gehen – ein Eis essen – Kaffee trinken* etc. Vermeiden Sie die Verben *sein* und *haben*, die man nur selten mit *würde* plus Infinitiv benutzt.
- Mit Sätzen dieser Art haben Sie mehrere Möglichkeiten: Die KT werfen sich gegenseitig einen Ball zu, KT A, der/die den Ball wirft, stellt z.B. die Frage: *Was würdest du heute Abend gerne machen?* KT B, der/die den Ball fängt, antwortet mit einem passenden Satz aus der Liste.
- Die KT bewegen sich zu Musik im Raum. Immer wenn die Musik stoppt, fragen sie einen anderen KT in ihrer Nähe, der antwortet und dann seinerseits eine Frage stellt.

Darüber hinaus können Sie Wunschsätze mit *würde gern* und *möchte gern* mit Hilfe der **Kopiervorlage 19 A/B** üben. Die Kopiervorlage ist ein Würfelspiel für Wünsche mit *würde gern und möchte gern*. Die Spielregeln sind dort erklärt.

*Arbeitsbuch:* Ü 3-8

Vertiefungsübung Ü 5: Sätze mit *würde gern(e)*

Erweiterungsübung Ü 7: Sätze mit *würde gern(e)*

Portfolioübung Ü 8: drei Sätze über Wünsche für den Beruf schreiben

## B Der erste Kontakt

### Lernziele und Lerninhalte:

| | |
|---|---|
| Sprechen: | Informationsgespräch über eine Arbeitsstelle am Telefon – Fragen und Antworten, berichten, was eine Person denkt |
| Hören: | Informationsgespräch über eine Arbeitsstelle am Telefon |
| Schreiben: | Fragen, Nebensätze mit und ohne Fragewort |
| Grammatik: | Nebensätze mit *ob* |

In diesem Block werden mit Hilfe eines Informationsgesprächs über eine Arbeitsstelle Nebensätze mit *ob* eingeführt.

**1**

In diesem Dialog geht es zunächst primär um die Grammatik. Erinnern Sie die KT daran, was sie in Lektion 5 (Block A) über Nebensätze mit Fragewort gelernt haben. Schreiben Sie ein Beispiel an die Tafel:

> *Wie spät ist es? → Können Sie mir sagen, wie spät es ist?*

Erinnern Sie die KT an die Endstellung des Verbs. Schreiben Sie evtl. ähnlich wie in den Kommentaren zu Lektion 5 vorgeschlagen (s. S. 43 in den *Handreichungen*) einige auf den Kurs bezogene Fragen an die Tafel. Die KT fragen sich gegenseitig (Einleitungssatz und indirekte Frage).

Schreiben Sie anschließend die Fragen aus dem Dialog an die Tafel. Erläutern Sie den Satz *Ist die Stelle noch frei?* mit Hilfe des Grammatikkastens und weisen Sie darauf, dass ein indirekter Nebensatz mit *ob* für indirekte Ja/Nein-Fragen, also für Fragen ohne Fragewort verwendet wird. Anschließend ergänzen die KT die Sätze in 1c.

**2**

Diese Übung dient zum einen der weiteren Festigung, zum anderen lernen die KT hier Redewiedergabe kennen. Erläutern Sie dies mit einem Satz aus der Übung. Schreiben Sie die direkte Frage an die Tafel und markieren Sie *ich* und das Verb. Schreiben Sie dann die indirekte Frage an die Tafel und markieren Sie *er* und das Verb.

> *Soll ich die Stelle annehmen?*
> *Er weiß nicht, ob er die Stelle annehmen soll.*

Erläutern Sie den Wechsel von der 1. zur 3. Person und erarbeiten Sie dann die Redewiedergabe für den Satz *Kann ich dann noch meine Freunde treffen?*, in dem auch der Possessivartikel verändert werden muss, gemeinsam mit den KT und schreiben Sie ihn an die Tafel. Verweisen Sie auf passende Einleitungssätze *Er weiß (noch) nicht, ... , Er kann nicht sagen, ... , Er ist nicht sicher, ...* etc.

Es folgen Fragen und Antworten in Partnerarbeit, z.B.:

*Weiß Michael Pannack schon, ob er die Stelle annimmt?*

*Nein, er ist nicht sicher, ob ...*

**Varianten**

- Machen Sie lerngeübte KT auf den Unterschied zwischen *dass* und *ob* bei der Redewiedergabe aufmerksam. Zur Erläuterung eignet sich AB-Übung 12.
- Eine andere Übungsmöglichkeit sind Fragen und Antworten im Rahmen einer Kettenübung. Erarbeiten Sie zunächst gemeinsam mit den KT geeignete Fragen: *Machen Sie/ Machst du heute Nachmittag einen Spaziergang? / Was kochst du/kochen Sie heute? / Gehst du/Gehen Sie heute Abend ins Kino/ einkaufen? ...* . Die KT werfen sich gegenseitig einen Ball zu und fragen, die Antworten erfolgen indirekt: *Ich weiß noch nicht, ob ich heute Nachmittag einen Spaziergang mache* etc.

**3**

Diese Dialogübung soll die KT auf reale Situationen vorbereiten. Es empfiehlt sich wieder eine differenzierte Vorgehensweise nach Lernstärke. Lernungeübte KT variieren zunächst den Dialog aus 1b mit den Informationen aus 3, lerngeübte KT beginnen mit einer Dialoggrafik, z.B.:

*Anzeige gelesen/Stelle noch frei?* — *Ja*
*Arbeitszeit/wie viele Stunden pro Tag?/*
*Von wann bis wann?* — *von ... bis .../*
*... Stunden pro Tag*
*Bezahlung?* — *Hier besprechen/*
*morgen um .../Zeit?*
*ja/Adresse?* — *Die Adresse ist ...*
*Dank/Auf Wiederhören* — *Auf Wiederhören*

Als Vorbereitung eignen sich die AB-Übungen 13 und 14 sowie Übung 1 unter *Alles klar.*

**Variante**

Die KT suchen selbst passende Anzeigen z.B. in einem örtlichen Anzeigenblatt, mit denen sie Dialoge spielen.

**4**

In dieser Übung werden noch einmal die indirekten Fragen und die Redewiedergabe zusammenfassend geübt. Immer drei KT arbeiten gemeinsam. Geben Sie den KT zunächst einige Minuten Zeit, um sechs bis acht *Ja/Nein*-Fragen und *W*-Fragen zu schreiben.

*Arbeitsbuch:* Ü 9-14

Vertiefungsübung Ü 9: Nebensätze mit Fragewort

Erweiterungsübung Ü 12: Nebensätze mit *dass* oder *ob*

Grammatikkarten im Arbeitsbuch/Anhang: Nebensätze mit Fragewort oder *ob*

## C Die Bewerbung

**Lernziele und Lerninhalte:**

| | |
|---|---|
| Sprechen: | sagen, was man bei einem Bewerbungsgespräch beachten sollte, mögliche Fragen von Arbeitgebern im Bewerbungsgespräch beantworten |
| Hören: | Bewerbungsgespräch |
| Lesen: | Lebenslauf |
| Schreiben: | der eigene Lebenslauf |
| Wortschatz: | Lebenslauf, Arbeit |
| Grammatik: | Ratschläge mit *sollte* |

In diesem Block üben die KT, einen Lebenslauf zu schreiben und es geht um Fragen und Antworten in einem Bewerbungsgespräch. Die Grammatik behandelt Ratschläge mit *sollte.*

**1**

Da der tabellarische Lebenslauf der wichtigste Teil einer Bewerbung ist, sollte diesem Thema viel Zeit gewidmet werden.

Erläutern Sie die wichtigsten Elemente und die Bedeutung des optischen Eindrucks des Lebenslaufs, nachdem die KT 1a gelöst haben. Ein Porträtfoto sollte nicht fehlen und der Lebenslauf muss übersichtlich in Abschnitte eingeteilt sein.

**Variante**

Tipps zu Bewerbungen und Lebenslauf als Internetprojekt. Die KT suchen passende Internetseiten und stellen wichtige Tipps in einer Liste zusammen, die an alle verteilt wird.

Erläutern Sie anhand des Infokastens auch, was außerdem zu einer Bewerbung gehört. Das Bewerbungsschreiben wird allerdings erst im B1-Band von Pluspunkt Deutsch (Lektion 4, Block B) geübt, weil auf der Niveaustufe A2 die notwendigen lexikalischen und grammatischen Voraussetzungen noch fehlen und davon auszugehen ist, dass viele KT Arbeitsstellen durch Mundpropaganda oder Kleinanzeigen, in denen oft nur Telefonnummern angegeben sind, suchen. Eine schriftliche Bewerbung ist also oft gar nicht nötig.

**Informationen zur Landeskunde**

- Der Lebenslauf informiert lückenlos über den persönlichen und beruflichen Werdegang. Er muss klar gegliedert sein, damit der Leser einen schnellen Überblick erhält.
- Das Wesentliche muss übersichtlich und in der richtigen Reihenfolge dargestellt werden.
- Man darf nichts verfälschen oder verbergen! Man kann natürlich den Lebenslauf ein wenig "schminken". Man sollte darauf achten, dass keine Lücken entstehen.
- Der Lebenslauf muss mit Computer oder Schreibmaschine geschrieben werden. Der Umfang erstreckt sich auf ein bis maximal zwei Seiten. Zusätzlich kann ein Deckblatt angelegt werden, das persönlichen Angaben und das Bewerbungsfoto beinhaltet.
- Am gebräuchlichsten ist der tabellarische Lebenslauf. Dieser kann chronologisch oder antichronologisch (letzte Tätigkeit zuerst) strukturiert werden. Der antichronologische Aufbau empfiehlt sich, wenn man einen umfangreichen Berufsweg vorzuweisen hat.
- Der Lebenslauf muss auf das jeweilige Unternehmen zugeschnitten sein. Man sollte keinen Einheitslebenslauf verwenden!
- Grundsätzlich ist von doppelten Formatierungen, wie zum Beispiel fett und unterstrichen abzusehen.
- Eingeleitet wird der Lebenslauf mit der Überschrift „Lebenslauf". Die Ausrichtung kann man frei wählen (linksbündig oder zentriert). Oben rechts wird in der Regel das Bewerbungsfoto angebracht. Anschließend folgen die einzelnen Gliederungspunkte.
- Angaben der Art *„seit 06/2009 arbeitslos"* sind zu vermeiden. Stattdessen sollte man beschreiben, wie die Zeit in der Bewerbungsphase genutzt wurde (zum Beispiel Recherchen, Fortbildungen etc.).
- Mit der Unterschrift bestätigt man die Richtigkeit und Aktualität der gemachten Angaben. Die Unterschrift muss leserlich mit Vor- und Zunamen und ohne Grußformel sein.
- Abschlüsse und Befähigungen müssen durch Zeugniskopien belegt werden.

(Quelle: http://www.bewerbung-tipps.com/lebenslauf.php)

Im Internet finden Sie zahlreiche weitere Informationen über den Aufbau eines Lebenslaufes, Musterlebensläufe und Vorlagen.

Anschließend beantworten die KT die Fragen in 1b. Abgesehen davon, dass es in 1b und 1c um Leseverstehen geht, sollen diese Übungen auch als Vorbereitung dienen, dass die KT ihren eigenen Lebenslauf (1d) schreiben. Dafür sammeln sie zunächst wichtige Daten zu ihrer Ausbildung, bisherigen Berufstätigkeit, Fortbildungen, Hobbys (sofern für den Beruf oder eine Arbeitsstelle relevant). Achten Sie darauf, dass diese Sammlung nicht zu umfangreich wird und andererseits, dass keine relevanten Informationen fehlen. Soweit möglich, sollten die KT ihre Lebensläufe zu Hause am Computer schreiben.

Alternativ können sie auch die Vorlage in **Kopiervorlage 20** verwenden oder, sofern sie nicht zum individuellen Lebenslauf passt, als Orientierung nutzen.

Variante für lernungeübte KT: Schneiden Sie die Teile des Lebenslauf auseinander. Die KT bringen sie in die richtige Reihenfolge.

Korrigieren Sie die Lebensläufe sorgfältig außerhalb des Unterrichts. Fordern Sie die KT auf, die Korrekturen in ihren Lebenslauf einzuarbeiten. Schauen Sie die korrigierten Versionen noch einmal durch und machen Sie auf verbliebene Fehler aufmerksam. Ziel ist ein tauglicher Lebenslauf, den die KT für Bewerbungen nutzen können.

**2**

In dieser Übung wird zum einen der Konjunktiv II von *sollen* für Ratschläge eingeführt und geübt, zum anderen können sich die KT gegenseitig Tipps geben bzw. Erfahrungen zum Thema Bewerbungsgespräche austauschen. Sammeln Sie zunächst wichtige Stichwörter an der Tafel: *pünktlich sein, sich über die Firma informieren, passend anziehen* etc. Ziehen Sie dafür auch AB-Übung 21 (Deutsch plus) heran, in der es um die passende Vorbereitung auf Bewerbungsgespräch geht. Schreiben Sie anschließend einen Beispielsatz aus den Sprechblasen an die Tafel und markieren Sie *sollte*. Erläutern Sie, dass die KT hier eine weitere Anwendungsmöglichkeit des Konjunktivs II kennenlernen, und verweisen Sie auf die Konjugationsformen im Grammatikkasten. Anschließend geben sich die KT in Dreier- oder Vierergruppen gegenseitig Tipps, Auswertung im Plenum. Notieren Sie die Ergebnisse an der Tafel und lassen Sie die KT abstimmen, welchen Tipps oder welche Tipps sie am wichtigsten finden.

**Variante**

Variieren Sie die Aufgabe mit Tipps zu anderen Situationen, z.B. den Themen aus Lektion 9 (gesundes Essen bzw. gesundes Leben, Entspannung) oder mit Tipps zum effektiven Deutschlernen.

**3**

Primär geht es in dieser Übung darum, dass sich die KT mit möglichen Fragen im Bewerbungsgespräch vertraut machen. (Lösung: 3a: Arbeitszeiten – Gehalt – Aufgaben – Fremdsprachen; 3b: 1. Ich habe nach meinem Studium mehrere Jahre in einem Hotel als Rezeptionistin gearbeitet. Die Arbeit war sehr interessant. 2. Ich bin sicher, dass ich das schaffe. Stress kenne ich auch von meinen anderen Arbeitsstellen. 3. In Brasilien habe ich immer so gearbeitet.)

Lassen Sie die KT das Gespräch auch im Anhang nachlesen. Machen Sie auf den Beginn (allgemeine Einleitung zur Auflockerung/erster Kontakt) und auf das Ende des Gesprächs (positive Äußerung der Bewerberin) aufmerksam und heben Sie die Bedeutung dieser Gesprächsphasen hervor.

**4**

Hier sollen die KT mit Hilfe der Fragen und der Anzeigen in A2 selbst passende Antworten auf Fragen in einem Bewerbungsgespräch finden. Teilen Sie den Kurs bei 4b in Gruppen auf, lerngeübte und lernungeübte KT arbeiten getrennt, damit letztere mehr Unterstützung durch KL bekommen können. Zur Vorentlastung empfehlen sich für lernungeübte KT Übung 2 unter *Alles klar* sowie die AB-Übungen 18 und 19.

Die KT bearbeiten die Aufgabe zu den Arbeitgeberfragen in 4a in zwei Schritten. Im ersten Schritt erarbeiten sie in der Gruppe gemeinsame Antworten, die im Kurs vorgestellt werden, im zweiten Schritt überlegen sie, wie sie persönlich auf die Fragen antworten können.

**Varianten**

– Für lerngeübte KT: Die KT erarbeiten weitere Arbeitgeber- und Arbeitnehmerfragen für die Anzeigen in A2.
– Lassen Sie lerngeübte KT mit den Fragen und den erarbeiteten Antworten aus Aufgabe 4 kurze Vorstellungsgespräche spielen.

**5**

Nun sollen die Arbeitnehmer- und Arbeitgeberfragen und evtl. auch ein Vorstellungsgespräch mit Hilfe von Stellenanzeigen geübt werden, die zu den Interessen oder der gewünschten Ausbildung oder Berufserfahrung der KT passen. Bringen Sie dafür geeignete Zeitungen in den Kurs mit oder fordern Sie die KT auf, welche mitzubringen. Auch eine Internetrecherche ist möglich, sofern es an Ihrer Institution einen Computerraum gibt. Lassen Sie die KT kurze Dialoge schreiben, die Sie außerhalb des Unterrichts korrigieren.

*Arbeitsbuch:* Ü 15-19, Ü 20: Flüssig sprechen

Vertiefungsübung Ü 18: Antworten auf Fragen beim Vorstellungsgespräch

Portfolioübung Ü 19b: Antworten auf Fragen beim Vorstellungsgespräch

*Arbeitsbuch – Deutsch plus:* Ü 21: Tipps für die Vorbereitung auf ein Vorstellungsgespräch

*Arbeitsbuch – Wörter lernen:* Ü 22-24

**Phonetik:** Konsonanten, siehe Seite 127 in den *Handreichungen*.

**Flüssig sprechen**

*Alles klar* Ü 7

Wenn man sich telefonisch um eine Stelle bewirbt, ist der mündliche Eindruck besonders wichtig. Deshalb werden wichtige Redemittel in dieser Flüssig-Sprechen-Übung noch einmal eingeübt, damit sie in einer „echten" Situation dann flüssig zur Verfügung stehen. Es lohnt sich hier auch am Ausdruck, an der Intonation zu arbeiten. Der Sprecher auf der CD spricht die Sätze sehr interessiert. Die KT können auch variieren und die Sätze gelangweilt/genervt, … sprechen, so als ob sie die Stelle nicht haben wollten oder als ob es der x-te Anruf wäre und man es leid ist, immer wieder dasselbe zu sagen. Das motiviert, die Sätze mehrfach zu sprechen und schult das Ohr für Nuancen im Ausdruck.

*Flüssig sprechen* im Arbeitsbuch (Ü 20) trainiert die neue grammatische Struktur der Wunschsätze mit *würde*.

## Auftaktseite

### Lernziele und Lerninhalte:

| | |
|---|---|
| Sprechen: | Reisefotos beschreiben, von der letzten Reise erzählen |
| Wortschatz: | Reisen |

*Arbeitsbuch:* Ü 1-5

Vertiefungsübung Ü 2: *nach, aus, in*

Portfolioübung Ü 5: über die letzte Reise berichten

## A Reisevorbereitungen

### Lernziele und Lerninhalte:

| | |
|---|---|
| Sprechen: | nach Informationen über Urlaubsorte fragen, eine Reise im Reisebüro buchen, sagen, wo verschiedene Sachen liegen |
| Hören: | Dialog über den letzten Urlaub, Dialoge im Reisebüro |
| Schreiben: | Personen und Sachen beschreiben |
| Wortschatz: | Reisen und Urlaub |
| Grammatik: | Relativsätze im Nominativ und Akkusativ |

Kannbeschreibungen GER/Rahmencurriculum:

Kann eine Reise mit dem Zug oder Flugzeug am Schalter oder telefonisch buchen.

Kann einen Platz am Schalter oder telefonisch reservieren.

*Arbeitsbuch:* Ü 6-16

Vertiefungsübungen Ü 7: Relativsätze im Nominativ, Ü 15: Relativsätze im Akkusativ

Erweiterungsübung Ü 10: Landeskundequiz

## B Dialoge auf der Reise

### Lernziele und Lerninhalte:

| | |
|---|---|
| Sprechen: | Dialoge: besetzter Platz im Zug, Autopanne – die Notrufzentrale anrufen |
| Hören: | Dialoge: besetzter Platz im Zug, Autopanne – die Notrufzentrale anrufen |
| Wortschatz: | Autopanne |

Kannbeschreibungen GER/Rahmencurriculum:

Kann einen Notruf telefonisch oder an der Notrufsäule absetzen.

Kann äußern, dass er/sie einen bestimmten Platz reserviert hat.

*Arbeitsbuch:* Ü 17-19

## C Reiseplanung

### Lernziele und Lerninhalte:

| | |
|---|---|
| Sprechen: | eine Reise planen |
| Lesen: | Informationen über Feriengebiete/-orte |
| Schreiben: | Informationen aus Texten notieren |
| Wortschatz: | Reisen, Reiseplanung |

*Arbeitsbuch:* Ü 20-22, Ü 23: Flüssig sprechen

Vertiefungsübung Ü 22: Reiseplanung

*Arbeitsbuch – Deutsch plus:* Ü 24: Website Schönes-Wochenende-Ticket

*Arbeitsbuch – Wörter lernen:* Ü 25-28

**Bildkarten im Anhang:** Urlaub und Freizeit.

**Phonetik:** Die Vokale *e, ö, i* und *ü*

**Kopiervorlagen in den Handreichungen:**

KV 21: Dialogkarten

KV 22: Relativsatz-Domino

In Lektion 11 geht es um die Buchung von Flugtickets, Dialoge auf Reisen und Reiseplanung. Die Grammatik behandelt Relativsätze im Nominativ und Akkusativ.

## Auftaktseite

**Lernziele und Lerninhalte:**

| | |
|---|---|
| Sprechen: | Reisefotos beschreiben, von der letzten Reise erzählen |
| Wortschatz: | Reisen |

**1**

Teilen Sie den Kurs in Gruppen auf. Jede Gruppe bearbeitet ein Foto. Geben Sie den KT zunächst einige Minuten Zeit, um die Fotos zu betrachten und sich mit Hilfe des Schüttelkastens Notizen zu machen. Anschließend berichten die Gruppen im Kurs.

Machen Sie mit den KT ein Wörternetz zu Thema Reisen, das z.B. wie folgt aussehen kann:

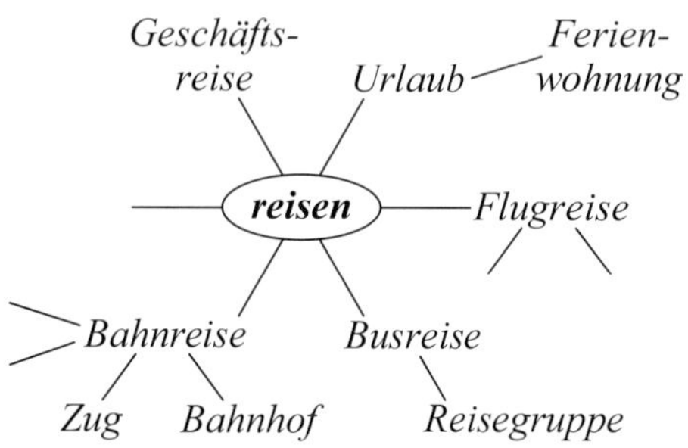


So können die KT bereits bekannten Wortschatz z.B. aus Lektion 13 im A1-Band aktivieren und den Wortschatz aus dem Schüttelkasten erweitern.

**Variante**

Die KT erarbeiten in verschiedenen Gruppen Wörternetze zu verschiedenen Reisethemen, z.B. Busreise, Flugreise, Bahnreise, Reise mit dem Auto, Urlaubsreise, Geschäftsreise. Jede Gruppe notiert vier bis fünf passende Wörter zu ihrem Thema. Die Ergebnisse werden auf einem Lernplakat gesammelt, das im Kursraum aufgehängt wird und den KT während der Bearbeitung der Lektion als Referenz dienen kann.

**2**

Diese Übung ist auch zur Wiederholung des Perfekts geeignet. Als Vorentlastung eignen sich die AB-Übungen 3 und 4. Insbesondere lernungeübte KT sollten hier keinen ausführlichen Bericht abliefern. Es reicht, wenn sie die drei Fragen in der Arbeitsanweisung beantworten. Die KT führen die Übung als Partnerinterview durch. Anschließend berichten sie über ihre Lernpartner im Plenum.

Weiteren Wortschatz zum Thema Urlaub und Freizeit finden Sie in den Bildkarten auf S. 244/245 bzw. S. 142/43(Teilband A2.2).

*Arbeitsbuch:* Ü 1-5

Vertiefungsübung Ü 2: *nach*, *aus*, *in*

Portfolioübung Ü 5: Über die letzte Reise berichten

## A Reisevorbereitungen

**Lernziele und Lerninhalte:**

| | |
|---|---|
| Sprechen: | nach Informationen über Urlaubsorte fragen, eine Reise im Reisebüro buchen, sagen, wo verschiedene Sachen liegen |
| Hören: | Dialog über den letzten Urlaub, Dialoge im Reisebüro |
| Schreiben: | Personen und Sachen beschreiben |
| Wortschatz: | Reisen und Urlaub |
| Grammatik: | Relativsätze im Nominativ und Akkusativ |

Die KT üben Dialoge im Reisebüro. Außerdem werden die Relativpronomen im Nominativ und Akkusativ eingeführt.

**1**

Das kurze HV dient der Einführung der Relativpronomen im Nominativ. (Lösung 1a: 2)

Nach dem zweiten Hören ergänzen die KT die Sätze in 1b. Erläutern Sie die Relativpronomen im Nominativ mit Hilfe des Grammatikkastens und weisen Sie darauf hin, dass sie den Artikeln im Nominativ entsprechen. Schreiben Sie das Beispiel aus dem Kasten an die Tafel und markieren Sie das Relativpronomen und das Bezugswort im Relativsatz wie dort und auch das Verb. Schreiben Sie dann die übrigen Sätze aus 1b in Form von zwei Hauptsätzen an die Tafel. Lassen Sie unter den Sätzen etwas Platz, damit jeweils ein/e KT ein Satzgefüge mit Hauptsatz und Nebensatz schreiben kann, wobei er/sie die Relativpronomen und das Verb im Relativsatz markiert. Die KT schreiben die Sätze auch ins Heft.

Erläutern Sie die Funktion des Relativsatzes und die Grammatik des Relativpronomens, die Funktion des Relativsatzes z.B. wie folgt:

*Das ist das Museum.*
*Welches Museum? Was wissen wir über das Museum?*
*Das Museum war immer geschlossen.*
*Das ist das Museum, das immer geschlossen war.*

Verfahren Sie ähnlich mit den übrigen Sätzen aus 1b.

## 2

Diese Übung zur weiteren Festigung machen die KT in Partnerarbeit mit individueller Kontrolle durch KL. Lassen Sie die KT auch hier Relativpronomen, Bezugswort und das Verb im Relativsatz markieren.

## 3

Mündliche Übung zur Einübung der Relativsätze. 3a ist gegenüber 3b etwas stärker gelenkt. Geben Sie den KT etwas Zeit, in beiden Übungen passende Satzteile zuzuordnen, bevor sie fragen und antworten. Partnerarbeit mit individueller Kontrolle durch KL.

**Variante**

Fertigen Sie Kärtchen mit den einzelnen Wörtern von Satzgefügen mit Haupt- und Nebensatz aus Aufgabe 3 oder auch mit anderen Verbindungen von Hauptsatz und Relativsatz an und verteilen Sie diese an die KT. Die KT heften sie anschließend in der richtigen Reihenfolge an eine Pinwand oder kleben sie auf ein Lernplakat, auf dem sie dann wie in Aufgabe 1 und 2 markieren.

## 4-5

Das HV in Aufgabe 4 dient der Vorbereitung von Dialogen der KT im Reisebüro.

(Lösung Aufgabe 4: 1/R, 2/F, 3/R, 4/F, 5/R, 6/F)

Lassen Sie die KT die Dialoge ein weiteres Mal hören und stellen Sie weitere Fragen:

zu Dialog 1: *Wo wollen Herr und Frau Maffei wohnen?Wo fliegen sie ab?Wann fliegen sie ab?Wie viel kostet die Reise?*

zu Dialog 2: *Wann ist der Hinflug?Wann ist der Rückflug?Wie viel kostet der Flug?Wer bezahlt die Reise?Was für ein Hotel sucht Frau Bloch?*

Mit diesen Fragen üben die KT zugleich Wortschatz für die Dialogarbeit in 5.

**Variante**

Die KT schreiben in Partnerarbeit zu einem der Dialoge Fragen und tauschen sie dann aus, um sie zu beantworten.

Für die Dialogvariationen in 5 lesen die KT zunächst die Dialoge aus 4 im Anhang in Partnerarbeit. Je nach Lernstärke üben die KT wieder unterschiedlich: Lernungeübte KT zunächst mit einem Lückentext und unter Heranziehung von AB-Übung 11 sowie Übung 2 unter *Alles klar*, lerngeübte KT beginnen unter Heranziehung des Redemittelkastens mit einer Dialoggrafik, z.B. der in AB-Übung 12.

Ein Lückentext für Situation 1 kann z.B. wie folgt aussehen:

*+ Guten Tag, ich möchte einen _______ von _______ nach _______ buchen.*

*– Wann wollen Sie _______?*

*+ Ich möchte den _______ am _______ und den Rückflug am _______.*

*– Ich kann Ihnen einen Flug ab _______ _______. Er kostet nur _______.*

Anschließend spielen sie die Dialoge mit Hilfe des Redemittelkastens.

Die KT sollten jede Variation in Partnerarbeit mit wechselnden Rollen spielen, so dass jede/r KT einmal die Rolle des Reisebüromitarbeiters und einmal die des Kunden übernimmt.

Beachten Sie, dass *sollen* im Redemittelkasten in der Bedeutung einer Absicht/eines Plans vorkommt: *Der Hinflug soll am ... und der Rückflug am ...* . Sie können diese Bedeutung von *sollen* mit Hilfe von AB-Übung 13 erläutern.

**Varianten**

- Bieten Sie den KT weitere Dialogvariationen an, z.B.: Sie wollen eine Geschäftsreise nach New York machen, die vier Tage dauert, sie wollen ab München fliegen und brauchen ein Hotel o.ä.
- Einen komplexeren Dialog können lerngeübte KT mit Hilfe der Rollenkarten zu Dialog 1 in **Kopiervorlage 21** spielen.
- Die Kopiervorlage enthält Rollenkarten für die Situationen: Reisebuchung, Fahrkartenkontrolle/Zugverspätung, Reiseplanung.
- Die Rollenkarten sind besonders für lerngeübte KT geeignet. Schneiden Sie die Kärtchen aus und geben Sie jeweils zwei KT Kärtchen von einem Dialog mit den verschiedenen Rollen. Geben Sie den KT einige Minuten Zeit, damit sie sich für ihre Rollen Notizen machen können, bevor sie mit den Dialogen beginnen.

**6-7**

Einführung der Relativpronomen im Akkusativ. Gleichzeitig Wiederholung der Wechselpräpositionen (mit Dativ). Einleitend ordnen die KT die Wörter zu, es folgen die Fragen und Antworten in Partnerarbeit. Sammeln Sie die Antworten an der Tafel und erläutern Sie ggf. noch einmal die Wechselpräpositionen mit Dativ und Akkusativ (s. dazu die Kommentare zu Lektion 3, Block A in den vorliegenden *Handreichungen* und zu Lektion 9, Block B in den *Handreichungen* zum A1-Band, S. 75f).

Anschließend lösen die KT 7a. Erläutern Sie mit Hilfe des Grammatikkastens die Relativpronomen im Akkusativ. Weisen Sie darauf hin, dass sie den bestimmten Artikeln im Akkusativ entsprechen.

**Varianten**

- Nachdem die KT die Sätze in 7b ergänzt haben, kann eine Frage- und Antwortrunde in Partnerarbeit folgen, die mit allen Gegenständen aus Aufgabe 6 z.B. nach folgendem Musterdialog verlaufen kann:

  \+ *Wo sind die Badesachen?*

  – *Welche Badesachen?*

  \+ *Ich meine die Badesachen, die ich gestern aus dem Schrank geholt habe.*

  – *Die liegen auf der Kommode.*

- Nachdem die Partnerarbeit beendet ist, fragen sich die KT noch einmal im Plenum der Reihe nach, oder indem sie sich einen Ball zuwerfen: *Wo ist der gelbe Sonnenhut, den ich immer am Strand trage? – Er liegt auf dem Sofa* etc.
- Schreiben Sie Zettel mit Hauptsätzen und dem Anfang eines Relativsatzes, z.B.: *Ich möchte eine Wohnung kaufen, die ... / Ich suche eine Mantel, der ... / Ich möchte in einer Wohnung wohnen die, ...* und verteilen Sie diese an die KT. Die KT ergänzen die Sätze. Sammeln Sie die Zettel erneut ein und verteilen Sie sie neu. Die KT lesen den Satz, den sie bekommen haben, vor, die anderen KT raten, wer ihn geschrieben hat.
- Spielen Sie auch das Relativsatz-Quiz in *Alles klar* Übung 4 im Kurs.

Eine weitere Übungsmöglichkeit bietet **Kopiervorlage 22.** Sie finden hier ein Domino mit Relativsätzen, das besonders für lernungeübte KT geeignet ist.

*Arbeitsbuch:* Ü 6-16

Vertiefungsübungen Ü7: Relativsätze im Nominativ, Ü15: Relativsätze im Akkusativ

Erweiterungsübung Ü 10: Landeskundequiz

Grammatikkarten im Arbeitsbuch/Anhang: Relativsätze I (Nominativ, Akkusativ)

## B Dialoge auf der Reise

**Lernziele und Lerninhalte:**

| | |
|---|---|
| Sprechen: | Dialoge: besetzter Platz im Zug, Autopanne – die Notrufzentrale anrufen |
| Hören: | Dialoge: besetzter Platz im Zug, Autopanne – die Notrufzentrale anrufen |
| Wortschatz: | Autopanne |

In diesem Block üben die KT Dialoge, um Situationen, die auf Reisen vorkommen können, sprachlich zu bewältigen.

**1**

(Lösungen: 1a: Dialog 1: Foto 1 – Dialog 2: Foto 2, 1b: 1/C, 2/C). Weisen Sie auf den Infokasten hin und fragen Sie die KT, ob sie ähnliche Situationen im Heimatland oder in Deutschland schon einmal erlebt haben, und was sie gegebenenfalls gemacht haben.

**2a**

Die Sätze im Schüttelkasten sind den Dialogen aus 1 ähnlich. Lassen Sie die KT die Dialoge aus 1 noch einmal zur Kontrolle hören, und die Dialoge im Anhang sowie die Dialoge in dieser Übung in Partnerarbeit laut lesen, nachdem sie die Aufgabe gelöst haben.

**2b**

Für diese Dialogvariationen empfiehlt sich wieder eine differenzierte Vorgehensweise. Lernungeübte KT können Situation 1 spielen, indem sie zunächst einfach den Dialog im Anhang mit den veränderten Informationen lesen, während für Situation 2 ein Lückentext geeignet ist, der z.B. wie folgt aussehen kann:

*+ Entschuldigen Sie bitte, ich glaube, Sie ________________.*

*– Haben Sie eine ______________?*

*+ Ja, Wagen __________ Platz ___________. Hier steht es.*

*– Meine Reservierung ist auch in Wagen __________, aber ich habe Platz ___________! Entschuldigen Sie bitte!*

*+ Das _________________. Das ist mir ___________________.*

Eine Dialoggrafik kann für Situation 2 wie folgt aussehen:

*Entschuldigung/mein Platz*
*Reservierung?*
*Ja/Wagen/Platz*
*Ich auch ... /Aber: Wagen/Platz Entschuldigung*

**Variante**

Eine weitere Übungsmöglichkeit für lerngeübte KT bietet **Kopiervorlage 21**. Schneiden Sie dafür die Rollenkarten für Dialog 2 aus der Kopiervorlage aus. Die Situation (Gespräch von Fahrgast und Zugbegleiter im ICE) entspricht der Situation in Übung 1 unter *Alles klar*.

*Arbeitsbuch:* Ü 17-19

## C Reiseplanung

**Lernziele und Lerninhalte:**

| | |
|---|---|
| Sprechen: | eine Reise planen |
| Lesen: | Informationen über Feriengebiete/-orte |
| Schreiben: | Informationen aus Texten notieren |
| Wortschatz: | Reisen, Reiseplanung |

In diesem Block lernen die KT einige Regionen aus dem deutschsprachigen Raum kennen. Außerdem eignet er sich als Vorbereitung auf den Prüfungsteil Sprechen 3 im DTZ.

**1**

Geben Sie den KT ausreichend Zeit, die Texte zu lesen. Die Lösung von 1a ist auch ohne detaillierte Klärung von unbekanntem Wortschatz möglich. Während der zweiten Lektüre notieren die KT unbekannten Wortschatz, der dann im Plenum geklärt wird. Anschließend notieren die KT in Partnerarbeit Informationen aus den Texten, die sie wichtig finden und berichten im Plenum.

Geben Sie dafür für lernungeübte KT geeignete Redemittel vor, z.B.:

*– Uns/Mir gefällt es, dass man ...*

*– Ich/Wir finden besonders interessant, dass man ...*

**Varianten**

- Die KT schreiben in Gruppen weitere Fragen zu den Texten, die anderen Gruppen beantworten sie.
- Für lerngeübte KT: Die KT lesen sich die Texte ein weiteres Mal durch, machen sich Notizen und berichten dann auf Basis ihrer Notizen über die Regionen und Orte.
- Machen Sie im Kurs eine Abstimmung. Welchen Ort/Welche Region finden die KT am interessantesten?

– Sofern an Ihrem Kursort die Möglichkeit besteht, können die KT im Internet weitere Informationen über die Orte und Regionen sammeln, aus denen sie evtl. ein Lernplakat anfertigen.

Fragen Sie KT, ob sie einen der Orte oder eine Region kennen und lassen Sie diese berichten.

**Informationen zur Landeskunde**

**Rügen** gehört zum Bundesland Mecklenburg-Vorpommern und ist seit dem 19. Jahrhundert Badeinsel. Die Insel gehört zu den beliebtesten Tourismuszielen. Binz, Sellin und Göhrin an der Küste sind die wichtigsten Badeorte. Der Hauptort Bergen auf Rügen hat ca. 14.000 Einwohner. Die bekannteste Attraktion sind die Kreidefelsen, von denen der 118 Meter hohe Königsstuhl das Wahrzeichen von Rügen ist.

**Zermatt** im schweizerischen Kanton Wallis liegt 1.608 Meter über dem Meeresspiegel am Nordostfuß des Matterhorns und hat ca. 5.800 Einwohner. Zermatt ist ein bekannter Ferienort mit Skigebieten und bildet den Ausgangspunkt für Bergsteiger und Wanderer. Der Ort bietet mit Hotels und Ferienwohnungen für 17.500 Gäste Platz. Autos dürfen in Zermatt nicht fahren, es verkehren nur Elektrofahrzeuge, die mit einer maximalen Geschwindigkeit von 20 km/h fahren dürfen, und Pferdetaxen.

Das **Münsterland** umfasst ca. 6.500 km$^2$ und liegt im Nordwesten des Bundeslandes Nordrhein-Westfalens. In dem beliebten Radwandergebiet gibt es ausgeschilderte Radwanderwege wie z.B. den Europaradwanderweg R1 und die 100-Schlösser-Route. Die Stadt Münster hat ca. 275.000 Einwohner, die Universität (Westfälische Wilhelms-Universität) ist mit ca. 37.000 Studenten eine der größten Universitäten Deutschlands.

Die Österreichische Hauptstadt **Wien** hat ca. 1,7 Millionen Einwohner. Sie ist zugleich eines der neun Bundesländer Österreichs. Die Stadt an der Donau war bis 1918 die Hauptstadt des Kaiser- und Königreichs Österreich-Ungarn und über viele Jahrhunderte Residenz der deutschen Kaiser. Wien bietet zahlreiche Sehenswürdigkeiten; neben denen, die im KB genannt sind, u.a. das neugotische Rathaus, die Karlskirche sowie das Schloss Schönbrunn, das von der UNESCO ebenso wie die Altstadt als Weltkulturerbe anerkannt wurde.

**2**

Bei dieser Aufgabe sollten die KT nach Lernstärke getrennt arbeiten, damit Sie mehr Zeit für lernungeübte KT haben. Nachdem sich die KT auf ein Reiseziel geeinigt haben, sammeln sie zunächst, was sie für ihre Reise brauchen und welche Aufgaben vor der Reise zu erledigen sind.

Weisen Sie anschließend auf den Redemittelkasten hin, in dem zum ersten Mal Redemittel vorkommen, um etwas auszuhandeln bzw. sich zu einigen, die im Prüfungsteil Sprechen Teil 3 des DTZ beherrscht werden müssen. Lernungeübte KT sollten zusätzlich AB-Übung 22 machen.

Erarbeiten Sie gemeinsam mit den KT mit Hilfe des Redemittelkastens im Buch kleine Dialoge, die Sie an der Tafel notieren, z.B.:

*- Ich schlage vor, dass wir fünf Tage bleiben.*
*+ Ich möchte aber lieber eine Woche bleiben.*

*- Fahren wir mit dem Auto?*
*+ Wir sollten lieber den Zug nehmen.*
*- Einverstanden.*

Anschießend organisieren die KT ihre Reise und stellen sie im Kurs vor. Geben Sie auch dafür einige Redemittel vor:

*Wir wollen nach ... fahren.*
*Die Reise soll ... dauern.*
*Wir wollen ... bleiben.*
*Wir fahren mit ...*
*Wir nehmen ... mit.*
*Wir wollen (Radtouren) machen / ... besichtigen.*
*...*

Eine weitere Übungsmöglichkeit für lerngeübte KT bietet **Kopiervorlage 21**. Schneiden Sie dafür die Rollenkarten für Dialog 3 aus der Kopiervorlage aus.

3

Fordern Sie die KT für dieses Projekt auf, geeignetes Material mitzubringen, z.B. Prospekte von der örtlichen Touristeninformation, Anzeigen aus Zeitungen oder Angebote der örtlichen Verkehrsbetriebe oder von Busunternehmen und der Deutschen Bahn. Die Gruppen können ihre Ergebnisse auch auf einem Lernplakat präsentieren, das im Kursraum aufgehängt wird.

*Arbeitsbuch:* Ü 20-22, Ü 23: Flüssig sprechen

Vertiefungsübung Ü 22: Reiseplanung

*Arbeitsbuch – Deutsch plus:* Ü 24: Website Schönes-Wochenende-Ticket

*Arbeitsbuch – Wörter lernen:* Ü 25-28

**Phonetik:** Die Vokale *e*, *ö*, *i* und *ü* siehe Seite 127 in den *Handreichungen*.

**Flüssig sprechen**

*Alles klar* Ü 6

Die grammatische Struktur der Relativsätze ist für die KT nicht einfach, insbesondere, wenn sie aus Sprachen kommen, die keine vergleichbaren Strukturen kennen. Die Struktur ist in der Kommunikation aber häufig hilfreich. Deshalb werden hier ganz einfache Fragen mit Relativsätzen geübt, die von den KT leicht abgewandelt in vielen Situationen verwendet werden können. Wie immer können Sie die Übung in einem zusätzlichen Durchgang öffnen und die KT kurze Antworten sprechen lassen und damit die flüssige Reaktion in Gesprächen trainieren.

*Flüssig sprechen* im Arbeitsbuch (Ü 23) übt die Redemittel für ein Gespräch im Reisebüro oder bei einer Fluggesellschaft.

## Station 3

### Spiel und Spaß

1

In dem Spiel werden Wortschatz, Dialogsituationen und Grammatik von Lektion 1-11 wiederholt. Am Tag, bevor die KT das Spiel im Kurs spielen, sollten sie sich zu Hause die Lektionen noch einmal anschauen.

**Variante**

Die KT gehen im Kurs noch einmal die Lektionen 1-11 durch und schreiben für ein eigenes Spiel in Gruppen selbst eine oder zwei Aufgaben pro Lektion.

### Pflegeberufe

1

Erstellen Sie ein Wörternetz mit weiteren Berufen im Gesundheitsbereich (z.B. Logopäde, Krankengymnast, Ärztin, Psychologe), nachdem die KT die Aufgabe gelöst haben.

Gehen Sie auf den Beruf Krankenschwester näher ein, denn so können Sie das Interview mit einer Krankenschwester in Aufgabe 3 vorentlasten.

2

Fragen Sie einleitend, ob die KT Erfahrungen in diesen Berufen haben und lassen Sie KT berichten, die in Pflege- bzw. Gesundheitsberufen gearbeitet oder eine Ausbildung haben. Lassen Sie die KT gegebenenfalls auch über unterschiedliche Arbeitsbedingungen in Deutschland und im Heimatland berichten.

Fordern Sie die KT auf, ihre Meinung zu begründen. Außerdem bietet sich Gelegenheit, Wunschsätze mit *würde (gern)* zu üben, die in Lektion 11 eingeführt wurden, z.B.:

*Ich finde den Beruf Hebamme interessant, weil, ...*

*Ich würde gern den Beruf Hebamme lernen / als Hebamme arbeiten, weil ...*

3-4

Das Interview mit der Krankenschwester in Aufgabe 3 und der anschließende Lesetext bieten Informationen über den Beruf sowie die Anerkennung einer ausländischen Krankenpflegeausbildung in Deutschland. Der Lesetext in 4, in dem detaillierte Informationen aus dem HV von 3 abgedruckt sind, geht über das Niveau A2 hinaus und ist insbesondere für lerngeübte KT geeignet, die eine derartige Ausbildung haben bzw. daran interessiert sind.

(Lösungen 3a: Frau Arkaeva arbeitet gern als Krankenschwester, 3b: 1/R, 2/R, 3/F, 4/F, 5/R, 6/F)

Gehen Sie im Anschluss an 3 auch auf den Infokasten ein und erläutern Sie wie evtl. anlässlich der Handwerksberufe in Station 2, dass man in Deutschland in einigen Berufen wie z.B. den Gesundheitsberufen oder auch einigen Handwerksberufen eine Anerkennung für eine Ausbildung im Ausland braucht, wenn man in Deutschland in diesen Berufen arbeiten möchte. Sehr ausführliche und differenzierte Informationen zu den reglementierten Berufen, zur Anerkennung von Ausbildungen in EU- und Nicht-EU-Staaten sowie zu den Zuständigkeiten in den 16 Bundesländern findet man auf dem Internetportal www.berufliche-anerkennung.de.

5

Die abschließende Dialogübung ist nicht nur für KT, die an Pflegeberufen interessiert sind, relevant, da jeder in die Situation eines Krankenhausaufenthaltes kommen kann. Vor den Dialogvariationen sollten die KT den Modelldialog in Partnerarbeit laut lesen und spielen.

### Prüfungsvorbereitung DTZ: Sprechen

Im Kursbuch wird der Prüfungsteil Sprechen 1 und 2 geübt, im Arbeitsbuch die Prüfungsteile Lesen, Teil 5 (Lückentext mit multiple choice-Aufgaben) und Schreiben (einer Kurzmitteilung). Im Anhang des KB (Bildkarten, letzte Seite) finden Sie für Sprechen, Teil 2 zwei weitere Fotos mit Radfahrern. Die Teile 1 und 2 des Prüfungsteils Sprechen finden als Gespräch mit dem Prüfer (Teil 1) bzw. als Kurzvortrag mit anschließenden Fragen des Prüfers (Teil 2) statt.

**1a**

Lassen Sie die KT zunächst die Informationen über den Prüfungsablauf lesen bzw. erläutern Sie ihn genauer. Dann schreiben die KT zur Vorbereitung komplette Fragen zu den Stichwörtern und ergänzen sie schriftlich. KL korrigiert ggf. Fragen und insbesondere die Antworten. Anschließend üben die KT diesen Prüfungsteil mit ihrem Lernpartner.

**1b**

Auch hier lesen die KT zunächst die Informationen zum Prüfungsablauf, KL erläutert sie genauer.

Sammeln Sie dann gemeinsam mit den KT geeigneten Wortschatz zu dem allgemeinen Thema Verkehr/Verkehrssicherheit/Radfahrer, das auf den drei Fotos in der Station selbst bzw. im Anhang dargestellt ist, z.B. in Form eines Wörternetzes, das für das Foto in der Station z.B. wie folgt aussehen kann:

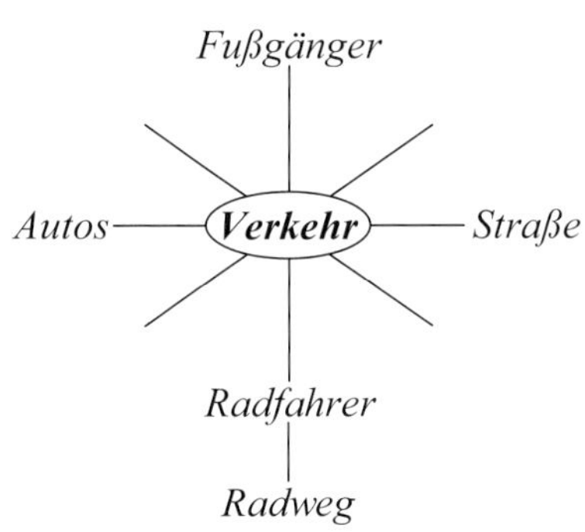


Die Fotos im Anhang zeigen Radwanderer auf dem Land und Radfahrer in der Stadt in einer gefährlicheren Situation als in Station 3.

Erarbeiten Sie mit den KT darüber hinaus geeignete Redemittel zur Bildbeschreibung und zum Vergleich der Situation in Deutschland mit dem Heimatland. Schreiben Sie diese an die Tafel oder bereiten Sie ein geeignetes Arbeitsblatt vor, z.B.:

*ein Bild beschreiben*

*Auf dem Foto sehe ich …*

*Die Radfahrer sind auf dem Radweg/auf einer Landstraße/mitten zwischen den Autos.*

*Die Autos fahren neben den Radfahrern/auf der Straße.*

*Ich finde die Situation sicher/ gefährlich …*

*…*

*die Situation im Heimatland mit der Situation in Deutschland vergleichen*

*Bei uns in … ist es anders als/ähnlich wie in Deutschland.*

*Bei uns ist es genauso wie in Deutschland.*

*Für mein Heimatland ist typisch, dass …*

*Ich finde, dass in Deutschland/in meinem Heimatland …*

Anschließend beschreiben die KT die Fotos, die Lernpartner stellen nach den Kurzvorträgen weitergehende Fragen.

Es empfiehlt sich, dass die KT auch die im AB angebotene Prüfungsvorbereitung für Lesen, Teil 5 und Schreiben während des Unterrichts machen. Lesen Teil 5 in Partnerarbeit mit anschließender Besprechung im Plenum. Beim Prüfungsteil Schreiben sind wie im DTZ zwei Situationen angeboten, mit dem Unterschied, dass pro Situation nicht vier, sondern nur drei Items zu bearbeiten sind. Erarbeiten Sie mit den KT für die erste Situation (Hilfe beim Streichen einer Wohnung) einen Modelltext an der Tafel, den Sie anschließend wieder wegwischen. Danach schreiben die KT eine eigene Kurzmitteilung zu der Situation, während sie Situation 2 (gemeinsam Deutsch lernen) als Hausaufgabe bearbeiten. Sammeln Sie die Texte am folgenden Tag ein, um sie außerhalb des Unterrichts zu korrigieren.

## Auftaktseite

### Lernziele und Lerninhalte:

| | |
|---|---|
| Sprechen: | Fotos beschreiben, erzählen, wo man in Deutschland Leute kennengelernt hat. Möglichkeiten, im Heimatland Leute kennenzulernen |

Kannbeschreibungen GER/Rahmencurriculum:

Kann auf einfache Weise seine/ihre Meinung über erlebte und beobachtete Aspekte des Lebens in Deutschland mitteilen.

Kann sich in einfachen Worten über seine/ihre interkulturellen Erfahrungen austauschen.

*Arbeitsbuch:* Ü 1-3

## A Das Nachbarschaftshaus

### Lernziele und Lerninhalte:

| | |
|---|---|
| Sprechen: | Engagement im Nachbarschaftshaus, ehrenamtliche Aktivitäten |
| Hören: | Ein Projekt im Nachbarschaftshaus |
| Lesen: | Konzept des Nachbarschaftshauses und Angebote |

*Arbeitsbuch:* Ü 4-6

Vertiefungsübung Ü 5: Wiederholung Verben

## B Vereine

### Lernziele und Lerninhalte:

| | |
|---|---|
| Hören: | Interview über Vereinsmitgliedschaften |
| Lesen: | Bericht über Vereine in Deutschland |
| Wortschatz: | Vereinsleben |
| Projekt: | Vereine im Wohnort |
| Grammatik: | Relativsätze im Dativ und mit Präpositionen |

*Arbeitsbuch:* Ü 7-15

Vertiefungsübung Ü 11: Relativsätze mit Präpositionen

Erweiterungsübungen Ü 12: Relativsätze mit Präpositionen, Ü 14: Relativsätze

Portfolioübung Ü 15: Vereinsmitgliedschaft

## C Telefonieren

### Lernziele und Lerninhalte:

| | |
|---|---|
| Sprechen: | Dialoge am Telefon |
| Hören: | Dialoge am Telefon |
| Lesen: | Dialoge am Telefon |
| Wortschatz: | Kommunikation am Telefon |

Kannbeschreibungen GER/Rahmencurriculum:

Kann sich telefonisch verbinden lassen.

*Arbeitsbuch:* Ü 16-18, Ü 19: Flüssig sprechen

*Arbeitsbuch – Deutsch plus:* Ü 20: Beitrittserklärung für einen Verein

*Arbeitsbuch – Wörter lernen:* Ü 21-24

**Phonetik:** Das *r* und *l*

**Kopiervorlagen in den Handreichungen:**

KV 23A/B: Wechselspiel zu Relativsätzen

KV 24: Dialoggrafiken für Telefongespräche

In Lektion 12 geht es um die Themen Kontakte knüpfen, Vereine, ehrenamtliches Engagement und den Austausch interkultureller Erfahrungen. Die Grammatik behandelt Relativsätze mit Präpositionen.

## Auftaktseite

### Lernziele und Lerninhalte:

Sprechen: Fotos beschreiben, erzählen, wo man in Deutschland Leute kennengelernt hat, Möglichkeiten, im Heimatland Leute kennenzulernen

**1**

Geben Sie einleitend einige Orte vor, die auf den Fotos abgebildet sind: *Diskothek/privates Fest – Kinderspielplatz – Straßenfest – Internetcafé*. Die KT ordnen die Fotos zu. Teilen Sie den Kurs dann in Gruppen auf. Jede Gruppe bearbeitet ein Foto. Geben Sie den KT einige Minuten Zeit, um sich in Gruppenarbeit die Bilder anzuschauen und Notizen zu machen bzw. die weiteren Fragen in der Arbeitsanweisung mit Hilfe des Redemittelkastens zu beantworten. Unterstützen Sie die KT, sofern sie weiteren Wortschatz brauchen. Anschließend beschreiben die KT die Fotos bzw. die Personen auf dem Foto, das sie bearbeitet haben, im Plenum.

Es kann eine Diskussion folgen, welche Möglichkeiten es gibt, in den abgebildeten Situationen Leute kennenzulernen. Geben Sie geeignete Redemittel vor, für die Situation auf dem Kinderspielplatz, die die KT bereits aus Lektion 14 des A1-Bandes (Block C) kennen, z.B.:

*Wenn man Kinder hat, kann man schnell neue Leute kennenlernen/Freunde finden.*

*Ein Spielplatz ist nicht nur für Kinder ein guter Treffpunkt.*

*Auch Eltern können sich hier kennenlernen und Freunde werden, weil ...*

*Ich war auch schon auf dem Kinderspielplatz und habe gute Erfahrungen gemacht/nette Leute kennengelernt.*

*Mit der Mutter/dem Vater von ... habe ich viel Kontakt/treffe ich mich auch zu Hause/mache ich jetzt viel zusammen.*

**Variante**

Die KT wählen eine Situation aus und schreiben einen kleinen Dialog. Vorbild dafür können die Smalltalk-Gespräche in A4 und das Gespräch auf dem Kinderspielplatz in C2 von Lektion 14 des A1-Bandes sein. So können die KT auch bereits gelernte Redemittel wiederholen.

**2a**

Diese Aufgabe soll als Erfahrungsaustausch dienen und die KT können sich Tipps geben, wie man in Deutschland Leute kennenlernen kann. Sprechen Sie hier auch den Deutschkurs oder andere Kurse als geeignete Treffpunkte an und lassen Sie die KT weitere Möglichkeiten suchen, z.B. die Arbeit, Reisen, Konzerte, Hobbys.

Es ist gut möglich, dass viele KT gar keine oder nur sehr wenige Kontakte zu Deutschen haben, sondern nur zu Landsleuten. Die verschiedenen in Deutschland vertretenen Nationalitäten haben zahlreiche Netzwerke, in denen sie sich gegenseitig helfen und beraten und zu denen Deutsche nicht zuletzt aufgrund der fehlenden Sprachkenntnisse kaum Zugang haben. Lassen Sie die KT gegebenenfalls auch darüber berichten.

**2b**

Diese Aufgabe bietet Gelegenheit zu einem interkulturellen Vergleich. Geben Sie den KT einige Minuten Zeit, um über Gemeinsamkeiten und Unterschiede nachzudenken und sich Notizen zu machen. Lernungeübte KT beschränken sich darauf, die Sprechblasen zu ergänzen, lerngeübte KT berichten ausführlicher.

*Arbeitsbuch:* Ü 1-3

## A Das Nachbarschaftshaus

### Lernziele und Lerninhalte:

Sprechen: Engagement im Nachbarschaftshaus, ehrenamtliche Aktivitäten

Hören: Ein Projekt im Nachbarschaftshaus

Lesen: Konzept des Nachbarschaftshauses und Angebote

In diesem Block stehen das Leseversehen und das Hörverstehen im Zentrum. Mit den Informationen über das Nachbarschaftshaus sollen die KT darüber hinaus angeregt werden, sich am Leben in ihrer Umgebung bzw. ihrem Wohnort zu beteiligen.

**1**

Die Aufgaben werden in Partner- oder Gruppenarbeit gelöst, Auswertung im Plenum. Notieren Sie die Antworten der KT zu 1b an der Tafel in einer Tabelle, die z.B. so aussehen kann:

| *Was ist das Nachbarschaftshaus?* | *Wer kommt ins Nachbarschaftshaus?* | *Was kann man dort machen?* |
|---|---|---|
| *Treffpunkt im Berliner Stadtteil Kreuzberg* | *Kinder, Jugendliche, Erwachsene aus der Nachbarschaft* | *Kurse, Leute kennenlernen, Sport, sich beraten lassen* |

Anschließend schließen die KT das Buch und berichten auf Basis der Stichwörter über das Nachbarschaftshaus.

**2**

Zunächst lesen die KT die Angebote. Klären Sie im Plenum, was die einzelnen Angebote bedeuten bzw. in welchen Situationen sie relevant sein können.

Anschließend Partnerinterviews. Zunächst wählt jede/r KT zwei interessante Angebote aus, anschließend stellt der Lernpartner/die Lernpartnerin Fragen. Die KT berichten dann im Plenum über den jeweils anderen Lernpartner.

Die Berichte über ähnliche Angebote in der Nachbarschaft der KT sind auch als Projekt möglich. Die KT sammeln z.B. im Internet Informationen über Stadtteilzentren am Kurs- oder Wohnort und über die Angebote oder sie informieren sich vor Ort. Sie erstellen eine Adressenliste bzw. eine Liste mit Angeboten, die vom KL kopiert und dann als Informationstext an die KT verteilt wird.

**3a**

(Lösung: Foto 3) Besprechen Sie im Anschluss an 3a, welche Situationen auf den anderen Fotos abgebildet sind und evtl. zu welchen Aussagen in den Texten in 1 und 2 sie passen (Foto 2: Hausaufgabenhilfe, Foto 4: Menschen mit Behinderungen). Geben Sie Redemittel und Wortschatz vor (für Foto 4 z.B. *der Rollstuhl / im Rollstuhl sitzen*), damit die KT die Fotos beschreiben können. Für Foto 2 sind z.B. folgende Redemittel geeignet:

*Der Junge/Das Kind macht Hausaufgaben.*
*Die Frau hilft … bei den …*
*Der Junge möchte wissen, ob seine Lösung richtig ist./ob … .*
*Die Frau kontrolliert … und vielleicht erklärt sie etwas.*

**3b**

Diese Aufgabe ist für lernungeübte KT evtl. nur mit Schwierigkeiten zu lösen, weshalb sie die Texte nach dem zweiten Hören noch einmal im Anhang nachlesen sollten.

Wenn andere KT schon früher fertig sind, können sie in Gruppenarbeit die Texte im Anhang nachlesen, Fragen formulieren und gegenseitig beantworten, z.B.:

*Wie oft besucht Ulyana Frau Bauer?*

*Was macht sie bei Frau Bauer?*

*Warum findet Frau Bauer das Leben oft langweilig?*

*Warum freut sie sich auf die Besuche von Ulyana?*

(Lösungen 3b: 2. Im Projekt … lernt Frau Bauer die Arbeit mit dem Computer, 3. Ulyana arbeitet gerne ehrenamtlich, 4. Frau Bauer kennt das Projekt. 5 Frau Bauer kann vieles nicht mehr machen. 6. Sie bekommt von Ulyana Hilfe./ Ulyana hilft Frau Bauer.)

**4**

Hier ist Gelegenheit, den KT die Arbeit mit einem einsprachigen Wörterbuch zu erläutern. Lassen Sie einen lerngeübten KT den Eintrag genauer erklären: Silbentrennung, Wortklasse, Worterklärung und Beispiel. Darüber hinaus ist er für einen Lerntipp geeignet: Empfehlen Sie den KT, nicht nur mit einem zweisprachigen, sondern – je besser ihre Deutschkenntnisse werden und je mehr Wortschatz sie haben – zunehmend auch mit einem einsprachigen Wörterbuch zu arbeiten.

Sammeln Sie für das nachfolgende Gespräch zunächst gemeinsam mit den KT weitere ehrenamtliche Aufgaben: Engagement in einem Verein, bei der freiwilligen Feuerwehr, in der Schule oder im Kindergarten als Elternbeirat, ehrenamtliche Helfer bei öffentlichen Veranstaltungen, beim Katastrophenschutz und evtl. auch bei Wahlen als Wahlhelfer und als Schöffen im Gericht.

Weitere Informationen zum Ehrenamt finden Sie unter zahlreichen Internetadressen z.B. unter http://www.ehrenamtsportal.de/.

Diskutieren Sie gemeinsam mit den KT Gründe, warum sich Menschen ehrenamtlich engagieren, und notieren Sie diese an der Tafel. Neben dem Motiv, dass man anderen Leuten helfen kann, sind auch andere Motive denkbar: Ehrenämter sind gut für den Lebenslauf und helfen evtl. bei der Arbeitssuche, man erweitert den eigenen Erfahrungshorizont, man lernt neue Leute und Menschen in anderen Lebenslagen kennen, ein Ehrenamt kann Hobby oder Freizeitbeschäftigung sein und es verbessert das Selbstwertgefühl.

Insgesamt sollten bei dem Gespräch Tätigkeiten im Vordergrund stehen, die auch für die KT möglich und sinnvoll sind, z.B. Mitarbeit im Kindergarten oder in der Schule, wenn die KT Kinder haben, oder Engagement bei der Freiwilligen Feuerwehr, wenn ihr Wohnort klein ist. Die KT sollten nicht nur die Möglichkeiten des ehrenamtlichen Engagements besprechen, sondern sich auch der Vorteile bewusst werden, die für sie selbst als Migranten wichtig sein können: Ehrenämter erleichtern die Integration und man verbessert evtl. die Sprachkenntnisse.

**4b**

Der abschließende interkulturelle Vergleich sollte im Falle lernungeübter KT eher knapp ausfallen, da das Thema ziemlich komplex ist: Der Stellenwert von Ehrenämtern ist von Land zu Land und Kultur zu Kultur sehr unterschiedlich. Zum Beispiel kann auch familiäre Hilfe darunter verstanden werden. Je nachdem, ob die KT aus einer großen Stadt oder vom Land kommen, können Ehrenämter unterschiedlich aufgefasst werden.

*Arbeitsbuch:* Ü 4-6

Vertiefungsübung Ü 5: Wiederholung Verben

## B Vereine

### Lernziele und Lerninhalte:

| | |
|---|---|
| Hören: | Interview über Vereinsmitgliedschaften |
| Lesen: | Vereine in Deutschland |
| Wortschatz: | Vereinsleben |
| Projekt: | Vereine im Wohnort |
| Grammatik: | Relativsätze im Dativ und mit Präpositionen |

In diesem Block erhalten die KT Informationen über das deutsche Vereinsleben. Die Grammatik behandelt Relativsätze mit Präpositionen.

**1**

Notieren Sie zunächst für jedes Foto passenden Wortschatz an der Tafel oder verteilen Sie ein Arbeitsblatt mit passendem Wortschatz, den die KT den Fotos zuordnen, z.B.:

> *Tennisplatz/Tennisspielerin*
>
> *Musik machen/Trompete spielen/im Orchester spielen*
>
> *Karneval*
>
> *Tanzen/Tanzgruppe/Tanzshow*

Erläuten Sie die Aufgaben von Pro Asyl und fragen Sie, ob die KT weitere Hilfsorganisationen (z.B. Caritas, Das Rote Kreuz, die Arbeiterwohlfahrt) kennen. Es ist gut möglich, dass die KT zu diesen oder anderen Organisationen Kontakt hatten, da sie u.a. auch Migrationsberatung und Integrationskurse anbieten.

**Informationen zur Landeskunde**

Pro Asyl ist eine unabhängige Menschenrechtsorganisation, die sich für den Schutz und die Rechte verfolgter Menschen in Deutschland und Europa einsetzt. Pro Asyl wurde 1986 gegründet. In der Arbeitsgemeinschaft Pro Asyl sind Mitarbeiter landesweiter Flüchtlingsräte, Kirchen, Gewerkschaften, Wohlfahrts- und Menschenrechtsorganisationen vertreten. Pro Asyl ist ein gemeinnütziger Verein und finanziert sich aus Mitgliedsbeiträgen und Spenden. 2008 waren rund 14.000 Menschen Mitglied des Fördervereins Pro Asyl. Pro Asyl arbeitet im ECRE, dem Europäischen Flüchtlingsrat in Brüssel, mit anderen Flüchtlingsorganisationen zusammen. (Quelle: http://de.wikipedia.org/wiki/Pro_Asyl)

Bilden Sie anschließend Gruppen. Jede Gruppe bearbeitet eines der Fotos und stellt das Ergebnis im Kurs vor. Danach überlegen die KT, welche Vereine oder Bezeichnungen zu den Aktivitäten passen. Geben Sie eine Liste vor, aus der sich die KT passende Vereine oder Bezeichnungen aussuchen: Hilfsorganisation, Sportverein, Tennisverein, Karnevalsverein, Musikverein, Theatergruppe, Tanzgruppe, Blasorchester, Musikgruppe, Theaterverein, Laientheater u.ä.

Anschließend lesen die KT den Text und beantworten die Fragen in 1b in Partnerarbeit, Auswertung im Plenum.

**Variante**

Notieren Sie zur weiteren Auswertung Stichwörter, zu denen die KT Informationen aus dem Text notieren, z.B.: *Sportvereine, interkulturelle Freundschaftsvereine, soziale Vereine.*

Auf Basis ihrer Notizen berichten die KT in eigenen Worten über die Informationen im Text.

**2**

Einführung der Relativsätze mit Präpositionen. Zunächst ergänzen die KT die Sätze in 2a. Erläutern Sie anschließend diese Relativsätze anhand des Grammatikkastens und nach dem Muster der Einführung der Relativpronomen im Nominativ und Akkusativ in Lektion 11, Block A (s. Seite 92f. in den vorliegenden *Handreichungen*).

*Es gibt über eine Millionen Vereine.*

*Was wissen wir über die Vereine?*

*In den Vereinen sind viele Menschen aktiv.*

*Es gibt über eine Million Vereine, in denen viele Menschen aktiv sind.*

Machen Sie darauf aufmerksam, dass der Kasus des Relativpronomens, also Dativ oder Akkusativ, von der Präposition abhängt. Machen Sie den KT anhand des Grammatikkastens auch bewusst, dass sie hier die Relativpronomen im Dativ kennenlernen, und dass sich das Relativpronomen nur im Dativ Plural vom bestimmten Artikel unterscheidet. Verweisen Sie auf die Übersicht auf der *Gewusst wie*-Seite und lassen Sie einen KT die Tabelle mit den Relativpronomen im Nominativ, Akkusativ und Dativ an die Tafel schreiben. Die übrigen KT schreiben die Tabelle in ihr Heft.

Geben Sie Beispiele für Relativsätze im Dativ ohne Präpositionen. Hier bieten sich die Verben *helfen* und *gehören* an.

*Die Frau, der Ulyana hilft, heißt Frau Bauer.*

*Wem hilft Ulyana? Der Frau.*

*Der Schüler, dem dieses Buch gehört, heißt Ahmed.*

*Wem gehört dieses Buch? Ahmed.*

*Menschen, denen Organisationen wie Pro Asyl helfen, haben große Probleme.*

*Wem helfen Organisationen wie Pro Asyl?*

Anschließend formen die KT die Sätze aus 2a in Hauptsätze um.

Üben Sie die Relativsätze mit Präpositionen mit dem Relativsatz-Quiz in Übung 6 unter *Alles klar* sowie der Grammatikkarte Relativsätze II im Anhang des AB und – für lerngeübte KT - mit Hilfe von Kopiervorlage 23A/B.

Das Wechselspiel in **Kopiervorlage 23A/B** ist komplexer als die Grammatikkarten zu den Relativsätzen im Anhang des AB, denn hier kommen alle bekannten Formen der Relativpronomen gemischt vor: Nominativ, Akkusativ, Dativ und Relativpronomen mit Präpositionen.

Deshalb bietet sich das Wechselspiel für lerngeübte KT an.

Die KT haben je vier Fragen zu zwei Häusern und ihren Bewohnern und je vier Antworten zu zwei anderen Häusern und ihren Bewohnern. Aufgabe ist es, die Fragen des Partners mit Relativsätzen zu beantworten.

**3**

(Lösung 3a: vier Vereine). Bevor die KT 3b lösen, hören sie das Interview ein zweites Mal und notieren, in welchen Vereinen Frau Meier Mitglied ist. Lernungeübte KT erhalten eine Auswahl mehrerer Vereine zum Ankreuzen, z.B.:

*Sportverein – Handballverein –*
*Fußballverein – Theaterverein –*
*Kulturverein – Musikschulverein –*
*Karnevalsverein – Nachbarschaftsverein*

(Lösung 3b: Sportverein: Sie ist in einer Gymnastikgruppe. / Fußballverein: Ihr Sohn und ihr Mann spielen Fußball, ihr Mann trainiert ehrenamtlich eine Kindermannschaft. / Musikschulverein: Ihr Sohn spielt Gitarre und hat in der Musikschule Unterricht. / Karnevalsverein: Sie weiß auch nicht, warum. Früher hat sie gerne Karneval gefeiert.)

**4**

Geben Sie den KT unterschiedliche Aufträge je nach Interesse. An Sport interessierte KT informieren sich über die Sportvereine vor Ort und ihre Angebote, an Kultur interessierte KT über Kulturvereine und je nach Hobbys und Interessenlage können die KT auch recherchieren, welche Wandervereine, Kleingartenvereine oder Vereine für Besitzer von Hunden oder anderen Haustieren es gibt. Fordern Sie die KT auf, in Erfahrung zu bringen, ob es z.B. an den Schulen oder anderen Institutionen zusätzliche Vereine gibt, die die Institution unterstützen. Die KT präsentieren ihre Ergebnisse im Kurs und sammeln sie evtl. auf einem Lernplakat.

*Arbeitsbuch:* Ü 7-15

Vertiefungsübung Ü 11: Relativsätze mit Präpositionen

Erweiterungsübungen Ü 12: Relativsätze mit Präpositionen, Ü 14: Relativsätze

Portfolioübung Ü 15: Vereinsmitgliedschaft

Grammatikkarten im Arbeitsbuch/Anhang: Relativsätze II (mit Präpositionen)

## C Telefonieren

### Lernziele und Lerninhalte:

| | |
|---|---|
| Sprechen: | Dialoge am Telefon |
| Hören: | Dialoge am Telefon |
| Lesen: | Dialoge am Telefon |
| Wortschatz: | Kommunikation am Telefon |

Telefongespräche mit Personen, die Deutsch als Muttersprache haben, stellen für viele Deutschlerner eine besondere Schwierigkeit dar. Deshalb werden in diesem Block einige Situationen am Telefon geübt.

**1**

Zunächst lesen die KT die kurze Einleitung und betrachten die Bilder, um Vermutungen über den Erfolg von Frau Badi anzustellen.

Geben Sie dafür geeignete Redemittel und Wortschatz vor, z.B.:

*zufrieden, geduldig, ungeduldig, verärgert, wütend, ...*

*Auf Bild 1 sieht Frau ... aus*
*Auf Bild 2 wirkt sie ...*
*Auf Bild 3 ist sie ...*
*Ich denke, dass sie ...*
*Vielleicht hat sie ...*
*Bild 4 zeigt, dass sie ...*

Anschließend hören die KT die Telefongespräche, um ihre Vermutungen zu überprüfen und die Frage zum globalen HV in 1a zu beantworten.

**Variante**

Die KT hören die Dialoge und beantworten weitere Fragen:

*Warum kann Frau Badi nicht mit Frau Schlüter sprechen?*

*Welche Telefonnummer hat Frau Schlüter?*

*Warum kann Frau Schlüter nicht weiterhelfen?*

*Welche Durchwahlnummer hat Frau Costa?*

Erläutern Sie bei dieser Gelegenheit auch das Adverb *gerade* in dem Satz *Frau Schlüter spricht gerade* und geben Sie weitere Beispiele.

Anschließend lesen und spielen die KT die Dialoge, um die Dialogvariationen in 3 vorzubereiten.

**2**

Auch diese Übung dient der Vorbereitung der Dialogvariationen. Partnerarbeit, anschließend lesen die KT die Minidialoge im Plenum vor.

**3**

Gehen Sie mit den KT zunächst den Redemittelkasten durch und lassen Sie die KT die Sätze unterstreichen, die auch in den Dialogen von 1 vorkommen. Anschließend erarbeiten und spielen die KT die Dialoge. Als Abschluss spielen zwei Lernpaare die Dialoge im Kurs vor. Da diese Dialogarbeit in den vorangegangenen Übungen sehr gründlich vorbereitet wurde, sollten auch lernungeübte KT versuchen, die Dialoge ohne weitere Unterstützung durch Lückentexte zu erarbeiten. Lerngeübte KT können mit Kopiervorlage 24 weiter arbeiten, wenn sie mit Aufgabe 3 früher fertig sind.

**Kopiervorlage 24** bietet eine Erweiterung des Themas Telefonieren für lerngeübte KT. Gehen Sie mit den KT zunächst den Redemittelkasten durch, bevor sie die Dialoge schreiben und spielen:

1. Der Anrufer bittet darum, dass eine andere Person ans Telefon kommt. Diese ist nicht da. Er will später noch einmal anrufen.

2. Der Anrufer bittet darum, dass eine andere Person ans Telefon kommt. Diese ist nicht da. Er bittet ihr auszurichten, dass sie zurückrufen soll.

*Arbeitsbuch:* Ü 16-18, Ü 19: Flüssig sprechen

*Arbeitsbuch – Deutsch plus:* Ü 20: Beitrittserklärung für einen Verein

*Arbeitsbuch – Wörter lernen:* Ü 21-24

**Phonetik:** Das *r* und *l,* siehe Seite 127 in den *Handreichungen.*

**Flüssig sprechen**

*Alles klar* Ü 7

Gespräche am Telefon, in denen der visuelle Kontakt ausgeschlossen ist und Gesten und Mimik nicht zur Verständigungssicherung beitragen können, sind bei den meisten Sprachanfängern angstbesetzt. Deshalb trainiert diese Flüssig-Sprechen-Übung typische Redemittel, die am Telefon immer wieder gebraucht werden, bzw. die verstanden werden müssen. Die sichere Verwendung dieser Redemittel kann ein erster Schritt sein, um erfolgreich auch am Telefon zu kommunizieren.

Zur Vorbereitung können Sie auch ein paar Wörter an die Tafel schreiben und ihre Aussprache und den Wortakzent üben: *Durchwahl, Entschuldigung, verwählt, zuständig, Sachbearbeiter, Störung.*

Weisen Sie die KT darauf hin, dass es am Telefon besonders wichtig ist, deutlich zu sprechen. Sie können z.B. die obigen Wörter unterschiedlich deutlich sprechen lassen, von langsam überdeutlich, deutlich, schnell und undeutlich bis hin zu schnell und nuschelig. Viele Deutschlerner, die ungesteuert gelernt haben, haben die Tendenz zu schnell zu sprechen, was besonders am Telefon schwer verständlich ist.

*Flüssig sprechen* im Arbeitsbuch (Ü 19) übt die neue grammatische Struktur der Relativsätze mit Präpositionen.

## Auftaktseite

### Lernziele und Lerninhalte:

| | |
|---|---|
| Sprechen: | über Karten (Bankkarten, Monatskarten etc.) sprechen |
| Wortschatz: | Karten |

*Arbeitsbuch:* Ü 1-2

## A Auf der Bank

### Lernziele und Lerninhalte:

| | |
|---|---|
| Sprechen: | erklären, wie man am Geldautomaten Geld abhebt, Dialoge auf der Bank |
| Hören: | Dialog über Kontoeröffnung, Erklärung des Geldautomaten |
| Lesen: | Dialog über Kontoeröffnung |
| Wortschatz: | Bankgeschäfte |

Kannbeschreibungen GER/Rahmencurriculum:

Kann sich über Banken und Versicherungen informieren.

Kann sich über Bankdienstleistungen informieren.

Kann am Schalter beim Kauf von Bankdienstleitungen die erforderlichen Auskünfte geben.

*Arbeitsbuch:* Ü 3-8

Vertiefungsübung Ü 7: Zuordnungsübung Dialoge auf der Bank

## B Versicherungen

### Lernziele und Lerninhalte:

| | |
|---|---|
| Sprechen: | über Versicherungen sprechen, Wörter erklären |
| Lesen: | Texte über Versicherungen |
| Wortschatz: | Versicherungen |
| Grammatik: | Komposita |

Kannbeschreibungen GER/Rahmencurriculum:

Kann sich über Banken und Versicherungen informieren.

Kann kurzem und klarem Informationsmaterial wichtige Informationen entnehmen.

*Arbeitsbuch:* Ü 9-12

Erweiterungsübung Ü 12b: Wörter erklären

## C Kaufen und reklamieren

### Lernziele und Lerninhalte:

| | |
|---|---|
| Sprechen: | erklären, warum man etwas nicht haben möchte, Reklamationsdialoge |
| Hören: | Beratungsgespräch über Fernseher, Reklamationsdialog |
| Schreiben: | Reklamationsdialoge |
| Grammatik: | *zu* plus Adjektiv |

Kannbeschreibungen GER/Rahmencurriculum:

Kann grundlegende Informationen zu Produkten erfragen.

*Arbeitsbuch:* Ü 13-16, Ü 17: Flüssig sprechen

Erweiterungsübung Ü 16c: Reklamationsbrief

*Arbeitsbuch – Deutsch plus:* Ü 18: Testberichte über elektronische Geräte

*Arbeitsbuch – Wörter lernen:* Ü 19-21

**Phonetik:** Silbengrenzen erkennen

**Kopiervorlagen in den Handreichungen:**

KV 25: Komposita-Domino

KV 26: Wechselspiel: Dialogpuzzle

In dieser Lektion lernen die KT Wortschatz zu Banken, es geht um Dialoge in der Bank, Versicherungen und Reklamationen. Die Grammatik behandelt *zu* plus Adjektiv und Komposita.

## Auftaktseite

**Lernziele und Lerninhalte:**

| | |
|---|---|
| Sprechen: | über Karten (Bankkarten, Monatskarten etc.) sprechen |
| Wortschatz: | Karten |

**1**

Auf den Fotos sind vier Situationen abgebildet, in denen man oft Karten verwendet. Lassen Sie die KT zunächst erläutern, wo die Personen sind und was sie machen. Geben Sie einige Redemittel vor, z.B.:

> *in den Bus einsteigen/mit dem Bus fahren*
> *Geld abheben*
> *am Bankautomaten etwas bezahlen*
> *in der Bibliothek Bücher/CDs/DVDs ausleihen*

**2**

Geben Sie für das Partnerinterview einige Fragen vor:

*Welche Karten haben Sie? Nennen Sie zwei Karten, die für Sie besonders wichtig sind.*

*Seit wann haben Sie diese Karten? Wie oft benutzen Sie die Karten?*

Hier können die KT eine Vielzahl von Karten nennen. Neben den in 1 abgebildeten auch Kundenkarten von Kaufhäusern oder Ladenketten, die Versichertenkarte ihrer Krankenkasse, die BahnCard etc. Fordern Sie die KT auf, maximal über drei Karten ausführlicher zu berichten, damit das Interview nicht zu umfangreich wird. Verweisen Sie auf den Redemittelkasten und geben Sie auch Redemittel für Antworten vor, um das Interview weiter zu strukturieren:

> *Ich habe eine ... karte.*
> *Sie ist für mich wichtig, weil ich ... .*
> *Die Karte hat den Vorteil, dass ich ... .*
> *Ich benutze die Karte jeden Tag/einmal pro Woche/Monat/manchmal ... .*

Nach Beendigung der Interviews berichten die KT über ihre Lernpartner im Kurs. Machen Sie anschließend eine kleine Statistik an der Tafel: Welche Karte(n) haben alle/viele/wenige KT, welche Karte(n) hat niemand. So können Sie auch noch einmal die Indefinitpronomen wiederholen, die die KT in Lektion 9 (Block A) gelernt haben. Ebenso lassen sich mit der Frage *Wie oft* ... die Häufigkeitsadverbien wiederholen.

*Arbeitsbuch:* Ü 1-2

## A Auf der Bank

**Lernziele und Lerninhalte:**

| | |
|---|---|
| Sprechen: | erklären, wie man am Geldautomaten Geld abhebt – Dialoge auf der Bank |
| Hören: | Dialog über Kontoeröffnung, Erklärung des Geldautomaten |
| Lesen: | Dialog über Kontoeröffnung |
| Wortschatz: | Bankgeschäfte |

Thema dieses Blocks sind Wortschatz und Dialoge zum Thema Banken und Geld. Bereits in Lektion 7 des A1-Bandes (Block C) haben die KT Wortschatz zum Thema kennengelernt und ein Überweisungsformular ausgefüllt. Hier wird das Thema vertieft.

**1**

Die KT schreiben das Wörternetz in Gruppen- oder Partnerarbeit auf ein Blatt Papier und ergänzen es mit weiteren drei bis vier Wörtern, um so bereits bekannten Wortschatz zu aktivieren. Die Ergebnisse werden im Kurs gesammelt und an der Tafel notiert.

Wörter, die hier nicht fehlen sollten, sind *Dauerauftrag, Lastschrift* oder *Einzugsermächtigung.*

**2**

Nachdem in Aufgabe 1 der Wortschatz zum Thema Bank aktiviert wurde, ergänzen die KT den Dialog zunächst, ohne ihn vorher zu hören. Nachdem sie ihn gehört haben, lesen sie ihn in Partnerarbeit laut. Anschließend lösen sie 2b.

Lassen Sie die KT danach einen Dialog über die Eröffnung eines Kontos in Partnerarbeit spielen. Lernungeübte KT arbeiten dafür zunächst mit den Übungen 2 unter *Alles klar* und AB-Übung 4, lerngeübte KT mit einer Dialoggrafik, z.B. wie folgt:

*Konto eröffnen/Kosten?* — *Einkommen – mehr als 1200 Euro: kostenlos*

*EC-Karte/ Geld abheben – überall?* — *fast an allen Bankautomaten weltweit*

*Kontoauszüge – wo?* — *Automat*

*Online-Banking?* — *ja*

*noch einmal überlegen/sich bedanken*

**Variante**

Überlegen Sie mit den KT weitere Situationen, in denen man Dialoge in der Bank führt, z.B. Informationen über Geldanlagen, Kredite, Einrichtung eines Dauerauftrags, Auslandsüberweisung / Verlust, Sperrung eine EC-Karte, Adressenänderung bei Umzug u.ä. Lassen Sie die KT z.B. auch Dialoge für die Situationen Verlust der EC-Karte und Umzug spielen. Lerngeübte KT erarbeiten für die Adressenänderung in Partnerarbeit selbst eine Dialoggrafik, lernungeübte KT arbeiten zunächst mit einem Lückentext, z.B.:

*+ Guten Tag, ich bin ________________ (umgezogen) / ich habe ________________ (eine neue Adresse).*

*– Wie lautet die ________________ (Adresse)?*

*+ ________________ straße Nummer ___, die Postleitzahl ist ______ hier in _____________ .*

Für die Kartensperrung empfiehlt sich für alle KT zunächst ein Lückentext, z.B.:

*+ Ich heiße ________________ .*

*Ich habe meine EC-Karte ________________ (verloren) und möchte sie sperren lassen.*

(Telefongespräch:)

*– Sagen Sie mir bitte Ihr Geburtsdatum?*

(Gespräch in der Bank:)

*– Darf ich bitte Ihren _____________ (Ausweis) sehen?*

*+ ______________ .*

*– Vielen Dank. Dann sperre ich jetzt die __________ (Karte).*

*+ __________. (Kostet) das etwas?*

*– Ja, es gibt eine __________ (Gebühr) von 5 Euro.*

**3**

(Lösung 3a: 2) In dieser Übung geht es zum einen um weitere Festigung des Wortschatzes zum Thema Banken, die KT sollen aber auch wie in Lektion 5, Block C (Fotokopierer) üben, einen Ablauf zu erklären, bzw. wie ein Gerät funktioniert. Die Zuordnung von 3b erfolgt in Partnerarbeit, Auswertung im Plenum. Es folgt die Erklärung, wie man Geld abhebt, z.B. nach der im Folgenden vorgeschlagenen Variante oder auch in Form eines Dialogs ähnlich dem Dialog im Hörtext von 3a.

**Varianten**

- Schreiben Sie die Erläuterung, wie man Geld vom Automaten abhebt, komplett an die Tafel, s. hierzu Transkription 3a im Anhang:

> *Zuerst stecke ich die EC-Karte in den Schlitz.*
>
> *Dann gebe ich meine Geheimzahl ein und drücke auf „Bestätigen".*
>
> *Danach wähle ich den Betrag aus.*
>
> *Dann entnehme ich die Karte und das Geld.*

- Ein KT liest den Text vor. Wischen Sie dann einen Teil des Textes, z.B. jedes vierte Wort weg. Erneut liest ein KT den Text vor und ergänzt die fehlenden Wörter aus dem Gedächtnis. Wischen Sie weitere Teile des Dialogs weg, bis die KT den Vorgang frei ohne weitere Unterstützung beschreiben müssen.
- Lassen Sie die KT wie bereits in den vorliegenden *Handreichungen* zu Lektion 5, Block C (S. 46) vorgeschlagen, weitere technische Geräte beschreiben, z.B. einen Overhead-

Projektor oder einen CD-Player und auch noch einmal das Handy.

**4**

Die kleinen Dialoge sollten lerngeübte und lernungeübte KT unterschiedlich bearbeiten. Lernungeübte KT beschränken sich auf kurze Repliken wie in den Sprechblasen vorgeschlagen, lerngeübte KT machen längere Dialoge. Beim Thema Geld wechseln bzw. Geld abheben kann dann auch gefragt werden, in welchen Scheinen man das Geld haben möchte oder es erfolgt die Aufforderung, einen Kassenbeleg zu unterschreiben. Es ist möglich, dass der Bankangestellte die gewünschte Währung nicht vorrätig hat oder die Währung, die man wechseln möchte, nicht annimmt.

*Arbeitsbuch:* Ü 3-8

Vertiefungsübung Ü 7: Zuordnungsübung Dialoge auf der Bank

## B Versicherungen

### Lernziele und Lerninhalte:

| | |
|---|---|
| Sprechen: | über Versicherungen sprechen – Wörter erklären |
| Lesen: | Texte über Versicherungen |
| Wortschatz: | Versicherungen |
| Grammatik: | Komposita |

Hier erhalten die KT Informationen über Versicherungen. Weiterer Schwerpunkt sind Komposita, bereits eingeführt in Lektion 12 des A1-Bandes (Block B).

**1**

Einleitend lernen die KT einige wichtige Versicherungen in Deutschland kennen. Die Zuordnung erfolgt in Partnerarbeit, Auswertung im Plenum. Erläutern Sie auch die Unterschiede der Versicherungen. Weisen Sie darauf hin, dass neben der Krankenversicherung auch die Pflegeversicherung, die Rentenversicherung und die Arbeitslosenversicherung Pflicht sind, wenn man eine feste Stelle hat, und dass in diesem Fall ein Teil der Versicherungen von den Arbeitgebern bezahlt wird. Weitere Einzelheiten insbesondere zur Sozialversicherung sind an dieser Stelle nicht erforderlich, denn das deutsche Sozialsystem gehört zu den Lerninhalten des Orientierungskurses.

**2**

In dieser Aufgabe erhalten die KT weitere Informationen darüber, in welchen Fällen welche Versicherung hilft. Machen Sie darauf aufmerksam, dass es sehr unterschiedliche Tarife und Versicherungen gibt, z.B. eine Haftpflichtversicherung für Einzelpersonen oder für Familien, und dass es nicht immer eine Garantie gibt, dass die Versicherung auch wirklich hilft (s. *Informationen zur Landeskunde* unten).

Geben Sie für 2b geeignete Redemittel vor, z.B.:

*Ich finde die ...versicherung wichtig/nicht wichtig, weil ...*

Sammeln Sie die Aussagen der KT an der Tafel und machen Sie eine kleine Auswertung: Welche Versicherung finden die KT sehr wichtig, welche finden sie weniger wichtig?

Sammeln Sie weitere Versicherungen, die in bestimmten Fällen relevant sein können, z.B. Lebensversicherung, Reiserücktrittsversicherung, Krankenversicherung bei Auslandsreisen und lassen Sie die KT überlegen, wie wichtig diese Versicherungen sind.

Darüber hinaus sollten die KT die Versicherungen bzw. Versicherungsangebote mit der Situation in ihrem Heimatland vergleichen. Hier können sich interessante Diskussionen z.B. zum Sozialversicherungssystem ergeben, das es oft in anderer Form und in vielen Ländern für die Mehrheit der Bevölkerung gar nicht gibt.

**3**

In Lektion 12 des A1-Bandes ging es um Komposita mit zwei Nomen, hier geht es u.a. um die Kombination von mehr als zwei Wörtern sowie um Komposita mit Adjektiven oder Verben und um Fugenzeichen (*s* und *n*).

Erläutern Sie die Komposita mit Hilfe des Grammatikkastens und geben Sie weitere Beispiele. Schreiben Sie alle Komposita aus dem Text in 3a an die Tafel und markieren Sie die Bestandteile farbig. Notieren Sie auch die Wörter, aus denen sich die Komposita zusammensetzen und wiederholen Sie die Genusregeln, die im A1-Band erläutert sind.

**4**

Hier wird die Unterscheidung zwischen dem Grundwort und dem Bestimmungswort eines Kompositum näher erklärt. Auswertung im Plenum. Auch bei dieser Übung sollten die KT die Bestandteile der Komposita markieren und getrennt notieren. Lassen Sie die KT auch bestimmen, worum es sich bei den Dingen handelt, die kein Fahrzeug sind, bzw. was sie mit einem Fahrzeug zu tun haben.

4b bietet Gelegenheit, die Relativsätze, die die KT aus den Lektionen 11 und 12 kennen, zu wiederholen. Schreiben Sie einleitend ein Beispiel an die Tafel:

*Ein Kleinwagen ist ein Wagen, der klein ist.*
*Ein Mietwagen ist ein Wagen, den man mieten kann.*

Geben Sie auch Beispiele für Erklärungen ohne Relativsatz:

*Ein Familienwagen ist ein Wagen für eine Familie.*

(s. dazu auch die Beispiele auf der *Gewusst wie*-Seite)

Es empfiehlt sich eine differenzierte Vorgehensweise. Lernungeübte KT erklären Komposita, die relativ einfach mit einem Relativsatz zu erklären sind (*Neuwagen, Kleinwagen, Gebrauchtwagen*), oder beschränken sich auf Erklärungen ohne Relativsatz (*Familienwagen, Wagenreparatur*), lerngeübte KT geben umfangreichere Erklärungen, z.B.:

*Ein Familienwagen ist ein Wagen, in dem eine ganze Familie Platz hat.*

*Mit einem Wagenheber kann man Autos anheben etc.*

Lassen Sie die KT in nach Lernstärke getrennten Gruppen zusammenarbeiten.

**Variante**

Ratespiel. KT A fragt KT B: *Wie nennt man einen Wagen, der klein ist?* KT B antwortet: *Das ist ein Kleinwagen.* Dann stellt KT B eine Frage usw.

**5**

Zunächst bilden die KT selbst Komposita nach dem Muster von 4a und erklären sie wie in 4b. Auch hier sollte bei den Erklärungen nach Lerngeübtheit der KT differenziert werden.

Mögliche Komposita und Erklärungen für lernungeübte KT:

*Blumenstrauß (Strauß mit Blumen) – Blumenverkäufer (ein Mann, der Blumen verkauft) – Blumenduft (der Duft von Blumen) – Blumenerde (Erde für Blumen)*

Für lerngeübte KT:

*Balkonblumen (Blumen, die auf dem Balkon stehen), Blumentopf (Topf, in dem Blumen wachsen) – Herbstblumen (Blumen, die im Herbst blühen) – Blumenladen (Laden, in dem man Blumen kaufen kann)*

**Varianten**

- Fordern Sie die KT auf, in den vorangegangenen Lektionen, z.B. in den Wörterlisten der AB-Lektionen, nach weiteren Komposita zu suchen, wobei je zwei KT eine Lektion bearbeiten. Die KT notieren die Komposita in derselben Weise wie oben beschrieben und stellen dann mit einem oder zwei Beispielen ihre Ergebnisse im Plenum vor. Jede Lektion von 1-12 enthält in den Wortschatzlisten im AB mehrere Komposita, so dass die Suche in jedem Fall ergiebig ist.
- Arbeiten Sie mit **Kopiervorlage 25**. Hier finden Sie ist ein Domino mit Komposita aus Lektion 13, das besonders für lernungeübte KT geeignet ist.
- Die KT schreiben die Bestandteile von einem oder zwei Komposita auf separate Zettel. Die Zettel werden gemischt. Jeder KT nimmt einen Zettel. Dann heften sie sie an eine Pinwand oder legen sie auf einen Tisch. Wenn andere KT meinen, dass sie passende Bestandteile für das Wort haben, heften oder

legen sie ihren Zettel je nach Wort vor oder hinter den Zettel, der bereits an der Pinwand hängt oder auf dem Tisch liegt. Auch Fehlgriffe sind erlaubt, denn so haben die KT Gelegenheit zu diskutieren, welche Worte im Deutschen möglich oder sinnvoll sind.

AB-Übung 10 enthält einen Dialog: Anruf bei der Haftpflichtversicherung wegen einer Schadensmeldung. Lassen Sie die KT den Dialog ergänzen und im Kurs spielen. Bieten Sie Varianten an: jemand hat bei einem Verwandtenbesuch eine Lampe kaputt gemacht, jemand hat das Fahrrad eines Bekannten/Freundes beschädigt, andere Versicherungsnummer.

AB-Übung 11, in der Komposita geübt werden, enthält auch die Information, dass Haftpflichtversicherungen nicht haften, wenn Kinder unter 10 Jahre alt sind – s. dazu die landeskundliche Zusatzinformation.

**Informationen zur Landeskunde**

Zusatzversicherung: Deckung für deliktunfähige Kinder

Der Gesetzgeber sieht vor, dass Kinder bis zur Vollendung des siebten Lebensjahres (im Straßenverkehr auch teilweise bis zum zehnten Jahr) nicht selbst haftbar gemacht werden können. Liegt auch keine Aufsichtspflichtverletzung der Eltern vor, hat der Geschädigte keinen Anspruch auf Schadensersatz. Das bedeutet auch, dass die Haftpflichtversicherung der Eltern in solchen Fällen nicht zahlt. Dennoch bleibt meist die „moralische Verpflichtung“ gegenüber den Geschädigten wie z. B. den Nachbarn. Durch den Einschluss der Zusatzversicherung kann die „Einrede der Deliktunfähigkeit“ bis zum vollendeten siebten Lebensjahr, bei manchen Versicherern auch bis zum zehnten Lebensjahr ausgeschlossen werden. Der Versicherer prüft dann nur noch, ob der Schaden im Rahmen der Police abgedeckt ist. Zu beachten ist aber, dass die Versicherungssummen dafür meist sehr begrenzt (5.000 bis 30.000 Euro) sind. (s. http://de.wikipedia.org/wiki/Privathaftpflicht versicherung )

*Arbeitsbuch:* Ü 9-12

Erweiterungsübung Ü 12b: Wörter erklären

## C Kaufen und Reklamieren

### Lernziele und Lerninhalte:

| | |
|---|---|
| Sprechen: | erklären, warum man etwas nicht haben möchte – Reklamationsdialoge |
| Hören: | Beratungsgespräch über Fernseher Reklamationsdialog |
| Schreiben: | Reklamationsdialoge |
| Grammatik: | *zu* plus Adjektiv |

In diesem Block geht es um den Einkauf von Unterhaltungselektronik, Reklamationen und *zu* + Adjektiv.

**1**

Einleitend sprechen die KT über das Foto (*Wo ist die Frau, was will sie vielleicht kaufen?*). Dann hören sie den Dialog, ergänzen die Tabelle in 1a und beantworten die Fragen in 1b.

(Lösungen: 1a: LV 75: 849 Euro – LX 100 26 Zoll – LV 278: 666 Euro, 37 Zoll; 1b: 1C, 2C, 3A)

**2**

Lenken Sie dann die Aufmerksamkeit auf die Verbindungen *zu* plus Adjektiv in den Fragen von 1b und auf den Infokasten von 2. Erläutern Sie die Verbindungen näher, indem Sie Sätze an die Tafel schreiben, bei denen die KT dann Adjektive zuordnen, z.B.:

*unpraktisch – klein – teuer – groß*

*Ich habe nicht genug Geld, der Fernseher ist zu ... .*

*Im Wohnzimmer habe ich keinen Platz, der Fernseher ist zu ... .*

*Ich will alles genau sehen, ich nehme den Fernseher nicht, denn er ist zu ... .*

*Man kann den Fernseher nur schwer bedienen. Er ist zu ... .*

Geben Sie weitere Beispiele, z.B. mit dem Wetter: *Heute ist es zu heiß. Im Winter ist es mir zu kalt. Ich kann nicht Fahrrad fahren, der Wind ist zu stark* o.ä.

Anschließend ordnen die KT die Adjektive in Aufgabe 2 den Bildern zu, Fragen und Antworten in Partnerarbeit.

**Variante**

Die KT lesen den Dialog von 1 im Anhang nach und variieren ihn mit anderen Geräten z.B. einem Laptop, CD-Player, einem Handy, einer Kaffeemaschine, einem Staubsauger etc. Diese Gegenstände sind dann ebenfalls zu groß, zu klein, zu unpraktisch oder zu teuer oder auch zu hässlich. Ein Modell dafür bietet auch AB-Übung 14. Bringen Sie dafür evtl. Prospekte aus einem Elektromarkt oder einem anderen Geschäft mit verschiedenen Angeboten mit, oder fordern Sie die KT auf, Prospekte mitzubringen.

### 3

(Lösung 3a: 3). Nachdem die KT die Sätze in 3b ergänzt haben, hören sie den Dialog noch einmal zur Kontrolle von der CD und spielen ihn in Partnerarbeit.

Weisen Sie die KT darauf hin, dass es in Deutschland eine gesetzlich vorgeschrieben Garantiezeit von zwei Jahren auf neu gekaufte Gebrauchsgüter wie z.B. Elektrogeräte gibt, sofern man sie bei einem Händler gekauft hat. Fragen Sie die KT, ob sie schon einmal einen ähnlichen Fall erlebt haben und lassen Sie sie über ihre Erfahrungen berichten.

### 4

Für die Dialogarbeit bieten sich wieder mehrere Möglichkeiten an, z.B. eine Dialoggrafik oder ein Lückentext. Nachdem die KT im Laufe des Kurses wahrscheinlich schon mehrfach mit Dialoggrafiken gearbeitet haben, können lerngeübte KT jetzt auch selbst eine erarbeiten, lernungeübte KT erhalten eine vom KL, z.B. wie folgt:

*Kaffeemaschine gekauft – vor drei Wochen/ funktioniert nicht mehr*

*mal sehen?*

*bitte/probieren*

*stimmt/kaputt*

*was tun?*

*ans Werk schicken/ Quittung?*

*ja/ Reparatur - wie lange?*

*drei Wochen*

In AB-Übung 16 wird ein Reklamationsbrief geübt, was für die KT eine wichtige Hilfe im Alltag darstellen kann. Sie sollten diese Übung in jedem Fall im Kurs machen. Die Struktur des formellen Briefes kennen die KT bereits aus Lektion 14 des A1-Bandes, Block B.

**Kopiervorlage 26** ist ein Wechselspiel mit den beiden Dialogsituationen aus Block C. (Kauf eines Fernsehers, Reklamation einer Kamera). Die KT sollen die Dialoge ordnen und in die richtige Reihenfolge bringen. Jeder Dialog hat acht Teile, jede/r KT hat von jedem Dialog vier Teile. Schneiden Sie die Kopien in der Mitte durch, je ein KT erhält eine Kopie A bzw. B. (Lösung: B-P-M-F-O-H-L-D, J-E-K-A-I-G-N-C)

*Arbeitsbuch:* Ü 13-16, Ü 17: Flüssig sprechen

Erweiterungsübung Ü 16c: Reklamationsbrief

*Arbeitsbuch – Deutsch plus:* Ü 18: Testberichte über elektronische Geräte

*Arbeitsbuch – Wörter lernen:* Ü 19-21

**Phonetik:** Silbengrenzen erkennen, siehe Seite 127 in den *Handreichungen.*

**Flüssig sprechen**

*Alles klar* Ü 5

Sich emotional ausdrücken zu können, ist wichtig für eine kompetente Sprachbeherrschung. In diesem Flüssig-Sprechen hören und sprechen die KT wertende Äußerungen über Dinge, die mit deutlichem Ausdruck, emotionaler Intonation gesprochen sind. Wenn Sie explizit an der Intonation arbeiten möchten, können Sie hier die Satzakzente markieren lassen:

*Der Fernseher? Der ist viel zu groß!*
*Das Essen? Das ist viel zu salzig!*
*Das T-Shirt? Das ist doch viel zu teuer!*
*Die Wohnung? Nein, die ist viel zu klein!*
*Die Musik? Ich finde die viel zu laut!*

*Ja, das ist gut, das gefällt mir wunderbar!*
*Mir auch, das ist wunderbar!*

Lassen Sie besonders den Unterschied zwischen den negativen und positiven Bewertungen deutlich sprechen.

*Flüssig sprechen* im Arbeitsbuch (Ü 17) trainiert die Redemittel für ein Gespräch in einer Bank.

## Auftaktseite

### Lernziele und Lerninhalte:

| | |
|---|---|
| Sprechen: | über Freundschaft sprechen |

*Arbeitsbuch:* Ü 1

## A Was ist Freundschaft?

### Lernziele und Lerninhalte:

| | |
|---|---|
| Sprechen: | über Männer- und Frauenfreundschaften sprechen, Interview über Freundschaft, Fragen und Antworten: berichten, woran man denkt, mit wem man telefoniert, … . |
| Lesen: | Text über Männer- und Frauenfreundschaften |
| Grammatik: | Fragewörter (*wo-* + Präposition) |

*Arbeitsbuch:* Ü 2-8

Vertiefungsübungen Ü 4: Verben und Präpositionen, Ü 7: Fragen und Antworten zuordnen

Portfolioübung Ü 8: Fragen zur eigenen Person beantworten

## B Freundschaftsgeschichten

### Lernziele und Lerninhalte:

| | |
|---|---|
| Sprechen: | Fragen und Antworten wofür man sich interessiert, woran man denkt, … |
| Hören: | eine Frau berichtet über eine Freundin |
| Lesen: | zwei Personen sprechen über einen Freund/eine Freundin |
| Grammatik: | Präpositionalpronomen (*da-* plus Präposition) |

*Arbeitsbuch:* Ü 9-14

Vertiefungsübung Ü 13: Präpositionen ergänzen

Erweiterungsübung Ü 14: Sätze mit Präpositionalpronomen/Präposition plus Personalpronomen

## C Gedanken zur Freundschaft

### Lernziele und Lerninhalte:

| | |
|---|---|
| Sprechen: | über Sprüche über Freundschaft diskutieren und berichten |
| Lesen: | Gedicht (Elfchen), Sprüche über Freundschaft |
| Schreiben: | Gedichte (Elfchen) |

*Arbeitsbuch:* Ü 15-17, Ü 18: Flüssig sprechen

Portfoliotext Ü 16: Gedicht (Elfchen auf dem Kopf) über den Sprachkurs

*Arbeitsbuch – Deutsch plus:* Ü 19: vier Personen berichten über Freundschaften

*Arbeitsbuch – Wörter lernen:* Ü 20-23

**Phonetik:** Schnell und langsam sprechen

**Kopiervorlagen in den Handreichungen:**

KV 27: Fragespiel: Verben mit Präpositionen

KV 28: Elfchen

In der Abschlusslektion geht es um Freundschaften, Gefühle und Wünsche. Am Ende schreiben die KT kleine Gedichte, lesen Sprüche zum Thema Freundschaft und diskutieren darüber. Die Grammatik behandelt Fragewörter mit *wo(r)-* plus Präposition sowie Präpositionalpronomen.

## Auftaktseite

### Lernziele und Lerninhalte:

Sprechen: über Freundschaft sprechen

**1**

Lassen Sie die KT die Fotos in Gruppen bearbeiten. Jede Gruppe befasst sich mit einem Bild und stellt ihr Ergebnis im Kurs vor. Geben Sie Fragen vor, für z.B.

- *Wer ist auf dem Foto?*
- *Wo sind die Personen?*
- *Was machen sie?*
- *Wie gut kennen sie sich?*
- *Wie lange kennen sie sich?*
- *Was machen sie (in ihrer Freizeit) gerne zusammen?*

Für Foto 3 auch: *Sind diese Männer nur Arbeitskollegen oder auch Freunde?*

Unterstützen Sie die KT, sofern ihnen der Wortschatz zur Beschreibung der Situationen fehlt, notieren Sie evtl. auch geeigneten Wortschatz an der Tafel, für Foto 3 z.B.:

> *Kollegen - auf einer Baustelle - Pause - Kaffee trinken - sich unterhalten*

Diskutieren Sie mit den KT auch die Unterscheidung zwischen siezen und duzen.

**2**

Ausgangspunkt des Wörternetzes kann der Wortschatz sein, den die KT bei der Beschreibung der Fotos in 1 verwendet haben, weshalb die Gruppen aus Aufgabe 1 zusammenbleiben und zunächst je ein eigenes Wörternetz erarbeiten sollen. Die Ergebnisse werden dann in einem gemeinsamen Wörternetz an der Tafel oder auf einem Lernplakat, das im Kursraum aufgehängt wird, gesammelt.

**Variante**

Sammeln Sie mit den KT geeignete Adjektive und Nomen zum Thema Freundschaft z.B. auf Basis des Wörternetzes und notieren Sie diese an der Tafel. Jede/r KT überlegt sich kurz, welche Nomen oder Adjektive für sie/ihn besonders wichtig sind. Anschließend werfen sich die KT gegenseitig eine Ball zu und fragen: *Was ist für dich/Sie bei der Freundschaft besonders wichtig?* KT A, der/die den Ball bekommen hat, antwortet z.B. wie folgt:

*Freundschaft bedeutet für mich Ehrlichkeit.*
*Bei der Freundschaft ist mir wichtig, dass meine Freunde/meine Freundinnen ehrlich sind.*

Anschließend wirft KT A den Ball KT B zu usw.

*Arbeitsbuch:* Ü 1

## A Was ist Freundschaft?

### Lernziele und Lerninhalte:

| | |
|---|---|
| Sprechen: | über Männer- und Frauenfreundschaften sprechen, Interview über Freundschaft, Fragen und Antworten: berichten, woran man denkt, mit wem man telefoniert, … |
| Lesen: | Text über Männer- und Frauenfreundschaften |
| Grammatik: | Fragewörter (*wo-* + Präposition) |

In diesem Block geht es neben dem Thema Freundschaft allgemein um die Fragepronomen mit *wo(r)-* plus Präposition.

**1**

Die KT decken bei Aufgabe 1a den Lesetext in 1b ab und stellen Vermutungen an. Geben Sie geeignete Redemittel vor, z.B.:

> *Ich glaube, in dem Text geht es um … / der Text handelt von …*
> *Vielleicht hat der Text das Thema …*

Erläutern Sie vor allem den Gebrauch von *es geht um* und *handeln von* und schreiben Sie Beispielsätze an die Tafel.

Sammeln Sie die Vermutungen der KT an der Tafel. Anschließend lesen sie den Text und überprüfen ihre Vermutungen, danach ergänzen sie die Tabelle in 1c.

**Varianten**

- Die Tabelle in 1c können lerngeübte KT dazu nutzen, die Aussagen der Psychologin in eigenen Worten zusammenzufassen.
- Die KT erhalten Stichwörter aus dem Text, zu denen sie Informationen suchen und notieren, z.B.: *Literatur und Mode – Kinder – Sport – Privatleben – schwierige Situationen.*

Da dieser Text lediglich die Meinung einer Person wiedergibt, sind die KT in 1d aufgefordert, ihre eigene Meinung zum Thema Frauen- und Männerfreundschaften zu sagen. Dabei können sie bereits bekannte Redemittel wie *Ich denke/meine/finde, dass ...* verwenden und neue Redemittel zur Meinungsäußerung lernen, die im B1-Band von *Pluspunkt Deutsch* dann häufiger geübt werden. Notieren Sie z.B. folgende Redemittel an der Tafel und machen Sie Beispielssätze:

> *Meiner Meinung nach hat die Psychologin (nicht) recht.*
>
> *Ich bin der Meinung, dass die Psychologin (nicht) recht hat.*

**2**

Verben mit Präpositionen kennen die KT bereits aus Lektion 8, Block B, hier lernen sie weitere kennen sowie Fragepronomen mit wo(r)- plus Präposition. Wiederholen Sie einleitend die Verben mit Präpositionen, die die KT schon kennen. Eine Übersicht gibt es u.a. auf der *Gewusst wie*-Seite von Lektion 8. Erinnern Sie die KT daran, dass sie Verb, Präposition und Kasus immer zusammen lernen sollten (s. Kommentar zu Lektion 8, B2 in den vorliegenden *Handreichungen*).

Zunächst hören die KT das Interview und ergänzen den Fragebogen. Anschließend unterstreichen sie die Pronomen bzw. Präpositionen in den Fragen und Antworten, um selbst zu erkennen, dass die Zuordnung auch durch die Präpositionen bzw. Fragepronomen in den Fragen und den Präpositionen in den Antworten möglich ist. Lassen Sie dies einen lerngeübten KT erklären.

Erläutern Sie dann anhand des Grammatikkastens bei Aufgabe 3 den Unterschied der Fragen. Schreiben Sie weitere Fragen kontrastiv an die Tafel, z.B.:

> *Woran denkst du/denken Sie oft? –*
> *An wen denkst du/denken Sie oft?*
>
> *Worauf wartest du/warten Sie? –*
> *Auf wen wartest du/warten Sie?*

Die Teilnehmer erläutern, welche Fragen für Personen und welche für Sachen sind. Ebenso erläutern die KT, welche Fragen in dem Fragebogen für Personen und welche für Sachen sind. Es folgt das Partnerinterview in 2b unter Verwendung der Fragen aus 2a. Individuelle Kontrolle durch KL.

**3**

In dieser Übung werden die Fragepronomen mit anderen Verben weiter geübt. Partnerarbeit mit individueller Kontrolle durch KL.

**Varianten**

- Die Interviews in 2 und 3 gehen nicht um die KT selbst, sondern um eine dritte Person. Lassen Sie die KT eine Person erfinden, die einen Namen und eine kleine Geschichte bekommt. Fragen und Antworten drehen sich dann um diese Person. Beispiel: *Peter spricht mit guten Freunden gerne über Sport. Er interessiert sich für Fußball und spricht nicht so gern über seine Arbeit. Er hat eine guten Freund, der Karl heißt. Er unternimmt viele Dinge mit ihm, er fährt mit Karl in Urlaub und geht wandern. Peter kann sich immer auf seinen Freund verlassen.*
- Es ist auch möglich, dass die KT ihre Geschichten untereinander austauschen, so dass sie die Fragen zu einer Geschichte beantworten, die ein anderes Lernpaar geschrieben hat.
- Interviews im Kurs mit **Kopiervorlage 27**. Hier finden Sie eine Variante zu den vorhergehenden Aufgaben. Anstelle von Partnerinterviews bewegen sich die KT im Raum und stellen verschiedenen anderen KT ihre Fragen mit Hilfe der Fragekärtchen. Spielen Sie Musik von einer CD. Wenn die Musik

läuft, bewegen sich die KT im Raum. Stoppen Sie die Musik, damit die KT anderen KT, die in ihrer Nähe sind, ihre Fragen stellen können. Die KT notieren die Antworten auf dem Arbeitsblatt, so dass sie anschließend berichten können. Je nachdem, wie groß Ihr Kurs ist oder welche Fragen für Ihren Kurs passend sind, können Sie das gesamte Arbeitsblatt oder auch nur einen Teil der Fragen auf Kärtchen verteilen, alle KT erhalten dieselben oder zwei bis drei unterschiedliche Fragen.

*Arbeitsbuch:* Ü 2-8

Vertiefungsübungen Ü 4: Verben und Präpositionen, Ü 7: Fragen und Antworten zuordnen

Portfolioübung Ü 8: Fragen zur eigenen Person beantworten

## B Freundschaftsgeschichten

**Lernziele und Lerninhalte:**

| | |
|---|---|
| Sprechen: | Fragen und Antworten, wofür man sich interessiert, woran man denkt, … |
| Hören: | eine Frau berichtet über eine Freundin |
| Lesen: | zwei Personen sprechen über einen Freund/eine Freundin |
| Grammatik: | Präpositionalpronomen (*da-* plus Präposition) |

Neben Freundschaftsgeschichten geht es in diesem Block um die Präpositionalpronomen.

**1**

(Lösungen: 1a: Bild 4 – 2: Bild 2 – 3: Bild 3 – 4: Bild 1; 1b: 1/B, 2/C, 3/A, 4/B)

**2**

Hier finden die KT eine Zusammenfassung einzelner Passagen aus dem Hörtext in anderen Worten. Machen Sie die erste Zuordnung im Plenum. Lassen Sie die KT die passenden Wörter in Satz 1 und im ersten Auszug aus dem Hörtext markieren und zuordnen (*Schulzeit – Schule*). Die übrigen Zuordnungen erfolgen in Partnerarbeit, Auswertung im Plenum.

Damit haben die KT auch ein Werkzeug, um den Text in eigenen Worten wiederzugeben:

- Für lerngeübte KT: Die KT hören das Interview ein drittes Mal, machen Notizen und fassen es dann auf Basis ihrer Notizen zusammen.
- Lernungeübte KT lesen das Interview zusätzlich im Anhang, um Notizen zu machen und es dann zusammenzufassen.

**Variante**

Machen Sie eine ähnliche Übung mit einem anderen Hör- oder Lesetext aus den vorangegangenen Lektionen, z.B. mit dem Gespräch in Lektion 8, B1c über Fortbildungen. Notieren Sie z.B. folgende kurze Sätze, zu denen die KT die passenden Textstellen suchen:

*Frau Wang hat keine Arbeit gefunden.*

*Sie macht eine Fortbildung und bekommt eine Förderung.*

*Frau Schele interessiert sich auch für eine Fortbildung.*

Weitere Texte, die für eine derartige Übung geeignet sind, z.B.:

Lektion 1: A1 Der Fußballspieler Asamoah, B1b Herr und Frau Taskin

Lektion 3: C1 Was machen die Personen am Sonntag?

Lektion 4: A2 Schulwege, B1 Schule früher und heute

Lektion 7: B4 Eine Hochzeit mit Pannen, C2a Feiern interkulturell

Lektion 10: A1 Arbeitnehmereigenschaften

Lektion 12: A1 Nachbarschaftshaus, A3 Going Social, B1 Vereine

**3**

(Lösung 3a: 1/F, 2/R, 3/R, 4/F). Es bietet sich folgende Varianten an, nachdem die KT 3a gelöst haben:

Nachdem die KT zuvor Zusammenfassungen geübt haben, könnten zwei KT je einen Text vorlesen, die anderen KT machen Notizen. Sie vergleichen ihre Notizen in Partner- oder Gruppenarbeit und wählen die aus, von denen sie meinen, dass sie am besten für eine

Zusammenfassung geeignet sind. Dann fassen sie die Texte mit diesen Notizen in eigenen Worten zusammen.

Es folgt die Grammatikarbeit in 3b, bei der lerngeübte und lernungeübte KT getrennt arbeiten sollten, damit KL die lernungeübten KT besser unterstützen kann. Auswertung im Plenum.

Schreiben Sie danach einen Satz mit Präpositionalpronomen aus den Texten in zwei Varianten an die Tafel, z.B.:

*Ich sehe aber auch gern Thriller, doch <u>dafür</u> interessiert sich Heidi nicht.*

*Ich sehe aber auch gern Thriller, doch <u>für Thriller</u> interessiert sich Heidi nicht.*

So kann den KT die Funktion der Präpositionalpronomen noch einmal in anderer Weise bewusst gemacht werden.

Erläuterungen zum Unterschied zwischen Präpositionalpronomen für Sachen und die Kombination von Präpositionen mit Personalpronomen für Personen finden Sie auf der *Gewusst wie*-Seite und im Grammatikanhang. Erläutern Sie den Unterschied und geben Sie Beispiele:

*Er ärgert sich über das Fußballspiel. Er ärgert sich darüber.*

*Er ärgert sich über seinen Sohn. Er ärgert sich über ihn.*

Ziehen Sie auch AB-Übung 14 heran.

<u>4</u>

Für 4a bietet sich ein kleines Dialogspiel an, nachdem die KT die Aufgabe gelöst haben:

*Interessierst du dich für Musik?*

*Wofür?*

*Für Musik.*

*Nein, dafür interessiere ich mich nicht*

etc.

Geben Sie bei 4b für lernungeübte KT Antwortmöglichkeiten vor, damit es nicht zu Vermischungen von Personen und Sachen kommt, z.B.:

*sich freuen über: das Geschenk – die gute Noten in der Prüfung – das gute Wetter– ...*

*denken an: den Urlaub – das Mittagessen – die Ferien – das Wochenende – ...*

*sich interessieren für: Sport – Musik – Filme – Fußball – Bücher – ...*

Lerngeübte KT können mit Personen und Sachen fragen.

Lassen die KT die Fragen und Antworten von 4b auch nach dem Muster der Minidialoge wie bei 4a vorgeschlagen machen.

*Arbeitsbuch:* Ü 9-14

Vertiefungsübung Ü 13: Präpositionen ergänzen

Erweiterungsübung Ü 14: Sätze mit Präpositionalpronomen/Präposition plus Personalpronomen

## C Gedanken zur Freundschaft

### Lernziele und Lerninhalte:

| | |
|---|---|
| Sprechen: | Über Sprüche über Freundschaft diskutieren und berichten |
| Lesen: | Gedicht (Elfchen) – Sprüche über Freundschaft |
| Schreiben: | Gedichte (Elfchen) |

Zum Abschluss des Kurses und des A2-Bandes gibt es Übungen zum kreativen Schreiben sowie Anregungen zum Nachdenken über Freundschaft.

**Was ist ein Elfchen?**

Ein Elfchen ist ein kurzes Gedicht mit elf Wörtern in einer vorgegebenen Form. Diese Wörter verteilen sich auf fünf Zeilen. Für die einzelnen Zeilen kann man eine didaktische Vorgabe geben. Zum Beispiel:

Zeile 1: ein Wort: ein Nomen, eine Farbe oder eine Eigenschaft. Durch dieses Wort wird eine bestimmte Atmosphäre erzeugt.

Zeile 2: zwei Wörter: etwas, das dieses Nomen beschreibt, diese Farbe oder Eigenschaft hat (ein Gegenstand, eine Person)

Zeile 3: drei Wörter beschreiben den vorhergehenden Text, wo, oder was geschieht. Diese Zeile kann man mit einem Personalpronomen beginnen.

Die vierte Zeile kann eine Frage sein, so dass man schneller Ideen für ein kreatives zusammenfassendes Schlusswort in Zeile 5 finden kann.

Das Elfchen wird vor allem im Grundschulunterricht, aber auch an weiterführenden Schulen, in der Bildungsarbeit mit Jugendlichen und Erwachsenen sowie im Fremdsprachenunterricht angewendet. Pädagogisches Ziel ist, die Schreibenden über das eigene Dichten zur Kreativität anzuregen und Schreibblockaden abzubauen.

Das Elfchen gibt den KT eine sehr klare Struktur vor, lässt aber der/dem Schreibenden viel Freiheit, so dass sowohl lerngeübte als auch lernungeübte KT zu einem Ergebnis kommen können, was für alle sehr motivierend sein kann.

**1**

Einleitend lesen die KT das Gedicht. Sollten die KT nicht sofort auf die korrekte Antwort zu 1a kommen, fordern Sie sie auf, die Wörter zu zählen und verweisen Sie auf den Infokasten. Erklären Sie ggf. den Diminutiv. Lassen Sie die KT das Elfchen auch laut lesen.

Anschließend ergänzen die KT die Elfchen in 1b in Partnerarbeit und lesen sie ebenfalls laut.

**2**

Nach der gelenkten Übung in 1b, die den KT auch den Aufbau eines Elfchens stärker bewusst machen soll, folgt eine freiere Übung. Sammeln Sie dafür zunächst gemeinsam mit den KT geeignete Themen und schreiben Sie diese an die Tafel.

Dann wählen die KT gemeinsam ein Thema aus und entwickeln ein Elfchen im Plenum. Lassen Sie der Diskussion freien Lauf. Hier sollten die KT frei und spielerisch sprechen, auf Korrektheit sollte es weniger ankommen.

Anschließend schreiben die KT ein Elfchen zu einem Thema, das ihnen gefällt. Hierfür können Sie **Kopiervorlage 28** verwenden. Es sollte nicht Pflicht sein, dass alle KT ihre Elfchen vorlesen. Nur die, die es gerne möchten, sollten das tun.

**Variante**

**Elfchen als Gruppenaktivität**

Arbeiten Sie mit einem leeren Elfchen-Blatt (**Kopiervorlage 28**).

Einigen Sie sich auf ein erster Wort, z.B. (*Winter, Schnee, Blumen, blau, schön, …*).

Schreiben Sie z.B. *Winter* in die erste Zeile und lassen Sie den Zettel durch den Kurs gehen. Jede/r KT ergänzt nacheinander eine Zeile. Mehrere Zettel machen die Runde (von links nach rechts / von rechts nach links), auch mit verschiedenen Begriffen in der ersten Zeile (z.B. *blau, Blumen, …*).

Im Gruppenprozess können die KT die Erfahrungen machen, dass sie gemeinsam kreativ schreiben können, und alle gleichermaßen einen Beitrag zum Ergebnis geliefert haben. Sie können die Gedichte im Kursraum aufhängen, die Korrektur der Sätze sollte gemeinsam erfolgen, ohne dass Fehler den KT zugeordnet werden. Die Beschäftigung mit dem Elfchen soll in erster Linie Spaß machen, (Schreib)Blockaden abbauen.

Wenn diese Aktivität den KT Spaß macht, können Sie im weiteren Kursverlauf das Elfchen auch öfter einsetzen, zum Beispiel als Einstieg in ein Thema, aber auch zur Wiederholung von Wortfeldern.

**3**

Geben Sie den KT einige Minuten Zeit, um die sprachlich nicht ganz einfachen Sprüche zu lesen und ggf. unbekannten Wortschatz zu klären. Anschließend erfolgt die Zuordnung, Auswertung im Plenum. Erinnern Sie die KT evtl. an Übung B2 in dieser Lektion, in der sie das Muster dieser Übung – die Zuordnung von Sätzen mit ähnlicher Bedeutung - bereits kennengelernt haben. Lassen Sie die KT die Sprüche laut lesen.

Im Rahmen des anschließenden Gesprächs darüber, welche Sprüche den KT gefallen, können Sie auch eine kleine Kursstatistik machen, welchen Spruch die KT am besten finden. Dafür darf jeder KT maximal zwei Sprüche nennen. Anschließend kommentieren die KT die Statistik und können so auch die Indefinitpronomen *niemand, viele, wenige* und *alle*, die sie aus Lektion 9 (Block A) kennen, üben, indem sie das Ergebnis z.B. wie folgt beschreiben: *Alle finden Spruch ... am besten* etc.

**4**

Lernungeübte KT beschränken sich darauf zu sagen, ob es Sprüche mit ähnlicher Bedeutung auch in ihrem Heimatland gibt. Lerngeübte KT wählen einen oder zwei Sprüche aus ihrem Heimatland aus und versuchen, ihn auf Deutsch zu erklären und evtl. zu übersetzen. Wenn möglich, sollten KT gleicher Nationalität zusammenarbeiten.

*Arbeitsbuch:* Ü 15-17, Ü 18: Flüssig sprechen

Portfoliotext Ü 16: Gedicht (Elfchen auf dem Kopf) über den Sprachkurs

*Arbeitsbuch – Deutsch plus:* Ü 19: vier Personen berichten über Freundschaften

*Arbeitsbuch – Wörter lernen:* Ü 20-23

**Phonetik:** Schnell und langsam sprechen, siehe Seite 128 in den *Handreichungen*.

**Flüssig sprechen**

*Alles klar* Ü 5

Das letzte *Flüssig-Sprechen* fällt ein bisschen aus dem Rahmen. Zwei Sprüche über Freundschaft werden noch einmal schön vorgesprochen. Wenn die KT Lust haben, können sie diese Sprüche auswendig lernen.

*Flüssig sprechen* im Arbeitsbuch (Ü 18) übt die neue grammatische Struktur *worüber – darüber*.

## Station 4

Der abschließende Test stellt für die KT einen weiteren Schritt auf dem Weg zum DTZ dar. Die Testaufgaben lehnen sich zwar eng an den DTZ an, aber es handelt sich nicht um einen Modelltest, weil einige Prüfungsteile fehlen bzw. weniger umfangreich sind. Die Unterschiede im Einzelnen:

**Hören**

Teil 1: Die KT hören nur drei Ansagen, im DTZ sind es vier.

Teil 2: Die KT hören nur zwei Radioansagen, im DTZ sind es fünf. Die Radioansagen sind ein Wetterbericht und eine Verkehrsmeldung. Diese Radiomeldungen kommen im DTZ immer vor.

Teil 3: Die KT hören drei Gespräche, im DTZ sind es vier.

Teil 4 des DTZ wurde hier nicht aufgenommen.

**Lesen**

Teil 1: Die Aufgabe entspricht im Umfang dem DTZ-Prüfungsteil Lesen 1.

Teil 2: Dieser Teil umfasst im DTZ fünf Situationen und acht Anzeigen, hier sind es drei Situationen und sechs Anzeigen.

Teil 3: Die KT lesen nur zwei Kurztexte, im DTZ sind es drei. Eine Zeitungsmeldung, die auch im DTZ vorkommen kann, fehlt hier.

Teil 4 des DTZ wurde nicht aufgenommen.

Teil 5 (hier: Teil 4): Die Aufgabe entspricht im Umfang dem DTZ-Prüfungsteil Lesen 5.

**Schreiben**

Die KT haben wie im DTZ zwei Themen für Kurzmiteilungen zur Auswahl, sie bearbeiten aber nur drei Inhaltspunkte. Im DTZ sind es vier.

**Sprechen**

Die Teile 1 und 2 entsprechen dem DTZ

Teil 3: Das Aufgabenblatt enthält nur drei Stichwörter, im DTZ sind es mehr.

Evtl. brauchen KT, die nur langsam lesen und schreiben, für die Prüfungsteile Schreiben und Lesen mehr Zeit als lerngeübte KT. Im DTZ sind inklusive Lesen, Teil 4 für den Prüfungsteile Lesen 45 Minuten vorgesehen und für die Bearbeitung der vier Inhaltspunkte im Prüfungsteil Schreiben 30 Minuten. Geben Sie den KT mit Rücksicht auf lernungeübte KT, die nur langsam lesen und schreiben, auch in diesem verkürzten Test die vollen 75 Minuten für die Prüfungsteile Lesen und Schreiben.

Im DTZ sind keine Noten vorgesehen. Den Prüfungskandidaten wird lediglich bescheinigt, ob sie Sprachkenntnisse auf dem Niveau A2 oder B1 nachweisen können. Für die Bewertung des Tests in Station 4 empfiehlt sich ein Punktesystem, das dem im Vergleich zum DTZ unterschiedlichen Umfang der Aufgaben Rechnung trägt, so dass die einzelnen Prüfungsteile ausgewogen bewertet werden, z.B.:

**Hören:** Teil 1: 10 Punkte für jede richtige Lösung = 30 Punkte

Teil 2: 10 Punkte für jede richtige Lösung = 20 Punkte

Teil 3: 5 Punkte für jede richtige Lösung = 30 Punkte

**Lesen:** Teil 1: 5 Punkte für jede richtige Lösung = 25 Punkte

Teil 2: 10 Punkte für jede richtige Lösung = 30 Punkte

Teil 3: 10 Punkte für jede richtige Lösung = 40 Punkte

Teil 5 (hier Teil 4): 5 Punkte für jede richtige Lösung = 30 Punkte

**Schreiben:** Bewerten Sie die Kurzmitteilung z.B. nach folgenden Kriterien:

Erfüllung der Aufgabenstellung: pro Inhaltspunkt 1 Punkt, maximal 3 Punkte

Kommunikative Gestaltung/Wortschatz: 0, 1,5 oder maximal 3 Punkte

Korrektheit: 0, 1,5 oder maximal 3 Punkte

Multiplizieren Sie das Ergebnis mit 5, so dass die KT im Prüfungsteil Schreiben maximal 45 Punkte erreichen können.

**Sprechen:** Teil 1: inhaltliche Angemessenheit: 0, 2,5, maximal fünf Punkte

Flüssigkeit/Wortschatz: 0, 2,5, maximal fünf Punkte

Korrektheit: 0, 2,5, maximal fünf Punkte

Teil 2 und 3: inhaltliche Angemessenheit: 0, 5, maximal 10 Punkte

Flüssigkeit/Wortschatz: 0, 5, maximal 10 Punkte

Korrektheit: 0, 5, maximal 10 Punkte

Somit können die KT maximal im Prüfungsteil Sprechen maximal 75 Punkte erreichen, insgesamt 325 Punkte.

Die Testergebnisse können Sie wie folgt bewerten:

| ***Ergebnispunkte*** | ***Note*** |
|---|---|
| 292-325 Punkte (90%) | sehr gut |
| 260-290 Punkte (80%) | gut |
| 227-259 Punkte (70%) | befriedigend |
| 195-226 Punkte (60%) | ausreichend |

Die Aufgabentypen sind den KT bereits aus den KB- und AB-Stationen bekannt, wo sich auch einige Prüfungstipps finden: In Station 1 zum Prüfungsteil Hören, in Station 2 zum Prüfungsteil Lesen, und in AB-Station 4 zum Prüfungsteil Sprechen (s. dazu auch die Anmerkungen unten).

Weisen Sie die KT noch einmal auf wichtige Prüfungstipps hin, bevor sie den Test machen, für Hören und Lesen z.B. dass die KT nicht jedes Wort verstehen müssen, um die Aufgaben zu lösen.

Die Situationen in den Prüfungsteilen Hörverstehen und Leseverstehen sind den KT aus dem A1- und dem A2-Band weitgehend bekannt.

**Hören:** Teil 1, Aufgabe 1: Bahnhofsdurchsage, vgl. A1-Band, Lektion 13, C4

Teil 2, Aufgabe 1: Wetterbericht: vgl. A1-Band, Lektion 13, A3

Teil 3, Aufgabe 6/7 Reisebüro: vgl. A2-Band, Lektion 11, Block A

**Lesen:** Teil 1, Einkauf: vgl. A1-Band, Lektion 12, B2

Teil 2, Stellenanzeigen: vgl. A2-Band, Lektion 10, A2

Darüber hinaus kommen ähnliche Situationen auch in den Teilen zur Prüfungsvorbereitung in den Stationen vor. (Bahnhofsdurchsage, Wetterbericht und Verkehrsmeldung z.B. in AB-Station 1.)

***Lösungen***

*Hören:*

*Teil 1: 1C, 2B, 3A*

*Teil 2: 4C, 5B*

*Teil 3: 6: richtig, 7B, 8: falsch, 9C, 10 richtig, 11B*

*Lesen:*

*Teil 1: 12A, 13C, 14A, 15C, 16B*

*Teil 2: 17C, 18X, 19E*

*Teil 3: 20 richtig, 21B, 22 falsch, 23B*

*Teil 4: 24A, 25B, 26C, 27C, 28A, 29A*

In AB-Station 4 findet sich eine didaktisierte Vorbereitung für den Prüfungsteil Sprechen, die die KT im Unterricht machen sollten, bevor sie die diesen Teil im Test der Station 4 KB bearbeiten. U.a. gibt es Redemittelkästen mit allgemeinen Redewendungen für die Bildbeschreibung bzw. den Vergleich mit dem Heimatland (Prüfungsteil 2) und dafür, Vorschläge zu machen und auf Vorschläge zu reagieren (Prüfungsteil 3).

## Hinweise zum Phonetikanhang

### Lektion 1 – Wortakzent bei Partizipien

Der Wortakzent ist ein für die rhythmische Struktur des Deutschen wichtiges Phänomen. Sprecher, die aus Muttersprachen mit einer ganz anderen Struktur kommen, müssen den Wortakzent (und natürlich auch den Rhythmus im Satz bzw. in einer Äußerung) immer wieder üben, damit er vertraut wird. Das ist nicht nur für das Sprechen wichtig, sondern auch für das Hören. Lernende, die mit der rhythmischen Struktur des Deutschen nicht vertraut sind, haben oft sehr große Schwierigkeiten beim Hörverstehen.

Wenn Sie schon mit *Pluspunkt Deutsch* A1 gearbeitet haben, kennen die Lernenden schon die Klatschübung. Sie ist wichtig, damit das, was unsichtbar im Mund und Kehlkopf passiert, für die Lernenden verständlich und erfahrbar wird. Das Prinzip ist einfach, Sie tippen bei unbetonten Silben nur mit den Fingern in die Handfläche der anderen Hand, bei den betonten Silben klatschen Sie in die Hände.

Wenn Sie den Wortakzent bei Partizipien üben, haben Sie den „Nebeneffekt", dass die Lerner auch die Unterscheidung von trennbarer und untrennbarer Vorsilbe üben.

*Lösung 1a:*

*gewohnt – gespielt – gearbeitet – gelernt*

*gegangen – gekommen – gewonnen – gegessen*

*umgezogen – angefangen – festgestellt – abgeholt*

*verlassen – bekommen – erzählt – verdient - beantragt*

### Lektion 2 – Das *w*

Beim *w* liegen die oberen Schneidezähne von innen an der Unterlippe. Die Lippen müssen etwas Spannung haben und das *w* deutlich gesprochen werden. Wenn der Laut für die KT neu ist, sollten sie ihn ruhig zunächst einmal überdeutlich sprechen *wwwann, wwwer.*

Das *v* spricht man bei Fremdwörtern im Deutschen als *w* [v] aus. Diese Regel hilft allerdings den meisten Lernern nicht, da sie nicht wissen, welche Wörter im Deutschen Fremdwörter sind. Deshalb müssen die KT die Aussprache von neuen Wörtern einzeln lernen. Bis jetzt haben sie kaum Fremdwörter kennengelernt, in denen man das *v* als *w* spricht.

Dass das *qu* als *kw* gesprochen wird, ist für viele KT überraschend. Wenn Sie gerne mit Lernplakaten arbeiten, können Sie ein kleines Lernplakat im Stil der Zeichnung als Erinnerungsstütze verwenden.

In einigen anderen Sprachen gibt es keinen Unterschied zwischen *b* und *w*. Für diese Sprecher ist die Übung 2 eine gute Bewusstmachung. In den meisten Kontexten kann man die Wörter zwar nicht verwechseln, die falsche Aussprache erschwert aber das Verständnis oder ruft einen lustigen Eindruck hervor: *Ich möchte einen Bein.*

*Lösung 2:*

*1. weil, 2. Bier, 3. Bein, 4. wohnen, 5. Wald*

### Lektion 3 – Das *s, sch, sp* und *st*

Es gibt einige, insbesondere asiatische Sprachen, in denen es den Zischlaut *sch* nicht gibt. Für diese Lernenden müssen Sie mit der Übung 1a den Laut einüben. Achten Sie darauf, dass die Lippen leicht gerundet sind. Häufig verwechseln diese Lernenden das *sch* mit dem *s*. Weisen Sie sie darauf hin, dass das *s* mit der Zungenspitze gesprochen wird, beim *sch* hat die Zungenspitze keinen Kontakt mit dem Gaumen.

Dass wir im Deutschen am Silbenanfang das *s* in *sp* und *st* als *sch* sprechen, wird immer wieder gerne vergessen. Für Lernende, die es genau wissen wollen, können Sie auch weitere Wörter sammeln und analysieren lassen. Sie müssen dann jeweils die Worte in Silben aufteilen, das ist auch eine sehr gute Übung, um einen Überblick über deutsche Wörter zu bekommen. Sie können diese Silben z.B. auch klatschen lassen.

### Lektion 4 – Das *o* und *u*

*o* und *u* sind sehr ähnliche Laute, die häufig nicht gut auseinander gehalten werden. Weisen Sie die Lernenden, die damit Probleme haben, darauf hin, dass die Zunge beim *u* höher im Mund liegt als beim *o*. Besonders deutlich ist der Unterschied bei den beiden langen Vokalen.

Das Partnerdiktat in 2 verfolgt einen doppelten Zweck. Zunächst einmal müssen sich die Teilnehmer darüber klar werden, wie die Wörter in ihrem Text geschrieben werden. Hilfreich ist es, wenn die Teilnehmer sich den Text leise vor sich hinmurmelnd selbst vorlesen und erst einmal nach Klang die Vokale eintragen. Zweifelsfälle können sie dann mit der alphabetischen Wortliste im Anhang klären. In 2b diktieren sie dann ihren Text ihrem Nachbarn. Das Diktieren zwingt die Lernenden dazu, besonders deutlich zu artikulieren, damit der Partner den Vokal erkennen kann. Dadurch arbeiten die Diktierenden an ihrer eigenen Aussprache.

*Lösung 1b:*

*das Buch, der Beruf, wir mussten, wir durften*

*die Note, ohne, wir wollten, der Sport*

*ohne Buch, gute Noten, ein Schuljahr wiederholen*

*Lösung 2a:*

*Text 1*

*Früher mussten wir nur neun Jahre zur Schule gehen. Danach konnten wir einen Beruf lernen. Wir konnten schon schnell Geld verdienen. Jetzt machen die meisten Jugendlichen mindestens zehn Schuljahre. Viele machen Abitur und wollen dann ein Studium anfangen. Sie brauchen gute Noten.*

*Text 2*

*Die Schule hat meistens um acht Uhr begonnen. Wir hatten zwei Stunden Unterricht, dann hatten wir eine Pause. In der Pause haben wir ein Brot und Obst gegessen und manchmal eine Cola getrunken. In der achten Klasse hatte ich keine guten Noten, deshalb musste ich ein Jahr wiederholen. Aber dann war ich gut und habe Abitur gemacht.*

## Lektion 5 – Das *b, d, g* und *p, t, k*

Der Unterschied zwischen *b, d, g* und *p, t, k* ist einmal, dass die ersteren stimmhaft sind, zum zweiten, dass *p, t, k* stärker behaucht, also mit mehr Luft gesprochen werden. Lassen Sie die KT zunächst einmal den Unterschied hören und dann jede/r für sich selbst sprechen. Wenn sie *p, t, k* zu wenig behaucht sprechen, können sie sich eine Hand vor den Mund halten und so sprechen, dass sie den Luftzug auf der Hand spüren.

In Übung 2 geht es um eine typische phonetische Eigenschaft des Deutschen: die Auslautverhärtung, d.h. dass man stimmhafte Laute wie *b, d, g* am Silbenende stimmlos als *p, t, k* spricht. Es gibt hier einen für die Lernenden verwirrenden Widerspruch zwischen der Schrift und der Aussprache.

Das Würfelspiel in Übung 3 übt den Unterschied zwischen stimmhaften und stimmlosen *b, d, g* noch einmal und wiederholt gleichzeitig die Konjugation.

*Lösung 2:*

| | *d* | *t* | | *g* | *k* | | *b* | *p* |
|---|---|---|---|---|---|---|---|---|
| *doch* | *x* | | *gut* | *x* | | *Bericht* | *x* | |
| *leider* | *x* | | *Kollege* | *x* | | *bitte* | *x* | |
| *Das tut mir leid.* | | *x* | *Tag* | | *x* | *Urlaub* | | *x* |
| *anstrengend* | | *x* | *montags* | | *x* | *Abteilung* | | *x* |
| *Hand* | | *x* | *Zug* | | *x* | *geben* | *x* | |
| *Handy* | *x* | | *zwei Züge* | *x* | | *er gibt* | | *x* |
| *Kind* | | *x* | *fragen* | *x* | | *Betrieb* | | *x* |
| *Kinder* | *x* | | *er fragt* | | *x* | *Betriebe* | *x* | |

## Lektion 6 – Die Vokale *a, ä, e* und *i*

Das Deutsche ist eine Sprache mit relativ viel verschiedenen Vokalen im Vergleich zu vielen anderen Sprachen auf der Welt. Die Reihe der Vokale *a, ä, e* und *i* unterscheidet sich in der Mundöffnung, bzw. der Lage der Zunge. Das kann man sehr gut wie auf den Fotos mit der Hand verdeutlichen. Die obere Hand stellt der Oberkiefer dar, die untere Hand den Unterkiefer bzw. die Zunge. So kann man sehr schön zeigen, dass beim *i* die Zunge ganz nah am oberen Gaumen liegt, beim *e* ist der Spalt etwas größer, beim *ä* ist die Zunge noch tiefer und das *a* spricht man mit deutlich geöffnetem Mund.

Dieser Unterschied ist bei den langen Vokalen deutlich zu hören, bzw. muss deutlich gesprochen werden. Bei den kurzen Vokalen gibt es nur drei unterschiedliche Laute, denn das kurze *ä* und das kurze *e* werden gleich ausgesprochen als [ɛ].

Das lange *e* und das lange *i* werden von vielen KT nicht sauber unterschieden (Vielleicht kennen Sie auch den schönen Satz: *Ich liebe in Deutschland*). Die Übung 2 macht noch einmal darauf aufmerksam, dass es wichtig ist, diese beiden Laute zu unterscheiden, da sie im Deutschen bedeutungsunterscheidend sind.

*Lösung 1b:*

*der Makler, die Stadt, die Städte, erklären, sich kennenlernen, das Problem, schriftlich, sich verlieben*

*Lösung 2:*

*1. leben, 2. er spricht, 3. legen, 4. ihr, 5. er, 6. mir, 7. dir, 8. See*

## Lektion 7 – Endungen hören und sprechen

Viele Sprachen, insbesondere auch die asiatischen, haben eine sehr einfache Silbenstruktur. Die meisten Silben haben einen Konsonanten am Anfang und dann folgt ein Vokal. Durch diese Silbenstruktur sind die Lernenden nicht daran gewöhnt, das Ende einer Silbe genau zu hören. Sie „überhören" das, was im Silbenschema der eigenen Muttersprache nicht vorkommt. Das ist für das Deutsche ungünstig, denn wir haben viele Informationen auch am Silbenende.

Die Adjektivdeklination werden die Lerner auf dieser Sprachstufe sicher noch nicht perfekt beherrschen, es hilft aber im Lernprozess, wenn sie die Endungen besser hören.

Sie beginnen in 1 mit dem Hören und Nachsprechen, in Übung 2 müssen Sie die Unterschiede genau hören. Die Sätze in Übung 3a können die KT auch auswendig lernen, es ist die Adjektivdeklination im Nominativ an einem netten Beispiel. Übung 3b ist eine spielerische Übung. Die KT schreiben eigene Sätze mit möglichst vielen Adjektiven und müssen diese Sätze (vielleicht auch auswendig) korrekt vortragen.

*Lösung 2:*

*1. klein, 2. kleiner, 3. kleinen, 4. schön, 5. schönes, 6. schöner*

## Lektion 8 – Lange und kurze Vokale

Lange und kurze Vokale sind schon im A1-Band von *Pluspunkt Deutsch* erarbeitet und geübt worden. Diese Unterscheidung ist jedoch so wichtig, dass sie unbedingt regelmäßig wiederholt werden muss. An dieser Stelle werden als zusätzliche Informationen noch Rechtschreibregeln gegeben, an denen man erkennen kann, ob man den Vokal lang oder kurz sprechen muss.

Weisen Sie die KT darauf hin, dass im Deutschen nicht alle Vokale gleich wichtig sind. Der Vokal vom Wortakzent muss besonders deutlich gesprochen werden, und wenn das Wort im Satz besonders betont ist, dann muss gerade der Vokal sehr sorgfältig gesprochen werden. Das können Sie in Übung 2 in dem kleinen Lesetext üben. Die markierten Wörter sind in den Sätzen besonders wichtig (Satzakzent, Kontrastakzent), deshalb müssen hier die Vokale sehr genau gesprochen werden.

*Lösung 1a:*

*Dienstag, Mittwoch, Donnerstag, das Jahr, die Straße, der Wecker, die Idee*

*Lösung 1b:*

*das Ziel, der Führerschein, der Fußball, die Adresse, sich informieren, die Kenntnisse, stattfinden, verdienen, eine Stelle, bekommen, verschieden*

## Lektion 9 – *Ach*-Laut und *k*, *Ich*-Laut und *sch*

In Übung 1 wird der *Ach*-Laut [X] mit dem *k* kontrastiert, da viele KT, die den Laut in der Muttersprache nicht haben, die beiden Laute leicht verwechseln. Weisen Sie die KT darauf hin, dass beide Laute an derselben Stelle produziert werden, der Unterschied liegt darin, dass der *Ach*-Laut ein Reibelaut ist, der fortlaufend produziert werden kann *chchchch*, das *k* ist ein Plosivlaut. Man kann ihn nur einmal sprechen und muss dann wieder neu ansetzen: *k k k*.

In Übung 2 geht es um den *Ich*-Laut [ç], der häufig mit dem sch [ʃ] verwechselt wird. Das *ch* können Sie mit den KT vom *j* ausgehend einüben. Sprechen Sie ein langes *j* und dann lassen Sie die Stimme weg und sprechen stimmlos: *jjjjjjjj chchchch*.

Zum Abschluss lernen die KT die Regel, wann man das *ch* als *Ich*-Laut [ç] und wann als *Ach*-Laut [X] spricht.

*Lösung 3:*

*Ach-Laut: lachen, noch, Buch, brauchen*

*Ich-Laut: rechts, versichert, möchte, Bücher, leicht, euch, Milch, manchmal, durch*

*Nach a, o, u und au spricht man den Ach-Laut.*

## Lektion 10 – Konsonanten

Eine Schwierigkeit für viele Deutschlerner sind die aufeinanderfolgenden Konsonanten. Ein Wort wie *Autotür* hat mit sieben Buchstaben ebenso drei Silben wie das Wort *Fremdsprachen* mit dreizehn Buchstaben. Lerner, die aus Sprachen mit einfacheren Silbenstrukturen kommen, neigen dazu entweder Teile des Wortes wegzulassen oder zusätzlich Vokale einzufügen, z.B. *Furemdusupurachen*. Das ist im Deutschen schwer verständlich, deshalb sollten die Lerner diese schwierigen Wörter systematisch üben. Der erste Schritt kann eine Klatschübung sein, damit die Anzahl der Silben klar ist. Im zweiten Schritt hören und sprechen die Lerner diese Wörter erst langsam, dann immer schneller. Die Grenze für das Schnellsprechen muss immer die Verständlichkeit sein.

Im dritten Schritt müssen die KT solche schwierigen Wörter selbst erlesen. Auch hier hilft es, wenn die KT erst einmal die Anzahl der Silben bestimmen.

## Lektion 11 – Die Vokale *e, ö, i* und *ü*

Wenn die KT Schwierigkeiten mit den gerundeten Vokalen *ö* und *ü* haben, ist es nicht sinnvoll, diese von den Vokalen *o* und *u* herzuleiten, wie es die deutsche Rechtschreibung nahe legt. Der Unterschied ist für Sie als Lehrer sehr schwierig zu erklären, da sich die Unterschiede im Mund verborgen abspielen.

Wenn Sie *e* und *ö* bzw. *i* und *ü* miteinander kontrastieren, ist es viel leichter die Bildung der Laute zu erklären: ein *e*, das mit gerundeten Lippen gesprochen wird, ist ein *ö* und ebenso wird ein *i* mit Lippenrundung zu einem *ü*. Lassen Sie die KT ruhig ein bisschen „mit den Mundwerkzeugen spielen“:
*eeeeeööööööeeeeeööööö* oder
*iiiiiiüüüüüüiiiiiiiüüüüüü.*

In Übung 2 sollen die KT diese Laute noch einmal im Satzkontext sprechen. Lassen Sie sie z.B. in einer Partnerübung je einen Satz mit *ö* und einen Satz mit *ü* schreiben und dann mit sehr deutlicher Aussprache vortragen.

*Lösung 1c:*

*1. kennen, 2. vier, 3. lösen, 4. Spüle, 5. Meere, 6. Tür*

## Lektion 12 – Das *r* und *l*

Das *r* ist für viele KT ein schwieriger Laut. Wenn sie in ihrer Muttersprache kein *r* haben, und den Laut leicht mit dem *l* verwechseln, dann sollten Sie zunächst das *l* üben. Wichtig ist, dass das deutsche *l* relativ weit vorne im Mund gesprochen wird (z.B. deutlich weiter vorne als das englische oder amerikanische *l*).

Im zweiten Schritt erarbeiten Sie das *r*. Das deutsche *r* wird weit hinten im Mund gesprochen. Sie können zum Beispiel erst ein *k* sprechen lassen und den Verschluss lösen: *kchch*. Das ist die Stelle, an der das *r* gesprochen wird. Wenn Sie dann noch die Stimme dazugeben (und das *kchch* singen), dann haben Sie das *r*.

Deshalb ist in 1b die erste Zeile, in der das *r* nach einem *Ach*-Laut kommt, in der Regel leicht zu sprechen. Die zweite Zeile ist schwieriger. Am ersten Tag sollten die KT, die das *r* neu erlernen, zufrieden sein, wenn sie die erste Zeile sprechen können.

Wichtig ist, dass die KT Geduld mitbringen. Der erste Schritt ist es, zu verstehen, wie man den Laut produziert, der zweite Schritt erfordert regelmäßige Übung, damit man mit dem Laut vertraut wird und ihn immer selbstverständlicher sprechen kann.

Erinnern Sie die KT auch noch einmal daran, dass die *r* nach einem Vokal nicht (kaum) als *r* gesprochen werden sondern als ein kurzes *a* [ɐ].

*Lösung 1c:*

*1. froh, 2. Glas, 3. Meer, 4. Reise 5. Leiter, 6. Schmerzen, 7. Regen, 8. hart, 9. Laus*

## Lektion 13 – Silbengrenzen erkennen

Gegenüber deutschen Wortungetümen wie *Haftpflichtversicherung* zeigen die meisten Lerner eine große Abwehr. Gerade im bürokratischen Bereich sind diese Wörter aber häufig und wichtig. Deshalb lohnt es sich, sich mit solchen Wörtern ein bisschen vertraut zu machen.

Wichtig ist, dass die Lerner verstehen, dass solche Wörter erstens aus Silben bestehen (die man klatschen kann) und zweitens auch häufig aus mehreren Wörtern zusammengesetzt sind. Sie können hier noch einmal an die Regel erinnern, dass bei Komposita der Wortakzent (fast) immer auf dem ersten Wort liegt.

Beim Sprechen dieser langen Wörter ist es wichtig, dass sich die KT Zeit dafür nehmen und nicht Teile des Wortes verschlucken. Üben Sie ein paar dieser langen Wörter, die für Ihre KT wichtig sind zunächst als Wort alleine und dann wie in Übung 2 in einem Satzkontext.

*Lösung 1a:*

*Hạft | pflicht | ver | si | che | rung*

*Ga | ran | ti̱e | schein*

*Wa̱ | gen | re | pa | ra | tur*

*Re | kla | ma | tio̱n*

*mo̱ | nat | lich*

*kọs | ten | los oder: kọ | sten | los*

*Ver | ạn | stal | tung*

*Sạch | be | ar | bei | te | rin*

## Lektion 14 – Schnell und langsam sprechen

Wenn Deutsche normal schnell sprechen, insbesondere in informellen Kontexten, dann verschleifen Sie die Aussprache an vielen Stellen. So sagt man z.B. dann nicht *haben* [habən], sondern [habm] oder sogar [ham]. Es kann für Deutschlerner schwierig sein, diese Formen dann richtig zu erkennen. Diese Phonetikübung soll für einige typische Verschleifungsformen im Deutschen sensibilisieren. Die KT hören erst einmal den Unterschied in Übung 1 und sprechen dann den Dialog selbst in verschiedenen Varianten.

Der Sinn dieser Phonetikeinheit liegt in der Sensibilisierung. Man sollte den KT auf diesem Sprachniveau noch empfehlen, normalerweise nicht die verschliffenen Formen zu verwenden. Sie haben in der Regel noch nicht genug phonetische Genauigkeit und auch noch nicht das Sprechtempo, das zu den Verschleifungen passt.

*Lösung 1b:*

*– Ha~~ben~~m Sie schon gehört? Dieses Jahr gibt ~~e~~s ~~ei~~n Sommerfest in der Firma.*

*+ Super, wann soll es stattfinden?*

*– Im August. Am Freitag, den 7. August. ~~Ei~~ne Band spielt und wir könn~~en~~ tanzen. ~~E~~s gibt natürlich auch viel zu essen und zu trinken. Sind Sie dabei?*

*+ ~~Na~~türlich komme ich.*

# Deutschlandkarte

| | | | |
|---|---|---|---|
| anfangen | backen | bleiben | einkaufen |
| essen | fahren | fliegen | geben |
| gefallen | gehen | gewinnen | helfen |
| kommen | lesen | nehmen | passieren |
| schlafen | sehen | spielen | studieren |
| trinken | umziehen | verlassen | wohnen |
| angefangen | gebacken | geblieben | eingekauft |
| gegessen | gefahren | geflogen | gegeben |
| gefallen | gegangen | gewonnen | geholfen |
| gekommen | gelesen | genommen | passiert |
| geschlafen | gesehen | gespielt | studiert |
| getrunken | umgezogen | verlassen | gewohnt |

| | | | | | | | |
|---|---|---|---|---|---|---|---|
| Frau Kostas | braucht | das Internet, | weil | sie | Übersetzerin | ist. | |
| Lin | findet | das Internet gut, | weil | sie | mit ihren Freunden | chatten | kann. |
| Herr Merz | braucht | kein Internet, | weil | er | Bücher | besser | findet. |
| Ich | telefoniere | viel mit dem Handy, | weil | das | für meine Arbeit | wichtig | ist. |
| Ich | habe | einen MP3-Player, | weil | ich | in der U-Bahn gerne Musik | höre. | |
| Abends | lese | ich | gerne ein Buch, | weil | ich | das entspannend | finde. |
| Morgens | lese | ich | die Zeitung, | weil | die Informationen | gut | sind. |
| Ich finde, | dass | das Fernsehen | gute Informationen | bietet. | | | |
| Ich denke, | dass | es | im Fernsehen | zu viel Werbung | gibt. | | |
| Es ist gut, | dass | Kinder | im Fernsehen viel | lernen | können. | | |
| Ich bin dagegen, | dass | Kinder | zu viel | fernsehen. | | | |
| Es ist schlecht, | dass | Kinder | oft am Computer | sitzen. | | | |
| Ich finde es gut, | dass | es | im Radio | Verkehrsmeldungen | gibt. | | |
| Ich bin dafür, | dass | im Radio und Fernsehen | weniger Werbung | kommt. | | | |

**Kopie A**

**Warum? Sie wollen alles ganz genau wissen. Fragen Sie Ihren Partner / Ihre Partnerin und beantworten Sie seine/ihre Fragen. Notieren Sie die Antworten.**

**Beispiel:**
Warum ist Herr Sales zufrieden? Weil er morgen nicht arbeiten muss.
Was glaubt Ramon? Er glaubt, dass der Urlaub schön wird.

| | | | |
|---|---|---|---|
| Warum ist Herr Sales zufrieden?<br><br>________________<br>________________ | Warum fahren Herr und Frau Beck mit dem Bus?<br><br>Ihr Auto ist kaputt. | Warum hat Herr Schwan viel Geld?<br><br>________________<br>________________ | Warum ist Thelma heute später gekommen?<br><br>Ihr Bus hatte Verspätung. |
| Was glaubt Ramon?<br><br>Der Urlaub wird schön. | Was denkt Petra?<br><br>________________<br>________________ | Was ist sicher?<br><br>Nach Regen scheint wieder die Sonne. | Was denkt Dennis?<br><br>________________<br>________________ |
| Warum bleibt Susanne heute zu Hause?<br><br>________________<br>________________ | Warum geht Jakob früh ins Bett?<br><br>Er ist müde. | Warum fährt Herr Marx nach Frankfurt?<br><br>________________<br>________________ | Warum schläft Ingrid am Wochenende lange?<br><br>Von Montag bis Freitag muss sie früh aufstehen. |
| Was weiß Friedrich nicht?<br><br>Zu viel Schokolade ist nicht gesund. | Was hat der Lehrer gesagt?<br><br>________________<br>________________ | Was müssen Kinder lernen?<br><br>Es gibt Regeln. | Was findet Marianne schön?<br><br>________________<br>________________ |

**Kopie B**

**Warum? Sie wollen alles ganz genau wissen. Fragen Sie Ihren Partner / Ihre Partnerin und beantworten Sie seine/ihre Fragen. Notieren Sie die Antworten.**

**Beispiel:**

| | |
|---|---|
| Warum ist Herr Sales zufrieden? | Weil er morgen nicht arbeiten muss. |
| Was glaubt Ramon? | Er glaubt, dass der Urlaub schön wird. |

| | | | |
|---|---|---|---|
| Warum ist Herr Sales zufrieden?<br><br>Er muss morgen nicht arbeiten. | Warum fahren Herr und Frau Beck mit dem Bus?<br><br>________<br>________ | Warum hat Herr Schwan viel Geld?<br><br>Er hat im Lotto gewonnen. | Warum ist Thelma heute später gekommen?<br><br>________<br>________ |
| Was glaubt Ramon?<br><br>________<br>________ | Was denkt Petra?<br><br>Ihr Kind muss früher ins Bett gehen. | Was ist sicher?<br><br>________<br>________ | Was denkt Dennis?<br><br>Er hat einen guten Test geschrieben. |
| Warum bleibt Susanne heute zu Hause?<br><br>Sie ist krank. | Warum geht Jakob früh ins Bett?<br><br>________<br>________ | Warum fährt Herr Marx nach Frankfurt?<br><br>Er will Freunde besuchen. | Warum schläft Ingrid am Wochenende lange?<br><br>________<br>________<br>________ |
| Was weiß Friedrich nicht?<br><br>________<br>________ | Was hat der Lehrer gesagt?<br><br>Im Nebensatz steht das Verb am Ende. | Was müssen Kinder lernen?<br><br>________<br>________ | Was findet Marianne schön?<br><br>Sie sieht ihre Freunde jeden Tag. |

BOUTIQUE

5

DEUTSCH

**Finden Sie für jeden Satz die passende Präposition. Legen Sie die Karte mit der richtigen Präposition auf das Bild.**

Die Leute sitzen ________ Tisch.

Die Teller stehen ________ Tisch.

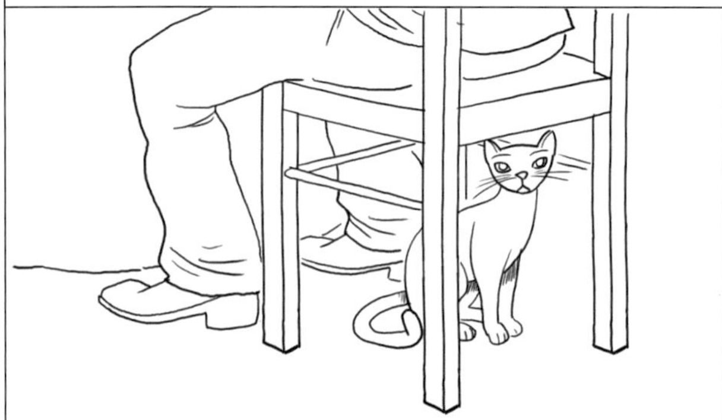

Die Katze ist ________ Stuhl.

Der Schirm steht ________ Tisch.

Der Gast läuft ________ Café.

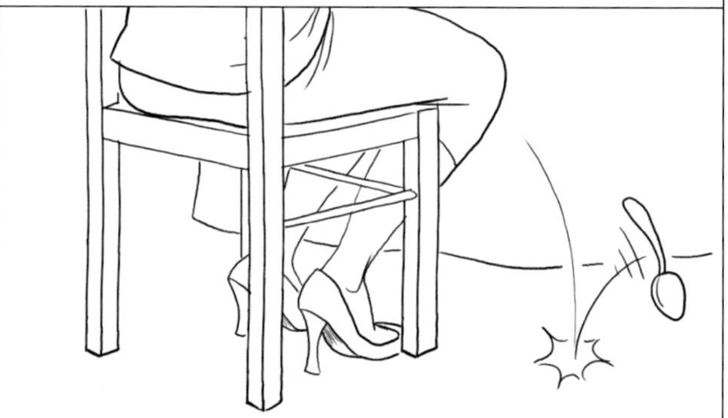

Der Löffel fällt ________ Stuhl.

Die Serviette fliegt ________ Baum.

Die Katze läuft ________ Tisch.

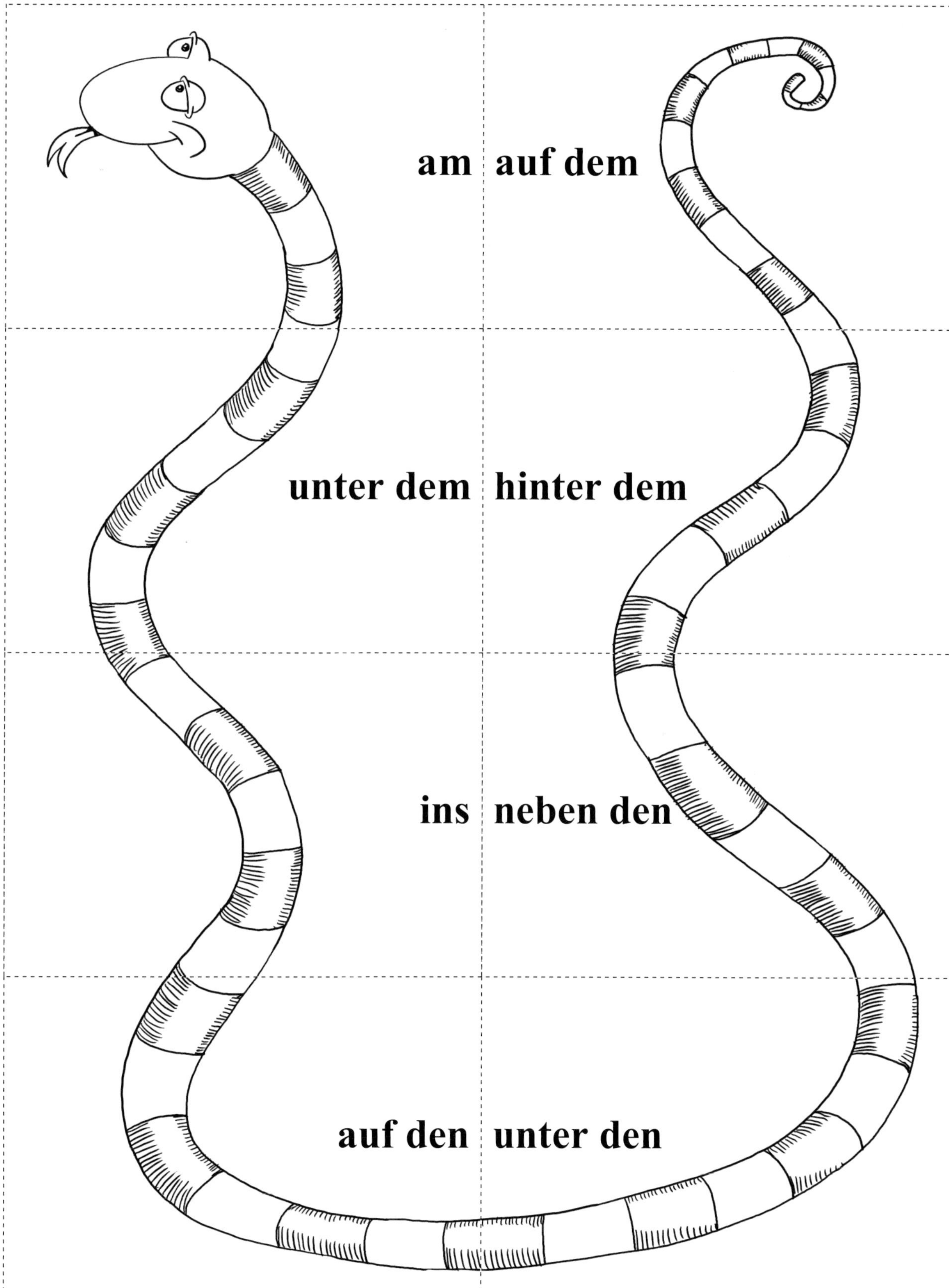

am | auf dem

unter dem | hinter dem

ins | neben den

auf den | unter den

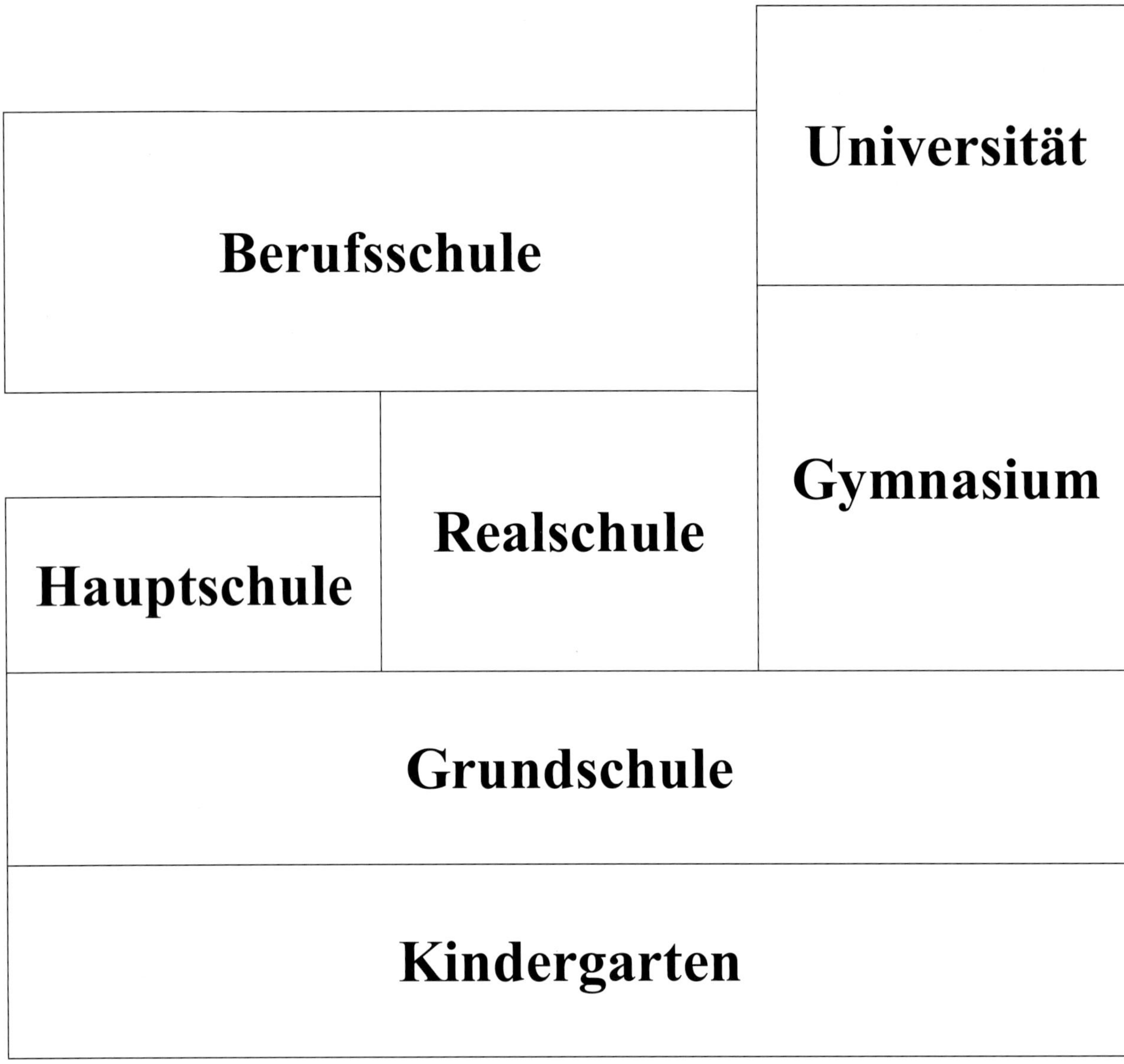


**Redemittel**

mit drei Jahren: Kindergarten
mit sechs Jahren: Grundschule
mit zehn/zwölf Jahren: Hauptschule/Realschule/Gymnasium
mit 14-16 Jahren: Hauptschul-/Realschulabschluss machen (mittlere Reife machen)
mit 18/19 Jahren: Abitur machen

in den Kindergarten / in die Schule / auf das Gymnasium / auf die Universität gehen
die Schule wechseln
die Schule beenden
studieren / einen Beruf lernen

**Sie brauchen:**

4 Münzen, 4 Spielfiguren, 24 Aufgabenkarten

**Spielregeln:**

1. Immer vier Personen aus dem Kurs spielen zusammen.
2. Alle vier Spielfiguren beginnen auf dem Feld „Start“.
3. Jede/r Teilnehmer/in hat eine Münze. Werfen Sie die Münze der Reihe nach.
4. Bei „Zahl“ gehen Sie ein Feld weiter, bei „Kopf“ zwei Felder.
5. Sind Sie auf einem Feld mit Ausrufezeichen (!) angekommen? Nehmen Sie eine Aufgabenkarte und lösen Sie die Aufgabe. Sie müssen Sätze mit Modalverben bilden.
6. Richtig? Gehen Sie ein Feld weiter. Falsch? Gehen Sie zwei Felder zurück.
7. Sind Sie als Erste/r im Ziel? Herzlichen Glückwunsch – Sie haben gewonnen.

| | | | | |
|---|---|---|---|---|
| START | ! | | ! | |
| ! | | ! | | ! |
| | ! | | ! | |
| ! | | ! | | ! |
| | ! | | ! | |
| ! | | ! | | ! |
| | ! | | ! | ZIEL |

| | | | |
|---|---|---|---|
| (das Kind – noch nicht laufen – können)<br><br>*Mit einem Jahr ...* | (ich – in den Kindergarten gehen – wollen)<br><br>*Mit drei Jahren ...* | (wir – noch nicht lesen und schreiben – können)<br><br>*Mit vier Jahren ...* | (ich – in die Schule gehen – wollen)<br><br>*Mit fünf Jahren ...* |
| (ich – in die Schule gehen – müssen)<br><br>*Mit sechs Jahren ...* | (sie (Pl.) – alleine mit dem Bus fahren – dürfen)<br><br>*Mit zehn Jahren ...* | (ich – abends nicht lange ausgehen – dürfen)<br><br>*Mit zwölf Jahren ...* | (ich – keinen Freund / keine Freundin haben – dürfen)<br><br>*Mit 14 Jahren ...* |
| (ich – meinen Eltern helfen – müssen)<br><br>*Mit 15 Jahren ...* | (sie – abends lange ausgehen – dürfen)<br><br>*Mit 18 Jahren ...* | (er – noch nicht heiraten – wollen)<br><br>*Mit 20 Jahren ...* | (treffen – wir – uns – können)<br><br>*Bald ...* |
| (ich – noch kein Deutsch sprechen – können)<br><br>*Vor fünf Jahren ...* | (ich – viel Geld verdienen – wollen)<br><br>*Später ...* | (wir – nach Deutschland kommen – wollen)<br><br>*Vor einem Jahr ...* | (meine Familie – die Wohnung putzen – müssen)<br><br>*Gestern ...* |
| (meine Kinder – etwas später ins Bett gehen – dürfen)<br><br>*Gestern Abend ...* | (ich im Radio – fast alles auf Deutsch verstehen – können)<br><br>*Gestern ...* | (ich – zum Deutschkurs kommen – müssen)<br><br>*Vor einer Stunde ...* | (du – Mittagessen kochen – müssen)<br><br>*Morgen ...* |
| (meine Kinder – spielen – wollen)<br><br>*Heute Nachmittag ...* | (wir – endlich ins Theater gehen – können)<br><br>*Heute Abend ...* | (ihr – um sechs Uhr aufstehen – müssen)<br><br>*Morgen früh ...* | (wir – Mittagessen kochen – müssen)<br><br>*Gestern ...* |

**Kopie A**

**1 Sie haben viele Fragen. Fragen Sie Ihren Partner / Ihre Partnerin wie im Beispiel und beantworten Sie seine/ihre Fragen.**

**Beispiel:** Können Sie mir sagen, wann der Test ist? Er ist am 11. April.
*Wissen Sie, ...? / Können Sie mir sagen, ...? / Darf ich fragen, ...?*

| | |
|---|---|
| Wann ist der Test? | 11. April |
| Wie viel kostet die Uhr? | |
| Warum bist du heute so spät gekommen? | Zug – Verspätung haben |
| Wer hat den Bericht? | |
| Wie kommt man zum Bahnhof? | die Straße geradeaus – erste Kreuzung links |
| Von wann bis wann geht der Kurs? | |
| Wann gehen wir heute Mittag essen? | 13.00 Uhr |
| Wo ist meine Brille? | |
| Wann haben Sie Urlaub? | 14. – 31. Juli |
| Wie spät ist es? | |
| Was machen Sie am Wochenende? | Ausflug mit der Familie |
| Wann hat die Bibliothek geöffnet? | |
| Was kann man in Hamburg besichtigen? | die Speicherstadt – der Hafen – die Innenstadt |
| Seit wann haben Sie die neue Wohnung? | |

**Kopie B**

**1 Sie haben viele Fragen. Fragen Sie Ihren Partner / Ihre Partnerin wie im Beispiel und beantworten Sie seine/ihre Fragen.**

**Beispiel:** Können Sie mir sagen, wie viel die Uhr kostet? Sie kostet 89 Euro.
*Wissen Sie, ...? / Können Sie mir sagen, ...? / Darf ich fragen, ...?*

| | |
|---|---|
| Wann ist der Test? | |
| Wie viel kostet die Uhr? | 89 Euro |
| Warum bist du heute so spät gekommen? | |
| Wer hat den Bericht? | die neue Kollegin |
| Wie kommt man zum Bahnhof? | |
| Von wann bis wann geht der Kurs? | 15. Oktober – 16. November |
| Wann gehen wir heute Mittag essen? | |
| Wo ist meine Brille? | nicht wissen |
| Wann haben Sie Urlaub? | |
| Wie spät ist es? | 16.35 Uhr |
| Was machen Sie am Wochenende? | |
| Wann hat die Bibliothek geöffnet? | Di – Fr 10.00 – 18.00 Uhr |
| Was kann man in Hamburg besichtigen? | |
| Seit wann haben Sie die neue Wohnung? | seit drei Monaten |

Aus dem Weg!
Darf ich bitte vorbei?
Gib mir dein Wörterbuch!
Könntest du mir das Wörterbuch geben?
Räum jetzt auf!
Könntest du bitte dein Zimmer aufräumen?
Die Rechnung bitte!
Darf ich die Rechnung haben?
Was? Das verstehe ich nicht!
Könnten Sie das bitte noch einmal erklären?
Wo ist das Salz?
Darf ich bitte das Salz haben?
Fenster zu!
Könntest du bitte das Fenster zumachen?
Ich will jetzt die Zeitung haben!
Könntest du mir bitte die Zeitung geben?

**Kopie A**

**1 Ihr Partner / Ihre Partnerin hat eine neue Wohnung gefunden. Fragen Sie nach Informationen und beantworten Sie seine/ihre Fragen.**

**Beispiel:** Wie groß ist die Wohnung?
Sie ist 76 qm groß.

| | Meine Wohnung | Die Wohnung von meinem Lernpartner |
|---|---|---|
| **Größe** | 76 qm | |
| **Zimmer** | 3 Zimmer, Küche, Bad, Balkon | |
| **Lage im Haus** | 2.OG | |
| **öffentliche Verkehrsmittel** | 5 Minuten zur nächsten U-Bahnstation | |
| **Kaltmiete** | 590 Euro | |
| **Nebenkosten** | 140 Euro | |
| **Kaution** | 2 MM | |
| **Nachbarn** | freundlich, aber nur wenig Kontakt | |

---

**Kopie B**

**1 Ihr Partner / Ihre Partnerin hat eine neue Wohnung gefunden. Fragen Sie nach Informationen und beantworten Sie seine/ihre Fragen.**

**Beispiel:** Wie groß ist die Wohnung?
Sie ist 102 qm groß.

| | Meine Wohnung | Die Wohnung von meinem Lernpartner |
|---|---|---|
| **Größe** | 102 qm | |
| **Zimmer** | 5 Zimmer, Küche, Bad, Terrasse | |
| **Lage im Haus** | EG | |
| **öffentliche Verkehrsmittel** | 10 Minuten zur nächsten Bushaltestelle | |
| **Kaltmiete** | 840 Euro | |
| **Nebenkosten** | 210 Euro | |
| **Kaution** | 3 MM | |
| **Nachbarn** | nett, aber manchmal etwas laut | |

**Kopie A**

**1** **Sie wollen Ihr Zimmer einrichten. Zeichnen Sie die Möbel in Ihre Skizze. Danach erklären Sie Ihrem Partner / Ihrer Partnerin, wohin Sie die Möbel stellen. Er/Sie zeichnet die Möbel in die leere Skizze ein. Anschließend berichtet Ihr Partner / Ihre Partnerin und Sie zeichnen auf der leeren Skizze ein, wohin er/sie die Möbel stellt.**

**Beispiel:**
Ich stelle den Schrank rechts neben das Fenster. Das Bett stelle ich …

**Mein Zimmer**

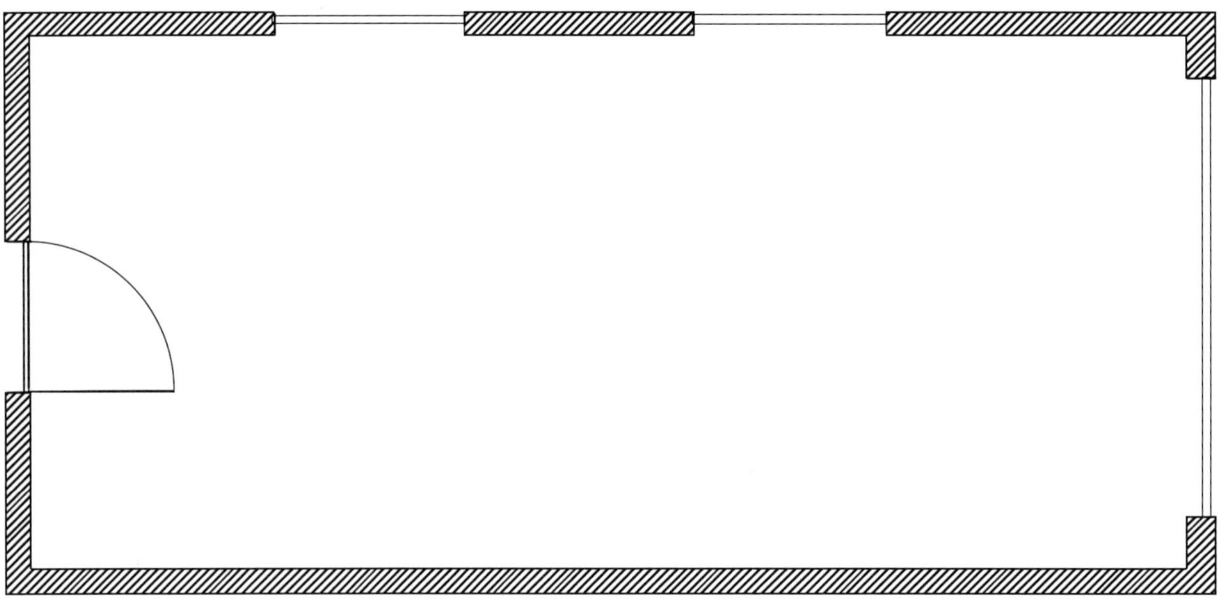

**Das Zimmer von meinem Partner / meiner Partnerin**

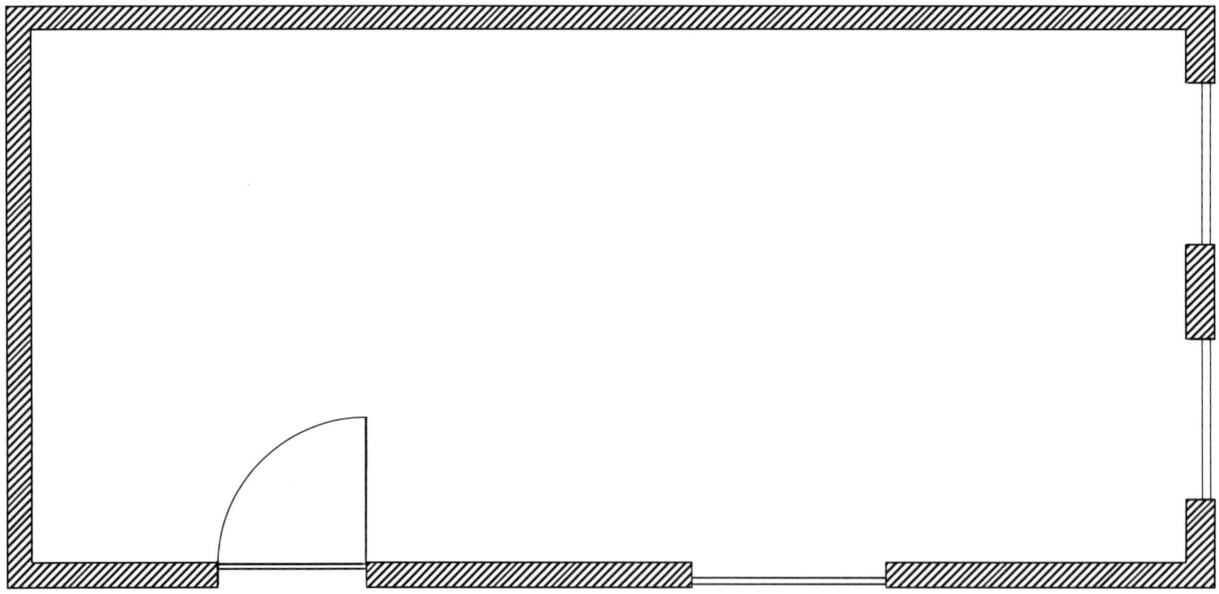

**Kopie B**

**1** **Sie wollen Ihr Zimmer einrichten. Zeichnen Sie die Möbel in Ihre Skizze. Danach erklären Sie Ihrem Partner / Ihrer Partnerin, wohin Sie die Möbel stellen. Er/Sie zeichnet die Möbel in die leere Skizze ein. Anschließend berichtet Ihr Partner / Ihre Partnerin und Sie zeichnen auf der leeren Skizze ein, wohin er/sie die Möbel stellt.**

**Beispiel:**
Ich stelle den Schrank links neben das Fenster. Das Bett stelle ich …

**Mein Zimmer**

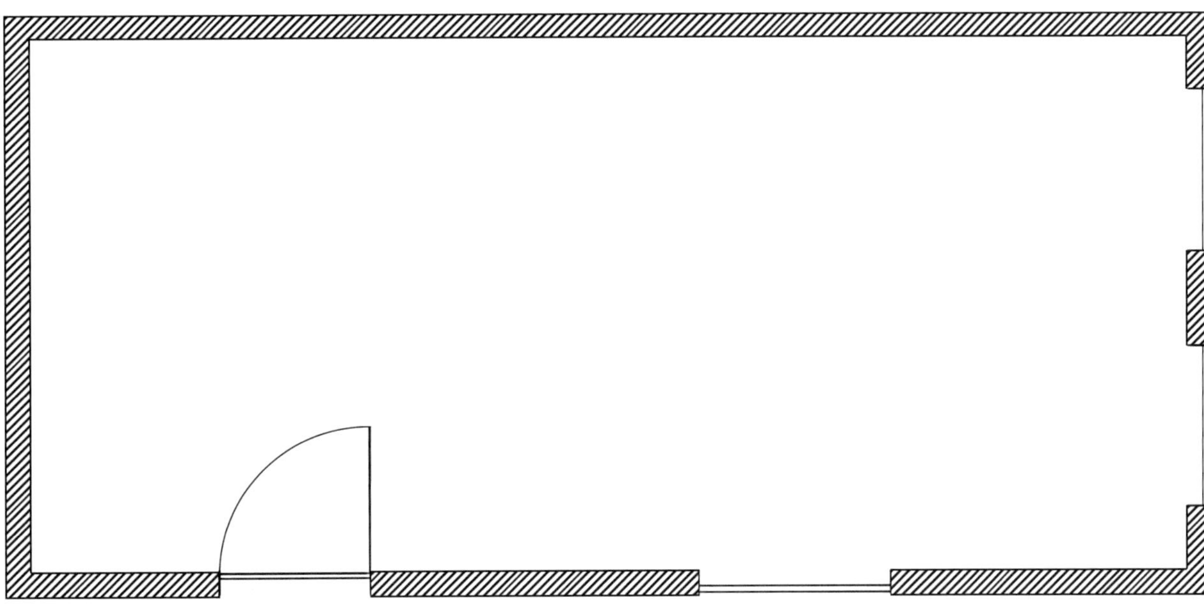

**Das Zimmer von meinem Partner / meiner Partnerin**

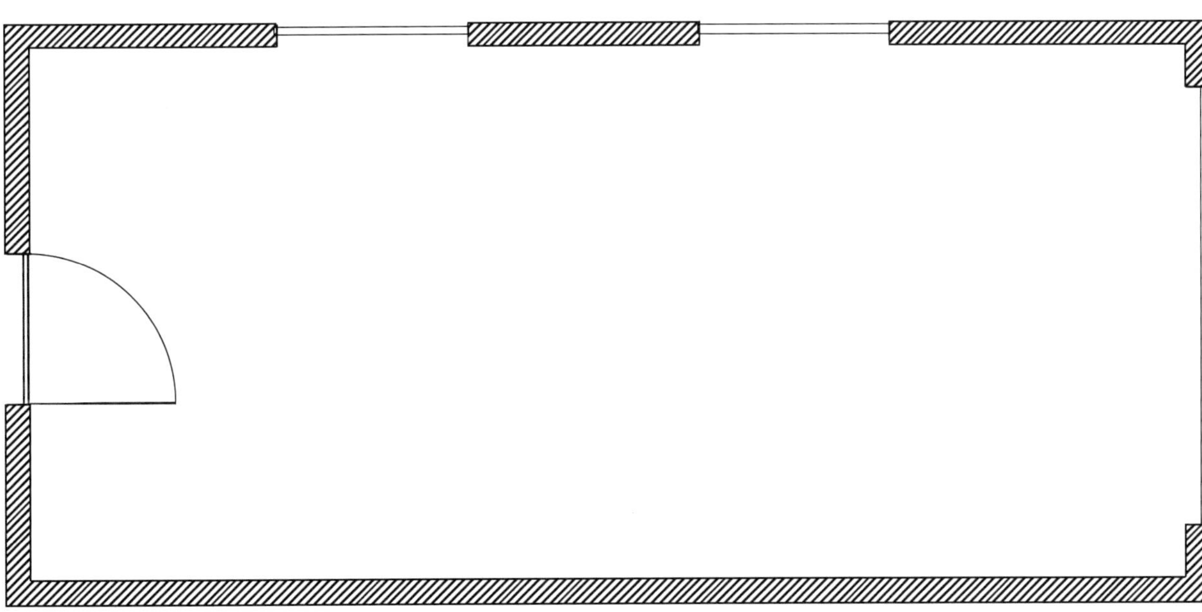

| | | | | | | |
|---|---|---|---|---|---|---|
| Sie | schenkt | ihrem Freund | eine Uhr. | | | |

| | | | | | | |
|---|---|---|---|---|---|---|
| Ich | gebe | meiner Frau | den Hausschlüssel. | | | |

| | | | | | | |
|---|---|---|---|---|---|---|
| Er | zeigt | ihr | das neue Büro. | | | |

| | | | | | | |
|---|---|---|---|---|---|---|
| Er | erklärt | der neuen Kollegin | den Fotokopierer. | | | |

| | | | | | | |
|---|---|---|---|---|---|---|
| Er | schickt | ihr | Blumen. | | | |

| | | | | | | |
|---|---|---|---|---|---|---|
| Er | schenkt | seiner Frau | einen Ring. | | | |

| | | | | | | |
|---|---|---|---|---|---|---|
| Sie | bringt | ihrer Freundin | ein Buch | mit. | | |

| | | | | | | |
|---|---|---|---|---|---|---|
| Gibst | du | mir | bitte | das Wörterbuch? | | |

| | | | | | | |
|---|---|---|---|---|---|---|
| Können | Sie | mir | diesen Satz | erklären? | | |

| | | | | | | |
|---|---|---|---|---|---|---|
| Sie | schickt | ihrem Freund | heute | einen Brief. | | |

| | | | | | | |
|---|---|---|---|---|---|---|
| Mein | Sohn | will | mir | das Spiel | nicht | erklären. |

| | | | | | | |
|---|---|---|---|---|---|---|
| Wann | zeigst | du | uns | deine neue Wohnung? | | |

# Adjektiv-Schlange

**Finden Sie für jeden Satz die passende Präposition. Legen Sie die Karte mit der richtigen Präposition auf das Bild.**

Die Braut trägt ______________ Kleid.

Sie hat ______________ Halskette.

Er mag ______________ Anzug nicht.

Gefallen dir ______________ Autos?

Ich finde ____________ Schuhe sehr bequem.

Sie will ______________ Suppe nicht essen.

Er denkt, dass _________ Computer kaputt ist.

Herr Olmers ist ______________ Mann.

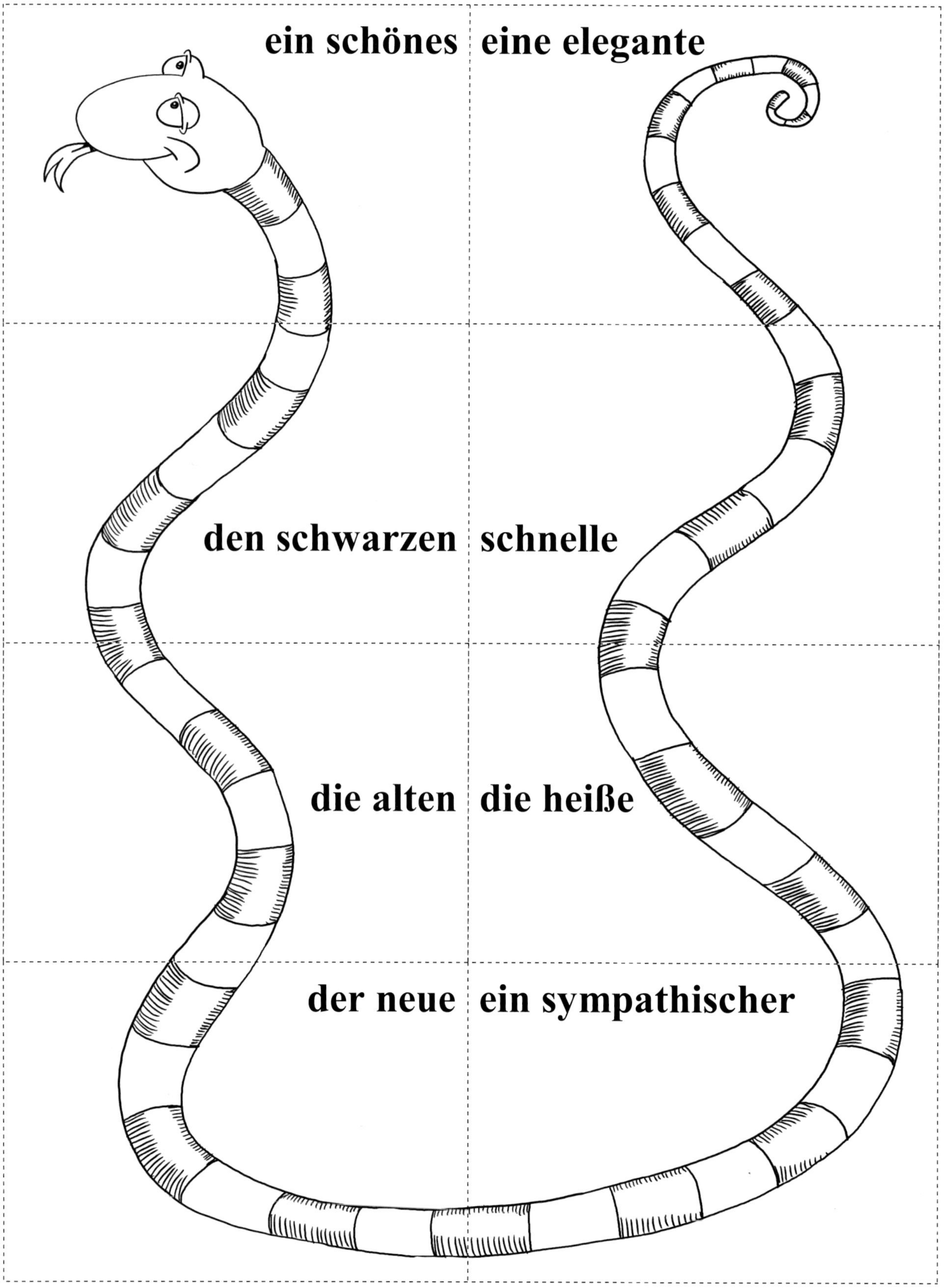
ein schönes
eine elegante
den schwarzen
schnelle
die alten
die heiße
der neue
ein sympathischer

| | | |
|---|---|---|
| sich anmelden | sich ärgern | sich bewerben |
| denken | sich freuen | impfen |
| sich informieren | sich interessieren | sprechen |
| sich verlassen | warten | sprechen |
| teilnehmen | telefonieren | träumen |

| | | |
|---|---|---|
| für | über | an |
| auf | gegen | um |
| mit | von | über |

| | | | |
|---|---|---|---|
| Er | wartet | seit zwei Stunden | auf seine Freundin. |

| | | | | |
|---|---|---|---|---|
| Die Kinder | freuen | sich | sehr | auf Weihnachten. |

| | | | |
|---|---|---|---|
| Der Sachbearbeiter | informiert | Frau Wang | über Fortbildungen. |

| | | | |
|---|---|---|---|
| Manchmal | träume | ich | von meiner Heimat. |

| | | | |
|---|---|---|---|
| Interessieren | Sie | sich | für Fußball? |

| | | | |
|---|---|---|---|
| Freuen | sich | die Mitarbeiter | auf den Betriebsausflug? |

| | | | |
|---|---|---|---|
| Träumst | du | oft | von deiner Heimat? |

| | | | | |
|---|---|---|---|---|
| Gestern | habe | ich | von einem Urlaub am Meer | geträumt. |

| | | | | |
|---|---|---|---|---|
| Wir | haben | uns | über die schönen Geschenke | gefreut. |

| | | | | |
|---|---|---|---|---|
| Frau Hansen | will | im Herbst | an einem Englischkurs | teilnehmen. |

| | | | | |
|---|---|---|---|---|
| Warum | musste | ich | so lange | auf dich warten? |

| | | | | |
|---|---|---|---|---|
| Auf dem Elternabend | haben | wir | über die Klassenfahrt | gesprochen. |

# Lebensmittel-Memory

| | | | |
|---|---|---|---|
| der Fisch, -e | die Kirsche, -n | die Banane, -n | das Brot, -e |
| der Apfel, “-e | die Kartoffel, -n | das Ei, -er | die Wurst |
| der Kuchen, - | die Karotte, -n | die Paprika, -s | der Käse |
| die Butter | die Brezel, -n | die Weintraube, -n | das Eis |
| der Salat, -e | die Aubergine, -n | das Mineral-wasser | das Fleisch |

**Kopie A**

**Ordnen Sie zusammen mit Ihrem Partner / Ihrer Partnerin die Teile von drei kurzen Dialogen. Dialog 1 ist beim Kinderarzt, Dialog 2 in der Apotheke und Dialog 3 bei der Krankenkasse. Jeder Dialog hat vier Teile. Sie haben von jedem Dialog zwei Teile. Ihr Partner / Ihre Partnerin hat die anderen Teile.**

| **Beim Kinderarzt** | | | | **In der Apotheke** | | | | **Bei der Krankenkasse** | | | |
|---|---|---|---|---|---|---|---|---|---|---|---|
| **B** | | | | | | | | | | | |

**A** Hier ist er. Ich habe noch eine Frage. Sollten wir Tim gegen Grippe impfen?

**B** Guten Tag, Frau Doktor Peters. Ich komme mit Tim zur Vorsorgeuntersuchung.

**C** Einen Moment, bitte. Hier ist es.

**D** Wir haben viele Dokumente mitgenommen. Welche möchten Sie sehen?

**E** Oh, das ist frei. Kinder bis zum 18. Lebensjahr müssen nichts bezahlen.

**F** Wir haben geheiratet und meine Frau möchte sich hier bei der Krankenkasse anmelden.

---

**Kopie B**

**Ordnen Sie zusammen mit Ihrem Partner / Ihrer Partnerin die Teile von drei kurzen Dialogen. Dialog 1 ist beim Kinderarzt, Dialog 2 in der Apotheke und Dialog 3 bei der Krankenkasse. Jeder Dialog hat vier Teile. Sie haben von jedem Dialog zwei Teile. Ihr Partner / Ihre Partnerin hat die anderen Teile.**

| **Beim Kinderarzt** | | | | **In der Apotheke** | | | | **Bei der Krankenkasse** | | | |
|---|---|---|---|---|---|---|---|---|---|---|---|
| **B** | | | | | | | | | | | |

**G** Also, bei Kindern empfehle ich das nicht.

**H** Ich habe hier ein Rezept für mein Kind. Haben Sie das Medikament?

**I** Guten Tag, Frau Schmidt. Hallo Tim! Haben Sie den Vorsorgepass dabei?

**J** Haben Sie die notwendigen Dokumente dabei?

**K** Was kostet das?

**L** Ihre Versichertenkarte, die Heiratsurkunde und Ihre Pässe, bitte.

**Sie brauchen:**

4 Münzen, 1 Würfel, 4 Spielfiguren, 24 Aufgabenkarten

**Spielregeln:**

1. Immer vier Personen aus dem Kurs spielen zusammen.
2. Alle vier Spielfiguren beginnen auf dem Feld „Start".
3. Jede/r Teilnehmer/in hat eine Münze. Werfen Sie die Münze der Reihe nach.
4. Bei „Zahl" gehen Sie ein Feld weiter, bei „Kopf" zwei Felder.
5. Sind Sie auf einem Feld mit Ausrufezeichen (!) angekommen? Nehmen Sie eine Aufgabenkarte und würfeln Sie. Die Augenzahl entscheidet, in welcher Person Sie einen Satz mit *würde gern* oder *möchte gern* sagen. (z. B. 3 Augen: *Er würde gern ans Meer fahren.*)
6. Richtig? Gehen Sie ein Feld weiter. Falsch? Gehen Sie zwei Felder zurück.
7. Sind Sie als Erste/r im Ziel? Herzlichen Glückwunsch – Sie haben gewonnen.

| | | | | |
|---|---|---|---|---|
| START | ! | | ! | |
| ! | | ! | | ! |
| | ! | | ! | |
| ! | | ! | | ! |
| | ! | | ! | |
| ! | | ! | | ! |
| | ! | | ! | ZIEL |

| | | | |
|---|---|---|---|
| wohnen – am Stadtrand | verdienen – viel Geld | bekommen – Urlaub | essen – ein großes Eis |
| kaufen – ein neues Auto | machen – eine Ausbildung | lernen – mehr Deutsch | fahren – nach Italien |
| kaufen – neue Kleidung | leben – gesünder | weniger arbeiten – am Wochenende | gehen – heute Abend ins Kino |
| eröffnen – ein eigenes Geschäft | kennenlernen – Berlin | trinken – ein Glas Orangensaft | besser verstehen – die schwierige Grammatik |
| kennen – mehr deutsche Wörter | lesen – deutsche Zeitungen | finden – eine gute Arbeit | gehen – nach Hause |
| schreiben – einen guten Test | bestehen – den DTZ | rauchen – weniger | feiern – eine Party |

# Lebenslauf

**Persönliche Daten**

Vor- und Nachname: ______________________

Anschrift: ______________________

______________________

______________________

______________________

Geburtsdatum/-ort: ______________________

((Ihr Foto))

**Schulbildung**

______________ ______________________

______________ ______________________

**Aus-/Weiterbildung**

______________ ______________________

______________ ______________________

**Berufserfahrung**

______________ ______________________

______________ ______________________

**Kenntnisse**

______________ ______________________

______________ ______________________

______________ ______________________

**Interessen** ______________________

______________ ______________________

Ort, Datum Unterschrift

**Lesen Sie die Rollenkarten. Machen Sie sich Notizen. Spielen Sie mit Ihrem Partner / Ihrer Partnerin die Dialoge.**

## Dialog 1: Eine Reise buchen

**Kunde/Kundin im Reisebüro**

- Sie wollen einen Flug nach Tokio buchen. Der Hinflug soll am 21. Juli und der Rückflug am 04. August sein. Sie wollen ab Frankfurt fliegen.
- Sie sind mit dem ersten Angebot nicht zufrieden, denn Sie hatten früher schon Flugtickets, die billiger waren. Sie wollen ein zweites Angebot.
- Sie entscheiden sich für das zweite Angebot.

**Mitarbeiter/in im Reisebüro**

- Sie machen das erste Angebot: Flug für 1009 Euro, Abflug am 21. Juli um 20.45 Uhr, Ankunft in Tokio um 15 Uhr. Rückflug am 4. August um 11.05 Uhr, Ankunft in Frankfurt um 18.20 Uhr.
- Der Kunde ist mit dem ersten Angebot nicht zufrieden. Sie suchen einen anderen Flug.
- Sie machen das zweite Angebot: Flug für 849 Euro, Abflug am 21. Juli um 21.05 Uhr, Ankunft in Tokio um 15.25 Uhr. Rückflug am 4. August um 12.05 Uhr, Ankunft in Frankfurt um 17.20 Uhr.

## Dialog 2: Fahrkartenkontrolle/Zugverspätung

**Fahrgast im ICE nach Hannover**

- Sie sitzen im ICE nach Hannover. Ihr Zug hat 15 Minuten Verspätung.
- Der Zugbegleiter kommt und kontrolliert die Fahrkarten.
- Fragen Sie den Zugbegleiter, ob Sie Ihren Anschlusszug nach Oldenburg in Hannover erreichen.

**Zugbegleiter im ICE nach Hannover**

- Sie sind Zugbegleiter und kontrollieren die Fahrkarten. Der Zug hat 15 Minuten Verspätung. Ein Fahrgast möchte wissen, ob er in Hannover noch den Anschlusszug nach Oldenburg erreicht.
- Sie wissen nicht, ob der Anschlusszug in Hannover wartet. Der Zugchef informiert die Fahrgäste kurz vor Ankunft in Hannover per Lautsprecher.

## Dialog 3: Eine Reise planen

**Person 1**

- Sie planen mit Ihrem Partner / Ihrer Partnerin einen Kurzurlaub (fünf Tage). Sie möchten gerne nach Rügen fahren. Sie wollen Radtouren machen und auf einem Campingplatz im Zelt wohnen.
- Sie machen einen zweiten Vorschlag: Fünf Tage in Cuxhaven an der Nordsee. An zwei Tagen schlafen Sie lange und gehen an den Strand, an zwei Tagen machen Sie Radtouren und an einem Tag macht jeder, was ihm gefällt.

**Person 2**

- Sie planen mit Ihrem Partner / Ihrer Partnerin einen Kurzurlaub (fünf Tage). Sie wollen nach Borkum. Sie möchten im Hotel wohnen, morgens lange schlafen und an den Strand gehen.
- Hören Sie zuerst, was Ihr Partner / Ihre Partnerin vorschlägt. Der Vorschlag gefällt Ihnen nicht.
- Sie sind mit dem zweiten Vorschlag von Ihrem Partner / Ihrer Partnerin einverstanden.

| | |
|---|---|
| | Das ist das Museum, |
| das so interessant war. | Das sind die Nachbarn, |
| die so nett waren. | Das sind die Handtücher, |
| die wir am Strand benutzen. | Das ist der Strand, |
| der so ruhig war. | Das ist die Kellnerin, |
| die so freundlich war. | Das ist der Rucksack, |
| den wir mitnehmen. | Das ist das Buch, |
| das ich im Urlaub lesen will. | Das ist die Brieftasche, |
| die ich für die Reise brauche. | Das ist das Restaurant, |
| das so gemütlich war. | Ich suche ein Hotel, |
| das mit Halbpension ist. | Ich suche Reiseangebote, |
| die günstig sind. | |

# Wechselspiel: Relativsätze

**1 Sie möchten alles über die Häuser Nummer 36 und 40 wissen. Ihr Partner / Ihre Partnerin weiß die Antworten auf die Fragen im Kasten.**

Fragen zu Haus 36:
1. Was für Gäste wohnen im Hotel?
2. Wer bringt die Koffer ins Hotel?
3. Mit wem spricht Gerald?
4. Wo parken die Gäste ihre Autos?

Fragen zu Haus 40:
1. Was für ein Geschäft ist im Haus?
2. Wer kauft in dem Geschäft ein?
3. Was für ein Büro ist über dem Geschäft?
4. Wem gehört das Büro?

**2 Beantworten Sie die Fragen von Ihrem Partner / Ihrer Partnerin zu den Häusern mit der Nummer 38 und 42 mit Relativsätzen. Benutzen Sie die Sätze im Kasten.**

Antworten zu Haus 38:
1. Unten wohnen Herr und Frau Müller. Ich habe ihnen beim Umzug geholfen.
2. Oben wohnt ein junges Paar. Sie haben letzte Woche geheiratet.
3. Das sind Agnes und Ricardo. Sie fahren immer zusammen zur Arbeit.
4. Das ist Jessica. Ich gehe heute Nachmittag zu ihr.

Antworten zu Haus 42:
1. Das ist Herr Meyer. Für ihn ist nur die Gartenarbeit wichtig.
2. Herr Meyer pflanzt gern Blumen. Er gießt sie jeden Tag.
3. Das ist das Fahrrad von Frau Meyer. Sie ist gerade im Haus.
4. Das ist Frau Grabowski. Sie wohnt im Haus Nummer 46 und Herr Meyer unterhält sich mit ihr gern über Blumen.

**Machen Sie aus den Antwortsätzen Relativsätze wie im Beispiel:**

*1. Unten wohnen Herr und Frau Müller, denen ich beim Umzug geholfen habe.*

**1 Sie möchten alles über die Häuser Nummer 38 und 42 wissen. Ihr Partner / Ihre Partnerin weiß die Antworten auf die Fragen im Kasten.**

Fragen zu Haus 38:
1. Wer wohnt unten im Haus Nr. 38?
2. Wer wohnt oben in Haus Nr. 38?
3. Wer fährt da gerade mit dem Auto weg?
4. Wer schaut aus dem Fenster?

Fragen zu Haus 42:
1. Wer arbeitet im Garten?
2. Was pflanzt Herr Meyer gern?
3. Wem gehört das Fahrrad vor dem Garten?
4. Wer geht durch das Gartentor?

**2 Beantworten Sie die Fragen von Ihrem Partner / Ihrer Partnerin zu den Häusern mit der Nummer 36 und 40 mit Relativsätzen. Benutzen Sie die Sätze im Kasten.**

Antworten zu Haus 36:
1. Da wohnen Geschäftsleute. Der Portier bekommt viel Trinkgeld von ihnen.
2. Das ist Gerald. Alle Gäste finden ihn nett.
3. Er spricht mit dem Hotelmanager. Er grüßt immer, wenn er Gerald sieht.
4. Die Autos parken in einer Garage. Die Garage ist unter dem Hotel.

Antworten zu Haus 40:
1. Das ist ein Geschäft. In dem Laden sind viele Lebensmittel sehr billig.
2. Da kaufen viele ältere Leute ein. Für sie ist der Weg zum Supermarkt zu weit.
3. Das ist ein Ingenieurbüro. Es hat gerade neu eröffnet.
4. Es gehört einer jungen Frau. Ich habe gestern mit ihr gesprochen.

**Machen Sie aus den Antwortsätzen Relativsätze wie im Beispiel:**

*1. Da wohnen Geschäftsleute, von denen der Portier viel Trinkgeld bekommt.*

**Lesen Sie den Redemittelkasten und spielen Sie Dialoge mit Ihrem Partner / Ihrer Partnerin.**

**Am Telefon**

***eine andere Person ans Telefon holen lassen***
Guten Tag, hier ist … Könnte ich mit Herrn/Frau … sprechen?
Ist Herr/Frau … da?

***auf eine Bitte reagieren***
Ja, einen Moment, bitte.
Nein, Herr/Frau … ist nicht da.
Kann/Soll ich ihm/ihr etwas ausrichten?
Ja, das mache ich gerne.
Ja, das sage ich ihr.

***eine Nachricht hinterlassen / reagieren, wenn die Person nicht da ist***
Wann kommt/ist Herr/Frau … wieder zurück?
Können Sie Herrn/Frau … bitten, dass er/sie mich unter der Nummer … zurückruft?
Könnten Sie ihm/ihr etwas ausrichten?
Vielen Dank, ich rufe später noch einmal an.
Dann rufe ich später noch einmal an. / Dann versuche ich es später noch einmal.

***sich bedanken / sich verabschieden***
Herzlichen/Vielen Dank.
Auf Wiederhören.

**Dialog 1:**

Begrüßung/Name →
→ Begrüßung/Name – sprechen mit Herrn/Frau …
nicht da ←
→ wann zurück?
16.00 Uhr ←
→ später noch einmal anrufen / auf Wiederhören
auf Wiederhören ←

**Dialog 2:**

Begrüßung/Name →
→ Begrüßung – Herr/Frau … da?
kommt um 14.00 Uhr zurück ←
etwas ausrichten? →
→ Bitte um Rückruf
gerne ←
→ danke / auf Wiederhören
auf Wiederhören ←

| | |
|---|---|
| | Sonder |
| tarif | Berufs |
| anfänger | Familien |
| mitglied | Sport |
| wagen | Wagen |
| reparatur | Blumen |
| strauß | Herbst |
| blume | Geld |
| automat | Kredit |
| karte | Bibliotheks |
| ausweis | Konto |
| auszug | Geheim |
| zahl | |

## Kopie A

**Ordnen Sie zusammen mit Ihrem Partner / Ihrer Partnerin die Teile von zwei kurzen Dialogen im Elektromarkt. Jeder Dialog hat acht Teile. Sie haben von jedem Dialog vier Teile. Ihr Partner / Ihre Partnerin hat die anderen Teile. Spielen Sie die Dialoge, wenn Sie sie in die richtige Reihenfolge gebracht haben.**

**Dialog 1**

| 1 | 2 | 3 | 4 | 5 | 6 | 7 | 8 |
|---|---|---|---|---|---|---|---|
| B | | | | | | | |

**Dialog 2**

| 1 | 2 | 3 | 4 | 5 | 6 | 7 | 8 |
|---|---|---|---|---|---|---|---|
| | | | | | | | |

**A** Was soll der Fernseher denn kosten?
**B** Ich habe hier vor zwei Wochen diese Digitalkamera gekauft, aber sie funktioniert leider nicht.
**C** Das hört sich gut an! Aber wir müssen uns das noch einmal überlegen.
**D** Das geht schnell. Sie bekommen Ihre Kamera in zwei Wochen zurück.
**E** Ja, ich interessiere mich für den Fernseher.
**F** Hm, die Batterien sind in Ordnung. Dann hat die Kamera einen Fehler.
**G** Ja, wirklich gut, aber leider noch zu teuer für uns.
**H** Wir schicken die Kamera ans Werk. Die prüfen und reparieren sie. Haben Sie die Quittung?

---

## Kopie B

**Ordnen Sie zusammen mit Ihrem Partner / Ihrer Partnerin die Teile von zwei kurzen Dialogen im Elektromarkt. Jeder Dialog hat acht Teile. Sie haben von jedem Dialog vier Teile. Ihr Partner / Ihre Partnerin hat die anderen Teile. Spielen Sie die Dialoge, wenn Sie sie in die richtige Reihenfolge gebracht haben.**

**Dialog 1**

| 1 | 2 | 3 | 4 | 5 | 6 | 7 | 8 |
|---|---|---|---|---|---|---|---|
| B | | | | | | | |

**Dialog 2**

| 1 | 2 | 3 | 4 | 5 | 6 | 7 | 8 |
|---|---|---|---|---|---|---|---|
| | | | | | | | |

**I** Der kostet normalerweise 949 Euro, diese Woche für nur 849 Euro. Sie sparen 100 Euro.
**J** Guten Tag, kann ich Ihnen helfen?
**K** Ah, der LCD-Fernseher LV 75. Der ist diese Woche im Angebot und hat ein tolles Bild.
**L** Ja, hier sind die Quittung und der Garantieschein. Wann bekomme ich die Kamera zurück?
**M** Ja, hier. Probieren Sie es einmal.
**N** Dann hätten wir ganz günstig den LX 100 für 349 Euro – ein echtes Schnäppchen.
**O** Und was passiert jetzt?
**P** Darf ich bitte mal sehen?

| | |
|---|---|
| An wen schreibst du oft E-Mails? | Worüber ärgerst du dich manchmal? |
| Auf wen kannst du dich verlassen? | Mit wem telefonierst du oft? |
| Worüber sprichst du mit guten Freunden? | Wofür interessierst du dich? |
| Worauf freust du dich? | Woran denkst du manchmal? |